O DIREITO COLETIVO DO TRABALHO
E OS REFLEXOS DA EMENDA CONSTITUCIONAL 45/2004

Análise na perspectiva do exercício do direito de greve,
da negociação coletiva e dos dissídios coletivos de trabalho

0594

Z72d   Zimmer, Carolina Mayer Spina.
        O direito coletivo do trabalho e os reflexos da Emenda Constitucional 45/2004: análise da perspectiva do exercícios do direito de greve, da negociação coletiva e dos dissídios coletivos de trabalho / Carolina Mayer Spina Zimmer. – Porto Alegre : Livraria do Advogado Editora, 2012.
        223 p.; 23 cm.
        Inclui bibliografia.
        ISBN 978-85-7348-768-8

        1. Direito do trabalho. 2. Negociação coletiva do trabalho – Brasil. 3. Brasil. [Constituição (1988). Emenda n. 45]. 4. Greve e lockouts - Brasil. 5. Dissídio trabalhista. I. Título.

                                        CDU 349.2(81)
                                        CDD 341.6

      Índice para catálogo sistemático:
1. Direito trabalhista: Brasil   349.2(81)

(Bibliotecária responsável: Sabrina Leal Araujo – CRB 10/1507)

Carolina Mayer Spina Zimmer

O DIREITO COLETIVO DO TRABALHO
E OS REFLEXOS DA EMENDA CONSTITUCIONAL 45/2004

Análise na perspectiva do exercício do direito de greve,
da negociação coletiva e dos dissídios coletivos de trabalho

livraria
DO ADVOGADO
editora

Porto Alegre, 2012

© Carolina Mayer Spina Zimmer, 2012

Capa, projeto gráfico e diagramação
Livraria do Advogado Editora

Revisão
Rosane Marques Borba

Direitos desta edição reservados por
Livraria do Advogado Editora Ltda.
Rua Riachuelo, 1338
90010-273 Porto Alegre RS
Fone/fax: 0800-51-7522
editora@livrariadoadvogado.com.br
www.doadvogado.com.br

Impresso no Brasil / Printed in Brazil

Dedico este trabalho ao Aloísio Zimmer Junior, homem sem o qual não sei viver. Obrigada pela paciência, pelo apoio e por me tornar uma mulher mais realizada a cada dia ao teu lado. Espelho-me em ti no exercício da profissão que amamos: a docência.

Aos meus pais, Luiz e Berenice, por todo o amor e afeto em todos os momentos da minha vida. Os ensinamentos que recebi de vocês foram fundamentais para construir os meus pensamentos na vida pessoal e profissional. Sem vocês, eu não teria alcançado os meus objetivos.

Ao Vô Rocco, que, como uma estrela no céu, permanece guiando os meus caminhos. Saudades imensas...

Agradeço ao meu orientador, Professor Doutor Gilberto Stürmer, por todo o carinho, dedicação e estímulo na elaboração desta pesquisa. Ele é um exemplo de que a simplicidade, a educação e a competência são trilhas eternas para um futuro brilhante. Obrigada por ter acreditado em mim!

Ao meu irmão, Rocco, parte de mim, incentivador na busca dos meus objetivos! Obrigada pelo companheirismo!

Aos meus avôs e avós, Rocco (*in memoriam*), Maria, Ivone e Lary (*in memoriam*), pelos exemplos inesquecíveis de trabalho e honestidade, valores tão importantes na constituição de uma família.

Aos meus sogros, Aloysio e Oneida (*in memoriam*), pela joia preciosa que me deram de presente!

À Profa. Ms. Adriana Selau Gonzaga e ao Prof. Dr. Fernando Zorrer, pelo excelente trabalho formal desenvolvido neste texto. Obrigada por terem aceitado me ajudar!

Aos meus alunos, por serem tão fiéis e maravilhosos, incentivando-me e deixando-me segura de que fiz a escolha profissional correta.

Aos amigos, pela ternura e pela parceria nos momentos alegres e tristes da minha vida.

Uma molécula disse sim a outra molécula e nasceu a vida. Mas antes da pré-história havia pré-história da pré-história e havia o nunca e havia o sim. Sempre houve. Não sei o quê, mas sei que o universo jamais começou. Que ninguém se engane, só consigo a simplicidade através de muito trabalho. Enquanto eu tiver perguntas e não houver respostas continuarei a escrever [...] Pensar é um ato. Sentir é um fato.

Clarice Lispector – *A hora da estrela*

Prefácio

Conheci a Carolina em 2005. Foi minha (já brilhante) aluna em Direito do Trabalho II. À época, ainda não havia despertado para o Direito e o processo do Trabalho como paixão. Lembro, inclusive, que o seu Trabalho de Conclusão de Curso foi em outra área e que ela fazia estágio em escritório que não fazia Direito do Trabalho.

No semestre seguinte, já formanda, fui novamente seu professor em Direito Coletivo do Trabalho. Senti uma sementinha plantada para o amor ao Direito do Trabalho. Tive a honra, ainda, de ser paraninfo da sua turma, o que me envaideceu e me deu grande alegria.

Tornamo-nos amigos e já senti o Direito do Trabalho como parte da vida da Carolina. Intensa, ela demonstra a sua paixão quando a sente. Já bacharel, na primeira oportunidade, a Carolina foi aprovada no Exame da OAB e foi selecionada no Programa de Pós-Graduação em Direito – Mestrado da Pontifícia Universidade Católica do Rio Grande do Sul. Tive novamente a honra de integrar a sua banca de ingresso e, principalmente de ser indicado como seu orientador.

O momento fervilhava no pós-promulgação da Emenda Constitucional nº 45, de 2004. A ideia da Carolina era pesquisar questões relativas à nova competência da Justiça do Trabalho, especialmente em tópicos do Direito Coletivo do Trabalho.

Paralelamente, a Carolina já se tornava Professora de Direito e Processo do Trabalho em diversos cursos e em Faculdades de Direito. Dedicada aos seus alunos, séria e competente, logo se tornou unanimidade acadêmica.

Estas palavras iniciais são apenas um resumo para prefaciar este livro. Para mim, é importante que os leitores que neste momento recebem a obra da Carolina saibam um pouco mais sobre a professora, advogada, filha, neta, irmã, esposa e amiga. A Carolina é tudo isto e com enorme competência.

A obra "O Direito Coletivo do Trabalho e os Reflexos da Emenda Constitucional 45/2004: análise na perspectiva do exercício do direito de greve, da negociação coletiva e dos dissídios coletivos de trabalho" é oriunda da dissertação de mestrado apresentada em 2009 e aprovada com distinção pela banca examinadora.

O texto é acadêmico. Há uma preocupação da autora com os seus leitores, sabendo que eles podem ser alunos de graduação ou pós-graduação em direito, advogados, juízes e até leigos. A leitura é fácil, tranquila, fluida. Há o que chamamos de fio condutor em cada um dos capítulos e subcapítulos.

O texto inicia com noções sobre jurisdição e competência, matéria de grande relevância especialmente na graduação, na disciplina de Direito Processual do Trabalho. Há uma abordagem cuidadosa de cada um dos tópicos que envolvem tão importante aspecto do Direito Processual.

O segundo capítulo faz referência à Emenda Constitucional nº 45/2004, no que diz respeito ao Direito e ao processo Coletivo do Trabalho. O alargamento da competência do Judiciário trabalhista com os acréscimos ao artigo 114 da Constituição da República de 1988 são examinados neste capítulo.

Feitas as abordagens iniciais nos dois primeiros capítulos, a autora examina, à luz da jurisdição e da competência dada pela novel redação do artigo 114 da Constituição, as questões dos conflitos coletivos de trabalho, aprofundando temas como autocomposição, heterocomposição e autodefesa.

Em nenhum momento a Carolina deixa de manifestar de forma clara as suas posições. Esta personalidade (que não é só acadêmica), é fundamental para a indelével marca que dá ao seu trabalho. O resultado das pesquisas científicas levadas a efeito no Programa de Pós-Graduação em Direito da PUCRS e exposto no presente livro tem a marca da Carolina.

Mais uma vez, repetindo momentos anteriores, tive a honra e a alegria de prefaciar o presente livro. Reler o texto também foi uma imensa satisfação. O que é para mim um privilégio, tenho certeza também o será para os leitores.

Parabéns, Carolina! A todos, boa leitura.

Porto Alegre, outono de 2011.

Gilberto Stürmer
Professor do Programa de Pós-Graduação
em Direito da PUCRS

Sumário

Introdução 15
1. As noções de jurisdição e competência 21
   1.1. A jurisdição 21
      1.1.1. Da autodefesa à jurisdição 21
      1.1.2. O conceito de jurisdição e os seus principais caracteres 25
      1.1.3. A jurisdição voluntária 41
      1.1.4. Os órgãos jurisdicionais trabalhistas 45
   1.2. A competência 52
      1.2.1. O conceito e os critérios de determinação 52
      1.2.2. A competência material da Justiça do Trabalho 55
      1.2.3. As modificações da competência 77
      1.2.4. Os conflitos de competência 85

2. A Emenda Constitucional 45/2004 e o processo coletivo do trabalho 87
   2.1. As ações que envolvam o exercício do direito de greve 87
      2.1.1. A evolução histórica da greve 87
      2.1.2. O conceito e a natureza jurídica da greve 95
      2.1.3. A greve nos serviços ou nas atividades essenciais 107
      2.1.4. A greve e o Ministério Público do Trabalho 113
      2.1.5. O *lock out* 126
      2.1.6. O exercício do direito de greve e a EC n. 45/2004 129
   2.2. A Emenda Constitucional n. 45/2004 e as ações sobre representação sindical .. 138
      2.2.1. A representação sindical 139
      2.2.2. As lides decorrentes das contribuições 142
      2.2.3. A nova competência da Justiça do Trabalho em face das contribuições ... 152

3. A Emenda Constitucional 45/2004 frente aos conflitos coletivos de trabalho – da autocomposição ao dissídio coletivo 157
   3.1. A expressão *conflito coletivo* 157
   3.2. A negociação coletiva de trabalho e a mediação como formas de utocomposição do conflito coletivo 159
      3.2.1. Os instrumentos de negociação coletiva 169
      3.2.2. O procedimento e a vigência dos instrumentos de negociação coletiva .. 173

3.2.3. A mediação 177
3.3. As formas de heterocomposição dos conflitos coletivos de trabalho 179
    3.3.1. A arbitragem: histórico e definição 179
        3.3.1.1. Alguns aspectos procedimentais referentes à Lei n. 9.307/96 183
        3.3.1.2. A arbitragem frente ao Direito Individual do Trabalho 186
        3.3.1.3. A arbitragem nos conflitos coletivos de trabalho e os reflexos da Emenda Constitucional n. 45/2004 190
    3.3.2. A solução jurisdicional estatal dos conflitos coletivos de trabalho 192
        3.3.2.1. O dissídio coletivo: o conceito e as espécies 193
        3.3.2.2. O poder normativo da Justiça do Trabalho 198
        3.3.2.3. A exigência do mútuo consentimento e o princípio da inafastabilidade do controle jurisdicional: fim do poder normativo? 201
        3.3.2.4. A exegese da expressão "respeitadas as disposições mínimas de proteção ao trabalho, bem como as convencionadas anteriormente" 206

Conclusão 209
Referências bibliográficas 219

Introdução

O presente estudo tem por finalidade a investigação acerca dos reflexos gerados pela Emenda Constitucional n. 45/2004 no Direito Coletivo do Trabalho, mais precisamente no que toca ao exercício do direito de greve, à representação sindical, bem como nas formas de solução dos conflitos coletivos de trabalho.

Promulgada em 08 de dezembro de 2004, a denominada Reforma do Poder Judiciário acabou por representar o crescimento da Justiça do Trabalho, a partir do rol de suas competências. Até esse marco, a esfera processual laboral ocupava-se, apenas, dos dissídios individuais que envolviam trabalhadores e empregadores, abrangendo, ainda, os trabalhadores avulsos e os pequenos empreiteiros, operários ou artífices. Atribuía-lhe a competência, também, para apreciar os conflitos coletivos. Com o advento da Emenda n. 45, as atribuições dessa Justiça Especializada aumentam, em virtude do artigo 114 da Carta Política, o qual assevera que àquela compete processar e julgar as ações oriundas das relações de trabalho, dentre outras matérias que não estavam presentes na redação do ordenamento constitucional originário.

É sabido que a atual Reforma conferiu maior preeminência à Justiça Laboral, conferindo-lhe profundas modificações, além do seu aprimoramento e do seu fortalecimento institucional. Tão logo entrou em vigor, inúmeros foram os debates a respeito do que realmente pretendeu o legislador constituinte derivado ao trazer novas competências para uma área especial, que tratava de solucionar e de apaziguar interesses antagônicos entre trabalhadores e empregadores.

Além disso, pela primeira vez, um ordenamento constitucional brasileiro elenca diversos casos que serão apreciados por essa Justiça, demonstrando a sua importância tanto pela celeridade quanto pela efetividade no atual momento. No artigo 114 da Carta, consta que as ações sobre greve, representação sindical, danos morais e patrimoniais decorrentes da relação de trabalho, execuções de ofício de contribuições previdenciárias, penalidades administrativas impostas pelos órgãos de fiscalização do trabalho, dentre outras, são deslocadas para a competência justrabalhista.

Exorbitando a ótica desse instigante debate, a realidade anuncia que, após a Emenda Constitucional n. 45/2004, surge uma nova Justiça do Trabalho, cujo desafio é garantir um ponto de equilíbrio a partir das novas matérias que por ela são apreciadas.

O propósito da presente dissertação é verificar e examinar a influência desse processo dialético resultante da norma constitucional, no que concerne ao Direito Coletivo, ou seja, nos interesses categoriais, tão caros ao Direito do Trabalho. Surge aqui uma indagação: qual foi efetivamente a importância dessas modificações?

É importante acentuar que a Reforma do Poder Judiciário, ao deslocar a competência de temas para a Justiça do Trabalho, teve por intuito ampliar a valorização da proteção ao trabalho, genericamente falando, conferir maior agilidade no julgamento dos processos, além de evitar decisões conflitantes a partir de um mesmo caso concreto. E, nesse sentido, louvável foi, pois, a atitude do legislador.

Nos quase seis anos da entrada em vigor da Emenda Constitucional, objeto do estudo, os Tribunais tiveram e continuam tendo atuação intensa na busca de respostas às dúvidas deixadas pela simples leitura do Texto Constitucional. No entanto, ainda persistem controvérsias, algumas que necessitam de pacificação urgente.

Sendo assim, este texto estruturou-se em três capítulos. Na primeira parte, inicia-se a pesquisa com a apresentação das noções de jurisdição e de competência, visto que foram categorias atingidas em sua essência pela Reforma. Na execução dos seus objetivos, o Estado desenvolve, basicamente, uma tríade de atividades: a legislativa, a administrativa e a jurisdicional. Ocupa-se o estudo das controvérsias existentes acerca do conceito de jurisdição. Saliente-se que não se pode apreciar a expressividade da atuação da Justiça do Trabalho, sem antes explorar os fatores históricos e as ideias que inspiraram a teoria processual da jurisdição, às vistas de refletir a cultura e a realidade social vigente à época de sua estruturação.

Alguns estudiosos, como Giuseppe Chiovenda, Enrico Allorio, Enrico Tullio Liebman, Francesco Carnelutti, Piero Calamandrei, além de outros, preocuparam-se em demonstrar no que consistia a atividade jurisdicional. Contudo, deve ser levado em conta que os seus estudos refletem as premissas do momento histórico em que viviam, razão pela qual, para os teóricos contemporâneos, tornam-se inaceitáveis algumas de suas hipóteses. Procura-se, portanto, demonstrar as correntes que explicam a concepção jurisdicional, a partir da superação da ideia de vingança privada. Além disso, é imprescindível que se faça uma abordagem sobre os caracteres da jurisdição contenciosa e de suas diferenças para o campo da jurisdição voluntária, também alvo de dissidências entre a doutrina clássica e moderna. Analisa-se, ainda, o instituto da competência, considerado pelos autores como a medida da jurisdição. Nessa linha de raciocínio, importante a apresentação dos conceitos de conflito de competência e das possibilidades de sua modificação.

Em virtude da apreciação da conceituação e da classificação da competência, cuida-se, especialmente, da competência material da Justiça do Trabalho, a partir dos mais variados temas que chegaram aos Tribunais Superiores, a fim de que se esclarecesse de quem era a alçada para apreciá-los. Para isso, conforme já se ressaltou, é necessário interpretar qual é a amplitude da expressão *relação de trabalho* inserida no inciso I do artigo 114 da Constituição Federal.

Em razão da problemática de a pesquisa estar ligada ao Direito Coletivo, no segundo capítulo, enfrenta-se a questão da greve, direito secular que encontra seu fundamento na Constituição Federal, em seu artigo 9º e na Lei n. 7.783/89 – sem esquecer que aos servidores públicos também foi garantido tal direito, todavia, pendente de regulamentação. Objetiva-se apresentar o seu conceito e a sua natureza jurídica, bem como as possibilidades e as limitações ao seu exercício, a fim de que não seja considerado abusivo, ilegal e injusto.

É inegável que a Emenda Constitucional n. 45/2004 gerou efeitos sobre essa proposição, porque deslocou para a competência da Justiça do Trabalho qualquer ação que envolva o exercício do direito de greve, como nos casos das ações possessórias, principalmente, os chamados interditos proibitórios, ocupando-se, ainda, em estabelecer que o Ministério Público do Trabalho possui atribuição constitucional para suscitar o dissídio coletivo em caso de greve em atividades essenciais.

Entretanto, verifica-se que essa legitimidade não é exclusiva à luz do princípio constitucional da harmonização, cabendo também às entidades sindicais exercê-lo. Além disso, é objeto do segundo capítulo a análise da questão envolvendo a representação sindical e as lides que lhes são pertinentes. A Reforma Constitucional pacificou, por exemplo, que disputas intersindicais, os conflitos envolvendo as cobranças das contribuições sindical, confederativa, assistencial e associativa, quaisquer que sejam, estão no âmbito de julgamento da Justiça do Trabalho, alterando, significativamente, o paradigma adotado em momento antecedente.

O terceiro e último capítulo tem por finalidade perquirir os casos de solução dos conflitos coletivos de trabalho, sob a ótica das modificações trazidas pela Emenda Constitucional n. 45/2004. Examinam-se as modalidades de solução, tais como a autocomposição, isto é, aquela de domínio das próprias partes, e a heterocomposição, em que é requisito a presença de um terceiro, com poderes de buscar uma solução ao caso concreto. Por esse motivo, é relevante a abordagem da negociação coletiva e de seus instrumentos, além da mediação, da arbitragem e da jurisdição.

A negociação coletiva é ponto de grande relevância para o Direito do Trabalho, porquanto, é a partir dela, que se busca a pacificação de litígios entre as partes, sem que ocorra a necessidade de intervenção de terceiros. É a forma que tenta demonstrar aos pactuantes o quanto é importante o diálogo, além de traduzir a real capacidade de abrir-se mão de determinadas exigências em prol de um benefício maior que é a tutela dos direitos coletivos. Como resultado de uma negociação coletiva exitosa, explica-se a convenção coletiva de trabalho, tradução do encontro de vontades entre o sindicato patronal e o sindicato profissional, e o acordo coletivo de trabalho, resultado do acerto entre o sindicato profissional e uma empresa ou grupo de empresas específicas.

Caso fracassem as tentativas de negociação coletiva, são disponibilizados às partes outros mecanismos de solução de suas controvérsias, sendo necessária, entretanto, a presença de um terceiro interveniente. Ainda que preponde a tradicional ideia de que o Estado é responsável por apaziguar e por apresentar desfechos às divergências, outras duas formas se apresentam como caminho alternativo, evitando-se, assim, um acúmulo de processos judiciais que poderiam, facilmente, ser resolvidos em âmbito extrajudicial: a mediação e a arbitragem.

A mediação configura-se como a técnica empregada a fim de compor o conflito, por meio da participação de um terceiro, chamado mediador, com função de ouvir as partes e apresentar propostas. O mediador não exerce poder de decisão, apenas sugerindo possibilidades de desfecho do conflito. Por sua vez, a arbitragem surge como procedimento estipulado pelas partes, a partir do seu acordo de vontades, pelo qual um terceiro, imparcial, intenta a conciliação, que, se restar infrutífera, procederá no julgamento da controvérsia. No Brasil, a arbitragem está regulamentada pela Lei n. 9.307/96.

No que se refere à solução jurisdicional, o Estado vê-se obrigado a intervir na problemática, para evitar que a coletividade acabe por ser prejudicada. Os conflitos coletivos podem ser econômicos, quando se aspira à criação de normas gerais e abstratas, ou jurídicos, no momento em que se deseja a interpretação de uma cláusula já existente. Os conflitos de natureza econômica são perfectibilizados a partir da utilização de uma ação específica, denominada dissídio coletivo. Não se impede que os conflitos coletivos de natureza jurídica sejam solucionados por meio dessa ação; porém, a mais controversa e indefinida alteração constitucional diz respeito aos dissídios coletivos de natureza econômica.

Deve-se ressaltar também que não há um consenso absoluto sobre temas como o poder normativo da Justiça do Trabalho, o respeito às cláusulas negociadas preexistentes, a necessidade de mútuo consentimento para o ajuizamento do dissídio coletivo de natureza econômica. E, sob essa perspectiva, é que se tentará demonstrar os reflexos da Emenda em debate.

Empregaram-se, na pesquisa, os métodos histórico e exegético, na busca de investigar a influência dos institutos estudados na atualidade, bem como na tentativa de delimitar o real alcance das normas analisadas. O método histórico respalda-se na investigação dos acontecimentos, dos processos e das instituições do passado, a fim de visualizar a sua influência na sociedade de hoje. Partindo do princípio de que as atuais formas de vida social, as instituições e os costumes têm origem no passado, é imperioso examinar as suas raízes, para melhor compreender a sua natureza e a sua função. Em relação ao método exegético, visa-se à busca constante de explicitar o verdadeiro intuito do legislador, ao promover essas alterações constitucionais. Além disso, procurou-se dissecar a temática, a partir da utilização da doutrina e da jurisprudência pátria.

O assunto proposto é amplo e interessante, por envolver não só o Direito Coletivo do Trabalho, mas também a influência desses parâmetros nas relações individuais de trabalho. O fato é que as reformas constitucionais geram a necessidade de interpretação sistemática com os princípios nela já existentes – e é isso que se pretende investigar ao longo da abordagem do tema.

1. As noções de jurisdição e competência

1.1. A JURISDIÇÃO

1.1.1. Da autodefesa à jurisdição

Os estudos jurídicos mais avançados, no que dizem respeito ao conceito de jurisdição, obrigatoriamente, passam por uma análise dos métodos que a antecedem, uma vez que só é possível denotar a sua significação quando o Estado assume o poder de controlar as relações sociais, fixando a sua função de solucionar os conflitos entre partes interessadas.

Em uma análise do Direito Processual, é sabido que o conflito existe quando há uma pretensão resistida – foi o que Francesco Carnelutti qualificou como lide.[1]

É imperioso destacar que, no ramo do Direito Laboral, existem inúmeros conflitos, haja vista os interesses antagônicos existentes entre empregados e empregadores, ao se pensar no âmbito dos direitos individuais. Além disso, não se pode esquecer das relações coletivas, propícias ao nascimento dos conflitos grupais, de categorias, cujo objeto do litígio não é apenas a busca pelo cumprimento de uma norma geral e abstrata, mas também pode envolver a criação de novos dispositivos aplicáveis à determinada categoria.[2]

As bases teóricas do Direito, no Estado Moderno, vêm diretamente ligadas à noção de jurisdição. Em suma, o crescimento voraz desse Estado

---

[1] CARNELUTTI, Francesco. *Instituições do Processo Civil*. v. 1. Trad. de Adrián Sotero de Witt Batista. Campinas: Servanda, 1999, p. 77.

[2] Tema este que será oportunamente abordado ao se estudar a negociação coletiva e os dissídios coletivos.

está intimamente relacionado à criação do Direito tanto em nível legislativo como em nível jurisdicional.[3]

Nem sempre o poder estatal foi responsável por solucionar as demandas que surgiram com a evolução da sociedade. A fidedigna e autêntica jurisdição nasce quando o ente estatal assume uma posição autônoma e independente dos axiomas religiosos, tendo como uma das finalidades precípuas o poder de controlar as relações sociais. Nos remotos tempos de civilização, por inexistir o que hoje se conhece por contrato, ou seja, o encontro de vontades das partes pactuantes, em que se designa o interesse de cada um, os conflitos eram pacificados – se é possível falar-se em pacificação –, por meio da utilização da força e da violência. Isto porque não se sabia ao certo quem efetivamente era o titular do direito. Essa possibilidade de as partes poderem exercer o brocardo "Justiça com as próprias mãos" é a chamada autotutela ou autodefesa.[4] Não por acaso, é classificada como a "solução do conflito de interesses que se dá pela imposição da vontade de um deles, com o sacrifício do interesse do outro. Solução egoísta e parcial do litígio. O 'juiz da causa' é uma das partes".[5]

A autotutela nasce em um momento em que o Estado não detinha as forças necessárias para elaborar e para aplicar precisamente regras, fiscalizando, ainda, o seu cumprimento. Imperava a fase da Justiça Privada. Merece destaque o fato de que, até os dias de hoje, é possível encontrar casos de autotutela no ordenamento jurídico pátrio, de forma excepcional, é claro. Poder-se-iam arrolar aqui os casos de estado de necessidade e de legítima defesa, no Código Penal, o direito de retenção, no Código Civil, e a própria greve no Direito do Trabalho, ao se pensar nas possibilidades de dispensa em massa ou mesmo de não concessão de melhores salários para determinada categoria.[6]

Odete Medauar aponta, ainda, a autocomposição, configurada na hipótese em que uma das partes renuncia, abre mão de um interesse seu

---

[3] BAPTISTA DA SILVA, Ovídio A. *Curso de Direito Processual Civil*. v. 1. 3. ed. Porto Alegre: Sergio Antonio Fabris Editor, 1996, p. 15.

[4] MARINONI, Luiz Guilherme; ARENHART, Sérgio Cruz. *Manual do Processo de Conhecimento*. 3. ed. São Paulo: Revista dos Tribunais, 2004, p. 29.

[5] DIDIER JR, Fredie. *Curso de Direito Processual Civil. Teoria Geral do Processo e Processo de Conhecimento*. 11. ed. Salvador: Editora Jus Podivm, 2009, p. 77. O autor explica: "Trata-se de solução vedada, como regra, nos ordenamentos jurídicos civilizados. É conduta tipificada como crime: exercício arbitrário das próprias razões (se for um particular) e exercício arbitrário ou abuso de poder (se for o Estado). Como mecanismo de solução de conflitos, entretanto, ainda vige em alguns pontos do ordenamento".

[6] ROCHA, Andréa Presas. *Manual de competências da Justiça do Trabalho*. Rio de Janeiro: Elsevier, 2008, p. 3-4. Nesse sentido, Fredie Didier Jr: "Em qualquer caso, é passível de controle posterior pela solução jurisdicional, que legitimará ou não a defesa privada". (idem).

em prol da solução do conflito.[7] Pode ser chamada, também, de solução altruísta do litígio, acabando com a premissa de exclusivismo estatal no que tange à eliminação do conflito.[8] Por fim, cabe recordar a mediação, técnica de solução de conflitos, cujo Estado não tem participação, que visa à condução das partes a um desfecho autocompositivo. O mediador é um terceiro que objetiva fazer "com que os próprios litigantes descubram as causas do problema e tentem removê-las. Trata-se de técnica para catalisar a autocomposição".[9] É importante, destacar, no entanto, que a mediação não gera sentenças impositivas, consoante o que será estudado.

Uma terceira forma de composição de conflito é a arbitragem, que será objeto de análise específica oportunamente. Este instituto tem como finalidade o julgamento de um conflito, substituindo-se a atividade do magistrado togado por um árbitro privado.

Há, inclusive, regulamentação acerca de tal instituto, mais precisamente a Lei n. 9.307/96. No entanto, cabe ressaltar que, de acordo com o artigo 1º da Lei citada, a arbitragem só poderá dirimir conflitos relativos a direitos patrimoniais disponíveis.[10]

Luiz Guilherme Marinoni e Sérgio Cruz Arenhart apontam relevante aspecto na análise do instituto da arbitragem e do órgão jurisdicional, ao ponderarem que:

> Se na arbitragem não há exercício do poder atribuído aos juízes, é evidente que há diferença entre a função que pode ser desempenhada pelo árbitro daquela e aquela que é deferida ao juiz. Não é o fato de um juiz ser diferente de um árbitro, como o funcionário público difere de um particular, que explica a diversidade das situações, mas sim o poder que somente pode ser entregue nas mãos do juiz. De modo que se poderia falar em jurisdição estatal e jurisdição privada – já que a tarefa declarativa do árbitro também faz parte das atribuições entregues ao juiz –, desde que compreendido que o poder do juiz situa-se em um plano diferente da arbitragem. A questão do poder jurisdicional tem relação com o conceito de Estado, ao passo que a arbitragem apenas se relaciona com a autonomia da vontade.[11]

Todavia, a posição dos referidos doutrinadores não é unânime, sendo necessário recordar que a decisão proferida pelo juízo arbitral não pre-

---

[7] MEDAUAR, Odete. *A processualidade no Direito Administrativo*. 2. ed. São Paulo: Revista dos Tribunais, 2008, p. 15.

[8] DIDIER JR, Fredie, op. cit., p. 78. O autor ensina: "Autocomposição é o gênero, do qual são espécies: a) Transação: concessões mútuas; b) Submissão de um à pretensão do outro: reconhecimento da procedência do pedido; c) Renúncia da pretensão deduzida". (idem).

[9] DIDIER JR, Fredie. Op. cit, p. 78

[10] Artigo 1º da Lei n. 9.307/96: "As pessoas capazes de contratar poderão valer-se da arbitragem para dirimir litígios relativos a direitos patrimoniais disponíveis".

[11] MARINONI; ARENHART, 2004, op. cit., p. 34.

cisa de homologação judicial, bem como não pode ser rediscutida pelas partes optantes pela arbitragem, salvo nos casos previstos em lei.[12]

Diante dos elementos expostos, que configuram situações alternativas à utilização do órgão jurisdicional, e com base em uma análise acerca do Direito Romano, surge a denominada Justiça Pública, mais precisamente, no período da *cognitio extraordinem*, cujo predomínio se deu na fase pós-clássica romana.[13] As vantagens desse procedimento estavam na maior autoridade conferida ao juiz e no abandono do que restava do formalismo romano. Além disso, "embora alguns atos processuais fossem documentados, a oralidade se sobrepunha à escritura no procedimento da *extraordinaria cognitio*: as partes debatiam a causa, em contraditório, na presença do magistrado".[14]

Neste período, o Estado começa a apresentar os ditames para a resolução dos conflitos, pouco importando a vontade uníssona dos particulares, que deveriam submeter-se ao poder estatal, sem imiscuir-se nas decisões. É a partir desses ideais que aparece o conceito de jurisdição utilizado hoje pelos doutrinadores.

Ao ser vedada a autotutela ou a Justiça com as próprias mãos, "surge o poder de o Estado dizer aquele que tem razão em face do caso conflitivo concreto, ou o poder de dizer o direito, conhecido como *iuris dictio*".[15]

É notável que, a partir da assunção do monopólio do Estado de dizer o Direito, advém o direito de ação, não configurado apenas como a busca de uma sentença, mas, também, pela garantia de ter um retorno eficaz e célere ao conflito instaurado, sob pena de não se visualizar um processo efetivo,[16] Luiz Guilherme Marinoni destaca:

---

[12] Lei n. 9.307/96, artigo 33: "A parte interessada poderá pleitear ao órgão do Poder Judiciário competente a decretação da nulidade da sentença arbitral nos casos previstos nesta Lei. § 1º A demanda para a decretação de nulidade da sentença arbitral seguirá o procedimento comum, previsto no Código de Processo Civil, e deverá ser proposta no prazo de até 90 dias após o recebimento da notificação da sentença arbitral ou de seu aditamento. § 2º A sentença que julgar procedente o pedido: I) decretará a nulidade da sentença arbitral nos casos do art. 32, incisos I, II, VI, VII, VIII; II) determinará que o árbitro ou tribunal profira novo laudo, nas demais hipóteses. § 3º A decretação da nulidade da sentença arbitral também poderá ser argüida mediante ação de embargos do devedor, conforme o artigo 741 e seguintes do CPC, se houver execução judicial".

[13] MACEDO, Elaine Harzheim. *Jurisdição e Processo*: crítica histórica e perspectivas para o terceiro milênio. Porto Alegre: Livraria do Advogado, 2005, p. 19. Não é objeto de análise da presente dissertação um estudo aprofundado acerca da evolução da jurisdição no Direito Romano; entretanto, cumpre ressaltar que o período pós-clássico, retratado pela autora, tem o seu marco inicial no século III e o termo final em 565 d. C, com o fim do Império do Ocidente e a morte de Justiniano. Ibid., p. 38.

[14] CRUZ E TUCCI, José Rogério; AZEVEDO, Luiz Carlos. *Lições de História do Processo Civil Romano*. São Paulo: Revista dos Tribunais, 2001, p. 141.

[15] MARINONI; ARENHART, 2004, op. cit., p. 29.

[16] MARINONI; ARENHART, loc. cit.

Uma evolução adequada do sistema de distribuição de Justiça equivaleria à predisposição de procedimentos adequados à tutela dos novos direitos. A inércia do legislador – ao menos para dar tutela efetiva às novas situações carentes de tutela – conduz a uma interessante e generosa posição doutrinária: a do direito à adequada tutela jurisdicional. O direito de acesso à Justiça tem como corolário o direito à preordenação de procedimentos adequados à tutela dos direitos.[17]

Os conceitos e os caracteres da jurisdição serão a seguir abordados, bem como as noções de mediação e arbitragem. Esta última surge como uma forma alternativa de solução dos conflitos, sem prejuízo do acesso à Justiça – garantia constitucional que é atual e que está em debate como nunca.

1.1.2. O conceito de jurisdição e os seus principais caracteres

Quando um cidadão busca o poder estatal para que lhe seja garantida uma decisão justa, por meio do direito subjetivo de ação, por certo, estar-se-á diante da jurisdição, "pela qual o Estado cumpre o dever de, mediante um devido processo legal, administrar a Justiça aos que o solicitaram".[18]

A jurisdição, conforme se conota nos dias de hoje, expressa-se como o poder de soberania do Estado, que se subdivide, ainda, na função legislativa e na administrativa. Segundo o que ensinou Miguel Seabra Fagundes, o poder estatal alcança o seu fim por meio de três funções, que subdividem a sua atividade: legislação, administração e jurisdição.[19] Além disso, o referido autor destaca que "é de notar, porém, que cada um desses órgãos não exerce, de modo exclusivo, a função que nominalmente lhe corresponde, e sim tem nela a sua competência principal ou predominante".[20]

Esse lema da separação de poderes tem origem em Montesquieu, na sua obra intitulada *O espírito das leis*, pelos quais as três funções estatais são exercidas por poderes autônomos e independentes, cabendo basicamente ao Judiciário o desempenho da jurisdição, ao Legislativo, o ato de legislar e, ao Executivo, a administração do ente estatal.[21] Não serão obje-

---

[17] MARINONI, Luiz Guilherme. *Efetividade do Processo e tutela de urgência*. Porto Alegre: Sergio Antonio Fabris Editor, 1994, p. 7.

[18] CARNEIRO, Athos Gusmão. *Jurisdição e competência*. 15. ed. São Paulo: Saraiva, 2007, p. 3.

[19] FAGUNDES, Miguel Seabra. *O controle dos atos administrativos pelo Poder Judiciário*. 3. ed. Rio de Janeiro: Forense, 1957, p. 17.

[20] FAGUNDES, loc. cit.

[21] Neste sentido, merece destaque a explicação apresentada por Seabra Fagundes, para quem "a Montesquieu se deve o ter precisado a classificação das funções do Estado, mostrando, igualmente, o fim de tal classificação. A divisão das funções estatais, correspondente à existência de três órgãos, é

tos de análise neste texto a função legislativa e a administrativa, mas tão somente a judiciária, mais precisamente, a jurisdição.

Com efeito, o Poder Judiciário, além de desempenhar a atividade jurisdicional por quase todos os seus órgãos, também possui alçadas legislativas e administrativas. Para Miguel Seabra Fagundes:

> Enquanto o conceito de função legislativa decorre facilmente do contraste entre os fenômenos de formação do direito e os de realização, o mesmo não sucede com o das funções administrativa e jurisdicional. Constitui um delicado problema doutrinário fixar para cada uma destas o conceito específico, pois que ambas, se prendendo à fase de realização do direito, identificam-se como funções de execução.[22]

As funções de julgar ou de administrar, da mesma forma, abeiram-se à execução da lei, portanto, em verdade, são espécies do gênero *função de execução*. Para o citado autor, tanto a função jurisdicional quanto a administrativa determinam ou definem situações jurídicas individuais. A primeira se mesclaria com a Administração como função realizadora do Direito; no entanto, o seu exercício só possui espaço quando existir um conflito a respeito da aplicação das normas do Direito, tendo por finalidade específica solvê-lo, alcançando, assim, o seu objetivo pela fixação definitiva da exegese.[23]

Resulta daí uma pretensão resistida, denominada lide; faz-se a interpretação definitiva do caso, buscando-se a solução, com a formação de coisa julgada formal e material. A função administrativa, intervindo em situação de conflito, executa a lei, de igual modo; todavia, a sua decisão, que é também interpretativa, não apresenta caráter definitivo. Ao mesmo tempo, a função administrativa, por vezes, apenas executa a lei, sem estar atuando em circunstância de conflito. Logo, repita-se, apenas executa a lei, em atuação administrativa clássica.

Não é suficiente para que se efetive o Direito a mera constituição de leis. É inegável que elas determinam regras comportamentais. Contudo, pelo fato de que os seus conteúdos são genéricos e abstratos, é imprescindível que se assegure a sua observância em respeito à liberdade e ao direito de outrem. Em outras palavras, se não houver espontaneidade no cumprimento dessas regras de conduta, deve-se "identificar, declarar e

---

hoje adotada por quase todas as organizações políticas. *Com frequência se recrimina o publicista do Espírito das Leis, à vista dos defeitos que a divisão dos poderes (como observa DUGUIT, Traité de Droit Constitutionnel, vol.II, p. 664, ele jamais usou a expressão 'separação de poderes')* [grifo do autor], convertida em separação irracional tem acarretado. Também é corrente se lhe negar a prioridade da teoria universalmente aceita. Mas é de Justiça reconhecer-lhe o mérito de ter sido o primeiro sistematizador e o de mais autoridade, dessa distinção de funções e órgãos do Estado. Embora visando à demonstração da necessidade de três órgãos distintos do Estado para uma real tutela do indivíduo, situou, de modo sistemático e convincente, a questão das funções estatais. Ibid., p. 17-18.

[22] Ibid., p. 19.
[23] FAGUNDES, 1957, op. cit., p. 26.

dar atuação a essas regras, caso por caso, nas vicissitudes concretas da vida de cada dia, eventualmente até mediante meios coercitivos".[24]

Também deve-se referir que o termo *jurisdição* advém da expressão latina *jurisdictio*, que se reparte em *jus e dicere*, ou seja, dizer o Direito. Segundo os ensinamentos de De Plácido e Silva, a combinação é comumente utilizada para demonstrar as atribuições específicas conferidas ao juiz, responsável pela boa administração da Justiça, exprimindo a proporção e a limitação do seu poder de julgamento.[25]

Inúmeros teóricos conceituam a jurisdição e, exatamente por isso, não há uma unanimidade e uniformidade nisso. No entanto, é inadmissível estudar este tema sem abordar as teorias de Giuseppe Chiovenda, Enrico Allorio, Francesco Carnelutti, além de outros doutrinadores.

Tendo como ponto de partida os estudos de Giuseppe Chiovenda, vale frisar que a produção legislativa é monopólio do Estado. A jurisdição, segundo os seus ideais,

> (...) é a função do Estado que tem por escopo a atuação da vontade concreta da lei por meio da substituição, pela atividade de órgãos públicos, da atividade de particulares ou de outros órgãos públicos, já no afirmar a existência da vontade da lei, já no torná-la praticamente efetiva.[26]

Resta claro que, no pensamento de Giuseppe Chiovenda, a atividade jurisdicional tem como seu diferencial o fato de substituir uma prática alheia por uma prática pública.[27] [28] Conforme destaca Ovídio A. Baptista da Silva, ao elucidar a teoria de Giuseppe Chiovenda, existem dois encargos bem distintos na atividade estatal, quais sejam, o fazer as leis e aplicá-las. Entretanto, o ato de aplicação se dá de duas formas específicas:[29]

> Para o administrador, a lei é o seu limite, enquanto para o juiz a lei é seu fim. O administrador não tem como função aplicar a lei. Ele atua (realiza) o direito objetivo, promovendo uma

---

[24] LIEBMAN, Enrico Tullio. *Manual de Direito Processual Civil I*. Trad. de Cândido Rangel Dinamarco. Rio de Janeiro: Forense, 1984a, p. 3.

[25] SILVA, De Plácido e. *Vocabulário jurídico*. v. 3. 12. ed. Rio de Janeiro: Forense, 1993, p. 27.

[26] CHIOVENDA, Giuseppe. *Instituições de Direito Processual Civil*. v. 2. Trad. de Paolo Capitano. Campinas: Bookseller, 1998, p. 8.

[27] J. E. Carreira Alvim é adepto da corrente de Chiovenda. Pode-se verificar tal fato quando o primeiro autor afirma que "ao Poder Judiciário, cabe a função jurisdicional, no exercício da qual atua a lei (direito objetivo) na composição dos conflitos de interesses. O Estado-juiz atua o direito objetivo à lide que lhe é apresentada *in concreto* e declara o direito aplicável. À função jurisdicional corresponde 'atuar as normas reguladoras da atividade dos cidadãos e dos órgãos públicos'". Ver: CARREIRA ALVIM, J. E. *Teoria geral do Processo*. 11. ed. Rio de Janeiro: Forense, 2007, p. 54.

[28] Miguel Seabra Fagundes reitera que "este autor, observando as dificuldades que há em distinguir, precisamente, as funções administrativa e jurisdicional, dá a esta, como caráter específico, o de atividade de substituição. Isto é, ao seu ver, ela intervém sempre para substituir alguma outra atividade, podendo esta atividade substituída ser 'de particular ou de outros órgãos públicos'. Ver: FAGUNDES, 1957, op. cit., p. 29.

[29] BAPTISTA DA SILVA, 1996, op. cit., p. 19.

atividade destinada à realização do bem comum [...] Ele não atua a lei, como se a função que lhe coubesse fosse essa atuação da vontade abstrata da lei. Seu objetivo é a realização do bem comum, dentro da lei. O juiz, ao contrário, não tem como finalidade de seu agir a realização do bem comum, senão de forma muito genérica e indireta; a finalidade que define sua atividade é a própria atuação da lei. Pode-se dizer que o juiz age para atuação da lei, realizando o direito objetivo. E nisto reside a distinção entre administração e jurisdição.[30]

Para Miguel Seabra Fagundes, essa distinção entre função administrativa e jursidicional feita por Giuseppe Chiovenda não é das melhores, já que a função administrativa também pode ser substitutiva de uma atividade privada. Caso típico é "a execução forçada das obrigações públicas em via administrativa".[31] Neste exemplo, o poder estatal, por meio de sua atribuição administrativa, coage o particular ao adimplemento de uma obrigação em que figure como devedor, substituindo-se a uma atividade privada.[32]

De acordo com a concepção demonstrada, constata-se que a tese de Giuseppe Chiovenda está diretamente vinculada às premissas positivistas e liberais. É possível chegar-se a esta conclusão, uma vez que fica evidente a suposta coerência, completude e clareza do ordenamento jurídico para o citado autor, visto que, ao juiz, é vedado qualquer exercício valorativo no que tange à aplicação das leis. Mais do que nunca, a legislação possui todas as possíveis soluções aos casos concretos, figurando o Juiz como a *boca da lei*.[33]

---

[30] BAPTISTA DA SILVA, loc. cit.

[31] FAGUNDES, 1957, op. cit., p. 29.

[32] No ato administrativo, a autoridade está substituindo a parte para confirmar a realização da regra, como, por exemplo, guinchando um veículo estacionado em local proibido. O administrado, presumindo a legalidade das leis e dos atos administrativos, naturalmente, deveria ter acolhido a ordem emanada do Poder Público, manifestada por mecanismos, símbolos e sinais de conhecimento universal. No entanto, é uma substituição que tem presunção relativa, *juris tantum*, de legalidade. Em outras palavras, admite prova em contrário. A força da atividade jurisdicional é uma substituição que, ao cabo, alcança um grau de definitividade: a coisa julgada. Ibid., p. 29-30.

[33] Neste sentido, Franz Wieacker assevera que "[...] na perspectiva do direito do *positivismo científico*, o qual deduzia as normas jurídicas e a sua aplicação exclusivamente a partir do sistema, dos conceitos e dos princípios doutrinais da ciência jurídica, sem conceder valores ou objectivos extrajurídicos (por exemplo, religiosos, sociais ou científicos) a possibilidade de confirmar ou infirmar as soluções jurídicas. *Considerações de carácter ético, político ou económico não são assunto dos juristas, enquanto tais*, dizia ainda em 1884, um clássico desta corrente positivista da craveira de Windscheid [...] A fundamentação ética desta convicção foi extraída por Savigny e pelos seus contemporâneos da teoria jurídica de Kant, segundo a qual a ordem jurídica não constitui uma ordem ética, mas apenas a possibilita, tendo, portanto, uma existência independente". (*História do Direito Privado moderno*. 2. ed. Trad. de A. M. Botelho Hespanha. Lisboa: Fundação Calouste Gulbenkian, 1967, p. 492). Ainda, importante destacar a crítica de Clóvis do Couto e Silva: "A crise da teoria das fontes resulta da admissão de princípios tradicionalmente considerados metajurídicos no campo da ciência do direito, aluindo-se, assim, o rigor lógico do sistema com fundamento no puro raciocínio dedutivo. Em verdade, outros fatores passaram a influir poderosamente no nascimento e desenvolvimento do vínculo obrigacional, fatores esses decorrentes da cultura e da imersão dos valores que os códigos revelam no campo social e das transformações e modificações que produzem. A crise decorre da concepção de que um código por mais amplo que seja não esgota o *corpus juris* vigente, o qual se

É pacífico, com base nos ensinamentos de Galeno Lacerda, que a teoria de Giuseppe Chiovenda está ultrapassada, ainda que tenha semeado seguidores.[34] Isto se deve ao fato de que não se pode atribuir o caráter meramente substitutivo ao órgão jurisdicional, quando se está a apreciar, por exemplo, incidentes processuais, envolvendo suspeições, impedimentos, competência, em que efetivamente o magistrado está exercendo atividade jurisdicional.[35] [36] Além disso, inexistiria o caráter substitutivo no processo penal, por exemplo, pois a atividade jurisdicional, nesse caso, é principal, afinal ninguém poderá ser apenado, sem antes ser submetido a um processo judicial.

Outra crítica que se faz, conforme citado acima, é a de que o ordenamento jurídico seria dotado de plenitude, devendo o juiz apenas adotar o procedimento de subsunção da norma ao caso concreto, de forma automática e intelectiva, sem maiores juízos valorativos e interpretativos, ainda que a regra fosse injusta.[37]

Entre os clássicos doutrinadores que estudaram o conceito de jurisdição, deve-se, ainda, referir Francesco Carnelutti. Pelas ideias que lhe são atribuídas, coube a esse autor apontar que a jurisdição tem como base elidir o conflito, por meio de uma sentença declaratória, em que o magistrado diz o Direito.[38] [39] Ou seja, a função da jurisdição é buscar a justa

---

manifesta através de princípios, máximas, usos, diretivas, não apenas na interpretação judicial, como também na doutrinária. Tanto essa afirmativa constitui um truísmo que é freqüente citar-se certa passagem ocorrida com Napoleão, relativamente a seu código, quando soube que o primeiro 'comentário' estava em vias de conclusão. Afirma-se que ele teria exclamado: *'Mon Code est perdu'*". Ver: SILVA, Clóvis do Couto e. *A obrigação como Processo*. Rio de Janeiro: FGV, 2007, p. 65-66. FACCHINI NETO, Eugênio. Reflexões histórico-evolutivas sobre a constitucionalização do Direito Privado. In: SARLET, Ingo (coord.). *Constituição, Direitos Fundamentais e Direito Privado*. Porto Alegre: Livraria do Advogado, 2003, p. 20. O referido autor deixa claro que atividade mental do jurista seria apenas silogística, o que lhe eximiria de qualquer responsabilidade política diante de leis que fossem injustas. Utiliza, ainda, o autor a expressão que resume bem o papel do juiz naquele período: "todos podem olimpicamente lavar as mãos", p. 21.

[34] Pode-se encontrar Chiovenda na obra dos seguintes autores: Celso Agrícola Barbi, Cândido Rangel Dinamarco, Arruda Alvim, Alfredo Rocco, Alexandre Freitas Câmara, Moacyr Amaral Santos, dentre outros.

[35] LACERDA, Galeno. *Comentários ao Código de Processo Civil*. v. 3. t. 1. 7. ed. Rio de Janeiro: Forense, 1998, p.17.

[36] Daniel Francisco Mitidiero refere que "com a teoria da substitutividade da jurisdição, não temos como explicar a ação (de direito material) e a sentença (de procedência) preponderantemente mandamentais, já que nelas o juiz não substitui nenhuma atividade da parte, sendo a ordem dele emanada impensável antes do aparecimento do Estado". Ver: MITIDIERO, Daniel Francisco. *Elementos para uma teoria contemporânea do Processo Civil brasileiro*. Porto Alegre: Livraria do Advogado, 2005, p. 77.

[37] BAPTISTA DA SILVA, 1996, op. cit., p. 20-21.

[38] CARNELUTTI, Francesco. *Sistema del Diritto Processuale Civile*. v. 1. Padova: Cedam, 1936, p. 131-32.

[39] No Brasil, a teoria de Carnelutti é adotada por autores como Humberto Theodoro Junior e Galeno Lacerda. Este último assevera que "a lide como realidade dialética adquire feição polimórfica,

composição da lide. Por justa, entende que é a solução da demanda nos exatos termos legais e, por lide, as controvérsias de interesses qualificadas por uma pretensão resistida. O processo era visto a partir do interesse das partes. Admitia, portanto, a jurisdição enquanto declaração que gerasse um equilíbrio entre a pretensão de uma das partes e a resistência de outrem.

Com base nesta concepção, não haveria jurisdição no processo de execução, eis que a atividade jurisdicional tem como pressuposto vontades divergentes, composta aquela pela pretensão de um em face da resistência do outro – este é, pois, o seu conceito de lide. Ovídio A. Baptista da Silva explica que "há necessidade, para haver processo jurisdicional, conforme o ponto de vista de Carnelutti, da prévia existência de uma 'pretensão resistida', entendido, porém, o conceito de pretensão como exigência de subordinação de um interesse alheio ao interesse de que pretende".[40]

Está evidenciada, num primeiro momento, a inversão de compreensões que marca a passagem entre as doutrinas de Giuseppe Chiovenda e Francesco Carnelutti. Para o primeiro autor, o centro jurisdicional é o próprio poder do Estado, representado pela atuação da "vontade da lei". Entretanto, para o segundo autor, a jurisdição visa às próprias partes, o que lhe confere um ponto de vista mais particularizado, ao passo que Giuseppe Chiovenda é publicista. Essa diferenciação, todavia, não avança muito, pois ambas as doutrinas se assemelham no que diz respeito à "vontade da lei".[41]

Sendo assim, visível que os ideais de Francesco Carnelutti tiveram pequeno aditivo face à teoria de Giuseppe Chiovenda, conferindo ao magistrado um insignificante juízo adaptativo da legislação já existente. Impossível não comparar com os preceitos de Hans Kelsen, que, no estudo da criação da norma individual, subordina essa atividade "valorativa" ao princípio da supremacia da lei. É sabido que o referido autor afirma

---

extravasando-se em ambos os planos, o do direito material e o plano do processo, através das pretensões e razões controvertidas, a exigir decisão jurisdicional do magistrado. Exatamente porque as questões constituem projeção da lide, é que a decisão delas, ainda das que sejam puramente processuais, como o seria a proferida sobre a própria competência, passam a ser também jurisdicionais". Ver: LACERDA, Galeno. *Comentários ao Código de Processo Civil*. v. 8. t. 1. 2. ed. Rio de Janeiro: Forense, 1981, p. 20-22.

[40] BAPTISTA DA SILVA, 1996, op. cit., p. 24. Segundo entendimento do referido autor, para Carnelutti, "como para a generalidade da doutrina italiana – que ignora o conceito de pretensão material –, ter a pretensão é simplesmente alegar, ou imaginar que se tem direito, é a condição processual daquele que se diz titular do direito cujo reconhecimento ele busca, através da jurisdição. Segundo este entendimento, tanto terá exercido pretensão o autor a quem a futura sentença atribuir o alegado direito, quando tivera pretensão o autor que obtenha sentença de improcedência, que não lhe reconheça a titularidade do direito que ele imaginava possuir". BAPTISTA DA SILVA, loc. cit.

[41] MARINONI, Luiz Guilherme. *Teoria Geral do Processo*. São Paulo: RT, 2006, p. 35

serem possíveis inúmeras interpretações da lei, desde que não se afastam da sua moldura.[42]

Deve-se lembrar, no entanto, que a teoria de Francesco Carnelutti também pode ser objeto de críticas, porque estancar litígios não é obra exclusiva da jurisdição. Os indivíduos entre si solucionam os conflitos, utilizando-se das mais diversas formas, como a autocomposição, ou mesmo pela arbitragem (mecanismo extrajudicial), não sendo, portanto, traço distintivo da jurisdição a busca pela composição da lide.[43] Além disso, também para Francesco Carnelutti, a justiça se realiza, tão somente, com base no próprio ordenamento jurídico. Outrossim, critica-se a teoria desse autor italiano, haja vista que nem sempre é imprescindível que se visualize uma pretensão resistida para que se busque a intervenção judicial, como nos casos das ações constitutivas necessárias (ações anulatórias de casamento, ações de separação consensual, por exemplo).

Ademais, apenas a título de curiosidade, o próprio doutrinador reexaminou as suas concepções e efetuou uma distinção entre a jurisdição com o objetivo de resolver os conflitos de interesses, isto é, a lide, por meio de um processo de conhecimento, e outra jurisdição, cuja finalidade é a satisfação desses conflitos através do processo executivo.

Enrico Liebman não era um autor da qual propriamente se pudesse extrair um conceito inovador de jurisdição. Nos seus escritos, deixou clara a transição havida entre os estudos de Giuseppe Chiovenda e Francesco Carnelutti. O centro de produção da sua obra, diferentemente de outros doutrinadores, envolve o que seria produzido depois da jurisdição. Enrico Liebman não mede esforço para aprofundar o que seja "ação". No viés de Giuseppe Chiovenda, o autor distingue a atividade administrativa, como aquela em que a lei fornece subsídios comportamentais para serem aplicados em prol dos interesses públicos, e atividade jurisdicional, consistente em "fazer justiça, isto é, em dar atuação à lei".[44]

Note-se que, embora Enrico Liebman fale frequentemente em justiça, esse processualista italiano nunca abdicou da percepção dos ajustes entre o juiz e a lei, tanto que afirmou que "julgar quer dizer valorar um fato do passado como justo ou injusto, como lícito ou ilícito, segundo o critério de julgamento fornecido pelo direito vigente, enunciando, em consequência, a regra jurídica concreta destinada a valer como disciplina do caso".[45]

---

[42] KELSEN, Hans. *Teoria Pura do Direito*. 6. ed. São Paulo: Martins Fontes, 1998, p. 390.
[43] BAPTISTA DA SILVA, 1996, op. cit., p. 25.
[44] LIEBMAN, 1984a, op. cit., p. 6.
[45] Ibid., p. 4.

Sem esquecer-se de Francesco Carnelutti, por sua vez, reporta-se à justa composição da lide como atuação do direito, visando a solucionar o conflito de interesses, "procurando assim captar a matéria a que a lei é aplicada e o resultado prático, do ponto-de-vista sociológico, a que a operação conduz".[46]

Portanto, chega à conclusão de que existe uma complementaridade entre as duas conceituações, resumindo a jurisdição "como a atividade dos órgãos do Estado, destinada a formular e atuar praticamente a regra jurídica concreta que, segundo o direito vigente, disciplina determinada situação jurídica".[47] Indubitável, assim, o elo intrínseco que Enrico Liebman mantém com Giuseppe Chiovenda, sob a ótica da lei e a jurisdição, fazendo com que esta seja submissa àquela. De igual modo, iguala o seu conceito ao de Francesco Carnelutti, ao disciplinar que a jurisdição disciplina uma determinada situação jurídica, isto é, busca resolver a lide.

É imperioso que se estudem as concepções de Enrico Allorio, para quem o âmago do ato jurisdicional está em sua capacidade de produzir a coisa julgada. Conforme o autor italiano:

> Partiendo de este criterio, reafirmando un vínculo biunívoco, indestructible, entre jurisdicción contenciosa y cosa juzgada, rechazando todo alargamiento espurio de la noción de cosa juzgada mas allá de los limites de la jurisdicción contenciosa [...], es evidente que yo no puedo consentir en trasplante alguno de la distinción entre proceso declarativo y proceso ejecutivo al seno de la materia de los procedimientos voluntarios. Para mi, el efecto declarativo (o sea, la cosa juzgada) es el signo inequívoco de la jurisdicción verdadera y própria, y es incompatible con la llamada jurisdicción voluntaria, que debe relegarse entre las actividades administrativas.[48]

Pelas suas conclusões, os moldes do processo declaratório, tendo como resultante a coisa julgada, determinam a jurisdicionalidade processual, e, por esta razão, nos casos de jurisdição voluntária, inexistindo a coisa julgada, não há espaços para que se aborde a jurisdição. Afirma, ainda, que:

> La cosa juzgada es la eficacia normativa de la declaración de certeza jurisdiccional; la cosa juzgada trunca y hace inútiles las discusiones acerca de la justicia o injusticia del pronun-

---

[46] LIEBMAN, 1984a, op. cit., p. 6

[47] Ibid., p. 7.

[48] ALLORIO, Enrico. *Problemas de derecho procesal*. Buenos Aires: Ediciones Jurídicas Europa-America, 1963. t.II, p.15. Tradução livre: "Partindo deste critério, reafirmando um vínculo biunívoco, indestrutível, entre jurisdição contenciosa e coisa julgada, rechaçando todo alargamento apócrifo da noção de coisa julgada para além dos limites da jurisdição contenciosa, é evidente que eu não posso consentir em repicar algumas da distinção entre processo declaratório e processo executivo para o seio da matéria dos procedimentos voluntários. Para mim, o efeito declaratório (ou seja, a coisa julgada) é o sinal inequívoco da verdadeira e própria jurisdição, e é incompatível com a chamada jurisdição voluntária, que se deve relegar às atividades administrativas".

ciamiento; la cosa juzgada vincula a las partes y a todo juez futuro; en virtud de la cosa juzgada, lo que está decidido es derecho.[49]

Em verdade, outros autores também foram adeptos dessa tese, como Eduardo Juan Couture, por exemplo, que, na mesma linha de Piero Calamandrei, afirmou ser a coisa julgada o que "constitui a pedra de toque" do ato jurisdicional.[50] Piero Calamandrei reconhece na coisa julgada o principal caractere da jurisdição. Sendo assim, somente pelo provimento declaratório da decisão é que se encerraria a verdadeira jurisdição. Sob essa ótica, a sentença constitutiva não é puramente jurisdicional, mas um ato complexo, também aplicável ao encerramento da função administrativa.[51] Adotam as concepções de Piero Calamandrei Luigi Comoglio, Conrado Ferri e Michelli Taruffo:

> Qualquer sujeito, público ou privado, que se afirma titular de um direito subjetivo que seja contestado por outro, ou que entenda de exercitar tal direito e isso lhe seja impedido pelo comportamento de outros, pode postular ao juiz que intervenha seguido de um procedimento e nas formas processuais preestabelecidas, para tutelar e principalmente proteger esse mesmo direito [...] O juiz, no exercício da atividade assim descrita, é, em cada caso, chamado a acertar a existência ou inexistência de um efeito substancial e é correto, de outro lado, compreender que, no acertamento e na declaração daquele, consiste um dos elementos indispensáveis para definir a característica dessa mesma atividade. O provimento, não mais contestável, faz com que seus próprios efeitos possam produzir-se ainda fora do processo, fazendo lei entre as partes e impondo a eles, para o futuro, dever de ater-se ao conteúdo do mencionado provimento. Este fenômeno, típico e próprio da atividade jurisdicional, ganha o nome de coisa julgada material.[52]

Quem melhor apresenta a crítica à doutrina de Enrico Allorio é Ovídio A. Baptista da Silva, ao asseverar que:

> As objeções levantadas contra esta teoria podem ser resumidas no seguinte: 1º, considerando-se como ato jurisdicional apenas o processo chamado declarativo, onde houver produção de coisa julgada, ficariam excluídos da jurisdição, todo o processo executivo e de jurisdição voluntária. E, embora, quanto a esta última, haja predominância de opiniões que a consideram atividade de natureza administrativa, quanto ao processo de execução, há consenso geral sobre sua jurisdicionalidade; 2º, além destas limitações que, por si só, já seriam capazes de invalidar a doutrina, ainda poderíamos lembrar que, no próprio processo declaratório, poderia ter lugar formas procedimentais onde não ocorre o fenômeno da coi-

---

[49] Ibid., p. 130-131. Tradução livre: "A coisa julgada é a eficácia normativa da declaração de certeza jurisdicional; a coisa julgada impede e faz inúteis as discussões sobre a justiça ou a injustiça do pronunciamento; a coisa julgada vincula as partes e todo juiz futuro; em virtude da coisa julgada, o que está decidido é direito".

[50] COUTURE, Eduardo Juan. *Fundamentos del Derecho Procesal Civil*. Buenos Aires: Aniceto Lopez Editor, 1958, p. 43. Tradução livre.

[51] CALAMANDREI, Piero. *Limites entre jurisdicción y administración en la sentencia civil*. In: *Estudios de derecho procesal civil*. Buenos Aires: Editorial Bibiográfica Argentina, 1961, p. 48.

[52] COMOGLIO, Luigi; FERRI, Conrado; TARUFFO, Michelli. *Lezione sul processo civile*. Milano: Mulino, 1995, p. 97-98. Tradução livre.

sa julgada, além da ausência da *res judicata* no processo cautelar, cuja jurisdicionalidade ninguém discute.[53]

Além disso, cumpre ressaltar que, se houver vinculação plena da jurisdição com a coisa julgada, em caso de o magistrado decidir pela extinção do feito sem a resolução de mérito, por exemplo, por falta de pressuposto processual, tal decisão não seria jurisdicional.

Coerente com o que se apresentou até o momento, fica evidente que os conceitos tradicionais de jurisdição devem ser abandonados, tendo em vista, principalmente, o fato de estarem vinculados a ideais não mais operantes nos dias de hoje. Logicamente, seria desprezível a atitude que tentasse deixar de lado os estudos de tais doutrinadores, até porque os seus conceitos estão intrinsecamente ligados à época em que viveram. No entanto, nos ditames de Luiz Guilherme Marinoni, é inaceitável a ideia de que a legislação traduz a "expressão tranquila da vontade geral".[54]

Nos tempos de hoje, os doutrinadores modernos buscam outra conceituação à jurisdição. Na verdade, o que ocorre é uma melhoria ou uma atualização de estudos antecedentes, tais como o de Francesco Carnelutti. Neste sentido, Athos Gusmão Carneiro determina que a jurisdição pode ser conceituada como a "atividade pela qual o Estado, com eficácia vinculativa plena, elimina a lide, declarando e/ou realizando o direito em concreto".[55]

Araken de Assis discorre ser a jurisdição um poder-dever do Estado, constituindo-se na "antítese da defesa privada, almejando efetivar a justa composição da lide, segundo direito objetivo, através de órgão alheio aos interesses concretos dos litigantes".[56]

Ovídio A. Baptista da Silva, após análise aprofundada das doutrinas apresentadas por Giuseppe Chiovenda, Enrico Allorio e Francesco Carnelutti, apresenta dois pressupostos básicos que um ato deve conter para ser considerado jurisdicional: o primeiro deles é ser praticado por uma autoridade estatal, neste caso, pelo magistrado; o segundo é que este juiz deve ser um terceiro imparcial, mantendo-se "numa posição de independência e estraneidade relativamente ao interesse que por meio de sua atividade o tutela".[57] Daniel Mitidiero preceitua que:

> A jurisdicionalidade de um ato é aferida na medida em que é fruto de um sujeito estatal, dotado de império, investido em garantias funcionais que lhe outorguem imparcialidade e

---

[53] BAPTISTA DA SILVA, 1996, op. cit., p. 23.

[54] MARINONI, Luiz Guilherme. *Novas linhas do Processo Civil*. 4. ed. São Paulo: Malheiros, 2000, p. 185.

[55] CARNEIRO, 2007, op. cit., p. 6.

[56] ASSIS, Araken de. *Cumulação de Ações*. 4.ed. São Paulo: RT, 2002, p. 53.

[57] BAPTISTA DA SILVA, 1996, op. cit., p. 30.

independência, cuja função é aplicar o direito (e não apenas a lei) de forma específica, dotado o seu provimento de irreversibilidade externa.[58]

Em uma leitura atenta da Constituição Federal, é possível deparar-se com as noções de independência, no artigo 95, e de imparcialidade, no parágrafo único do referido Dispositivo, bem como na legislação infraconstitucional, mais precisamente nos artigos 134 e 135 do Código de Processo Civil e nos artigos 801 e 802 da Consolidação das Leis do Trabalho.

Na mesma linha de raciocínio, no que tange à importância da imparcialidade, aduz Gian Antonio Micheli:

> A norma a aplicar é, pois, para a administração pública, a regra que deve ser seguida para que uma certa finalidade seja alcançada; a mesma norma é, para o órgão jurisdicional, o objeto de sua atividade institucional, no sentido de que a função jurisdicional se exercita somente com o fim de assegurar o respeito ao direito objetivo. [...] o órgão jurisdicional é portador dos interesses públicos onde aquela norma deve ser observada [...]; em definitivo, o juiz deve dar razão a quem a tem, de maneira que a norma a ser aplicada não é regra de conduta, senão o que é objeto de sua atividade. [...] A tutela jurisdicional dos direitos consiste, por isso, na atividade de determinados órgãos estatais, os juízes, que, no exercício do poder conferido pelo Estado, põem em prática, no caso singular, determinados remédios previsto pela lei, de forma a assegurar a observância do direito objetivo".[59]

Conforme Mauro Cappelletti, ausente a imparcialidade, desnuda estará a jurisdição de um de seus principais atributos.[60] Além disso, é flagrante que os autores contemporâneos que discorrem acerca da jurisdição, diversamente dos doutrinadores do século XIX e de meados do século XX, falam de aplicação do Direito, e não de aplicação da lei. Assim, ilustra Carlos Alberto Alvaro de Oliveira, para quem "o Direito é círculo maior a ultrapassar a mera regra de lei".[61] Portanto, o exercício da jurisdição, "na sua condição de autêntica ferramenta de natureza pública indispensável à realização da justiça e da pacificação social, não pode ser compreendido como mera técnica, mas, sim, como instrumento de realização de valores constitucionais".[62]

Levando-se em conta o fato de que o Estado tem como função precípua a pacificação social, no que diz respeito à eliminação de controvérsias a partir da prolação de decisões justas, observando os valores constitucio-

---

[58] MITIDIERO, 2005, op. cit., p. 80.

[59] MICHELI, Gian Antonio. *Curso de Derecho Procesal Civil*. Traducción Santiago Sentis Melendo. Buenos Aires: Europa-America, 1970. v.1, p. 8. Tradução livre.

[60] CAPPELLETTI, Mauro. *Juízes legisladores?* Trad. Carlos Alberto Alvaro de Oliveira. Porto Alegre: Sergio Antonio Fabris Editor, 1999, p. 75.

[61] ALVARO DE OLIVEIRA, Carlos Alberto. *Do formalismo no Processo Civil*. 2. ed. São Paulo: Saraiva, 2003, p. 215.

[62] ALVARO DE OLIVEIRA, 2003, op.cit., p. 261.

nais positivados, também é íntegro que o cidadão receba essa prestação jurisdicional com justiça e, preferencialmente, com o menos dispêndio de dinheiro e de tempo.

Isto se justifica por não mais se admitir juízes meramente legalistas, que aplicam a lei de forma desenfreada, pouco importando se a subsunção foi justa ou injusta. Na verdade, com a assunção do Estado Social e Democrático de Direito, constituído não apenas por regras, mas também por um conjunto amplo e rico de princípios, tais como a dignidade da pessoa humana, a ampla defesa, o contraditório, o acesso à Justiça, entre outros, os magistrados, ao analisarem o caso concreto, têm como obrigação aplicar essa conjuntura aliada a um correto juízo de valor, evitando-se, assim, que se transformem em meros repetidores de uma legislação que nunca será autossuficiente.[63]

---

[63] Esse raciocínio encontra respaldo a partir da análise de julgados do STF e STJ, principalmente no tocante à cláusula da reserva do possível e do processo de judicialização das políticas públicas. Admite-se para o Poder Judiciário competência para impor a manutenção de determinadas políticas públicas, especialmente quando comprometidas com a realização do mínimo existencial (STF, RE 436.996, INF. 410). Para o Superior Tribunal de Justiça, sobrepõe-se o direito à saúde em detrimento da proteção dos bens públicos, "[...] sendo legítima a determinação judicial do bloqueio de verbas públicas para que se efetive o direito aos medicamentos [...]" (STJ, Resp 852.593, INF. 294). Confirmou-se a condenação de Município quando "[...] portador de insuficiência renal crônica submetido a transplante, apesar de obter liminar em mandado de segurança garantindo o acesso ao remédio para evitar rejeição, perdeu o órgão transplantado devido à falta do fornecimento da medicação pelo Estado". Evidencia-se, aqui, o nexo causal entre a omissão do Estado e do dano sofrido, pois não há justificativa para a interrupção do medicamento, conquistada em anterior decisão judicial (STJ, Resp 686.208, INF. 251). Da mesma forma, responsabilizou-se o Município, quando "prematuro nascido de parto normal com insuficiência respiratória demorou (4 dias) para ser transferido da maternidade municipal (sem aparelhagem adequada) para UTI de outro hospital devidamente equipado, e isso resultou em seqüelas incapacitantes definitivas, o que consolidou a indenização em 500 (quinhentos) salários mínimos" (STJ, Resp 734.303, INF. 250). Paciente com HIV, se destituído de recursos financeiros, possui direito ao medicamento, pois o direito à saúde é direito à vida, um dever constitucional do Poder Público (CF, art. 196) e uma afirmação da Lei n. 9.313/96. A União, os Estados, o Distrito Federal e os Municípios têm a obrigação de propiciar os medicamentos para os portadores do vírus HIV e para o tratamento de AIDS. Existe, inclusive, solidariedade dos entes federativos para integrar o polo passivo dessas demandas (STJ, Resp 656.979). Nesse sentido, até mesmo o tratamento médico no exterior, quando existe a possibilidade certificada de cura, pode ser contemplado (STF, RE 368.564, INF 501). Mas, também nesse caso, é preciso ponderar a condição de tratamento experimental, ou já consolidado, a possibilidade de medicamentos genéricos cumprirem função semelhante, pois o risco de vida é um conceito que não é propriamente um aberto aos preenchimentos das decisões judiciais, mas, em grande parte, limitado pelas certezas fundamentadas da discricionariedade técnica. Contudo, não deixa de ser comovente os argumentos do Supremo Tribunal Federal, nesses casos, visto que o administrado tem o direito de "[...] buscar autonomia existencial, desligando-se de um respirador artificial que o mantém ligado a um leito hospitalar depois de meses de estado de coma, implementando-se, com isso, o direito à busca da felicidade, que é um consectário do princípio da dignidade da pessoa humana (STF, STA 223, INF 502). Para um aprimoramento do tema, destacam-se FREITAS, Juarez. *Discricionariedade administrativa e o Direito Fundamental à boa Administração Pública*. São Paulo: Malheiros, 2007; SARLET, Ingo Wolfgang. *A eficácia dos Direitos Fundamentais*. 8.ed. Porto Alegre: Livraria do Advogado, 2007; SARLET, Ingo Wolfgang; TIMM, Luciano B. (orgs.). *Direitos Fundamentais, orçamento e reserva do possível*. Porto Alegre: Livraria do Advogado, 2008; ZIMMER JR., Aloísio. *Curso de Direito Administrativo*. 3. ed. São Paulo: Método, 2009.

Essa mutação na atividade jurisdicional deriva do aumento substancial da procura pelo Poder Judiciário, porque representa um meio de proteção aos interesses individuais e coletivos. José Carlos Barbosa Moreira assevera:

> A transição do liberalismo individualista para o 'Estado Social de Direito' assinala-se, como é sabido, por substancial incremento da participação dos órgãos públicos na vida da sociedade. Projetado no plano processual, traduz-se o fenômeno pela intensificação da atividade do juiz, cuja imagem já não se pode comportar no arquétipo do observador distante e impassível da luta entre as partes, simples fiscal incumbido de vigiar-lhes o comportamento, para assegurar a observância das 'regras do jogo' e, no fim, proclamar o vencedor.[64]

Seguindo a linha de pensamento de Antônio Cintra, de Ada Pellegrini Grinover e de Cândido Rangel Dinamarco, a jurisdição é definida como poder, função e atividade. O primeiro aspecto é exposto pela possibilidade de imperatividade e de imposição das decisões. O segundo, espelha a prerrogativa de diligenciar a resolução dos litígios entre as partes, por meio da aplicação justa do Direito, frente ao processo, e o terceiro, por fim, está correlacionado com o conjunto de atos jurisdicionais no curso do processo, a partir do correto exercício e do cumprimento da função descrita na lei.[65]

A partir do momento em que se torna visível a evolução do conceito de jurisdição, autorizada está a elucidação de seus caracteres básicos, sem os quais haverá dificuldade na construção de sua definição.

Sem sombra de dúvida, a jurisdição é considerada uma atividade provocada. Dito de outro modo, "não há jurisdição sem ação".[66] Sobre isso, o princípio da inércia jurisdicional está previsto no artigo 2º do CPC e é reiterado no artigo 262 da referida legislação.[67] É sabido que os magistrados não procuram as partes em busca de demandas para solucionar, porém esperam a procura espontânea dos interessados pela intervenção estatal.

Embora esta seja a regra, existem algumas exceções presentes há tempos na própria Justiça do Trabalho. É imperioso destacar que, na esfera laboral, os juízes dão o impulso à execução, de ofício, sem a necessida-

---

[64] BARBOSA MOREIRA, José Carlos. A função social do Processo Civil moderno e o papel do Juiz e das partes na direção e instrução do Processo – Comunicação ao Simpósio Internacional de Processo Civil e Organização Judiciária de Coimbra, em maio de 1984. In: ——. *Temas de Direito Processual* – terceira série. São Paulo: Saraiva, 1984, p. 51.

[65] ARAÚJO CINTRA, Antônio Carlos de; GRINOVER, Ada Pellegrini; DINAMARCO, Cândido Rangel. *Teoria geral do Processo*. 19. ed. São Paulo: Malheiros, 2003, p. 131-132.

[66] CARNEIRO, 2007, op. cit., p. 9.

[67] Artigo 2º do CPC: "Nenhum juiz prestará a tutela jurisdicional senão quando a parte ou o interessado o requerer, nos casos e formas legais": artigo 262 do CPC: "O processo civil começa por iniciativa da parte, mas se desenvolve por impulso oficial".

de de provocação das partes, método este adotado de forma inovatória e recente pela legislação processual civil, a partir do artigo 475-A.

Além disso, desde 1998, com a Emenda Constitucional n. 20, os Juízes do Trabalho podem também executar de ofício as contribuições sociais previstas no artigo 195, I, *a* e II da Constituição Federal das sentenças que proferirem e dos acordos que homologarem.[68][69]

A jurisdição, ainda, possui como seu caractere ser uma atividade pública, ou seja, constituir-se no monopólio do Poder Judiciário, sendo exercida pelo Estado, por meio de um magistrado independente e imparcial, de forma indelegável. Cumpre ressaltar que o poder estatal aparelhou-se, a partir da função jurisdicional, a fim de compor litígios sempre que procurado. Foi, inclusive, positivado este direito dos cidadãos no artigo 5º, inciso XXXV, da Constituição, ao aferir que "a lei não excluirá da apreciação do Poder Judiciário lesão ou ameaça a direito" e LXXVIII, "a todos, no âmbito judicial e administrativo, são assegurados a razoável duração do processo e os meios que garantam a celeridade de sua tramitação".

Merece relevo a observação de Athos Gusmão Carneiro, no que concerne aos órgãos de contencioso administrativo, tais como os Tribunais de Recursos Fiscais ou, por exemplo, os órgãos de fiscalização do trabalho. De fato, a existência destes órgãos não prejudica a exclusividade exercida pelo Poder Judiciário. É reconhecido que as decisões provenientes dos "colegiados administrativos não se revestem de caráter jurisdicional; portanto, não transitam materialmente em julgado, ficando sujeita a matéria ao reexame dos Tribunais, a instâncias de quem demonstre jurídico interesse".[70]

---

[68] Originalmente, com a EC n. 20/98, foi acrescentado ao artigo 114 da CF o § 3º, determinado a atribuição de executar, de ofício, as contribuições sociais. Com a EC n. 45/2004, tal disposição passou a estar prevista no inciso VIII, do artigo 114 da CF. A Súmula n. 368 do TST pacificou o entendimento de que a execução, de ofício, de contribuições sociais é autorizada relativamente às sentenças que proferir e aos acordos que homologar.

[69] Athos Gusmão Carneiro aponta, ainda, no "plano cível, o caso da declaração judicial de falência, embora o devedor haja pedido recuperação judicial (nova lei falencial, arts. 61, § 3º, e 73), bem como a previsão de que o juiz inicie de ofício o inventário, no caso de omissão das pessoas legitimadas a requerê-lo (CPC, art. 989)". Ver: CARNEIRO, loc. cit.

[70] CARNEIRO, 2007, op. cit., p. 11. Cabe destacar a conclusão de Aloísio Zimmer Jr., no tocante à intervenção do Poder Judiciário nos atos discricionários produzidos pelo Poder Executivo: "[...] o Poder Judiciário deve anular o ato arbitrário, o ato ilegal, porém jamais revogará o ato discricionário no desempenho de sua função típica, visto que é uma decisão de conveniência e de oportunidade. Não se pode também esquecer que a questão admite a possibilidade de apreciação por parte do Poder Judiciário desse espaço de livre escolha do administrador público (CF, art. 5º, XXXV), mas, ao mesmo tempo, sempre se confirmará a improcedência do pedido, se o administrado quiser interferir, por ação judicial, no espaço do mérito do ato administrativo. Com efeito, a livre escolha presente no ato discricionário não está na competência, na finalidade ou na forma, mas sim no motivo e no objeto, logo, a discricionariedade administrativa jamais opera em um espaço de ausência de lei, sob pena de desatender ao princípio da legalidade. Existe lei que, todavia, não é capaz de detalhar todas as possibilidades de julgamento (ou ponderação) que podem decorrer de determinado ato – são escolhas

Expõe-se como característica da jurisdição ser esta uma atividade indeclinável, a ser observada por um juiz natural. Pelos ensinamentos de Aluisio Gonçalves de Castro Mendes, em consonância com o princípio do juiz natural, a lide pressupõe a sua propositura diante de um órgão julgador "cuja competência foi abstratamente fixada, em geral por regra legal prévia".[71]

Nos dizeres do artigo 5º, inciso XXXVII, da Carta Política, são proibidos os juízos e os tribunais de exceção, podendo a jurisdição ser exercida tão somente por pessoa legalmente investida na atribuição de julgar, como parte integrante de algum dos ramos do Poder Judiciário, arrolados no artigo 92 da Constituição, quais sejam, o Supremo Tribunal Federal, o Superior Tribunal de Justiça, os Tribunais Regionais Federais e Juízes Federais, os Tribunais e Juízes do Trabalho, os Tribunais e Juízes Eleitorais, os Tribunais e Juízes Militares e os Tribunais e Juízos dos Estados, do Distrito Federal e dos territórios.

É necessário reportar-se, ainda, ao artigo 95 do ordenamento constitucional, que arrola a imparcialidade como elemento necessário à jurisdição, seja pelo fato de conceder garantias aos juízes, tais como a vitaliciedade, a irredutibilidade dos vencimentos e a inamovibilidade, seja pelo fato de estipular os casos em que o magistrado não pode julgar os processos pelo fato de ser impedido ou suspeito.

Com respaldo no artigo 126 do CPC,[72] está vedado o *non liquet*, ou seja, como a jurisdição é indeclinável, "não poderá o juiz delegar suas atribuições ou eximir-se de julgar",[73] com exceção dos casos de impedimento ou de suspeição. Por esta razão, o órgão jurisdicional responsável pelo julgamento de uma demanda não pode duvidar ou se negar a julgar por falta de elementos. Incumbe, sim, analisar de forma meritória a lide, ou, se for o caso, extinguir o feito sem a resolução de mérito.[74]

---

que se limitam ao motivo e ao objeto do ato administrativo. O ato vinculado, por sua vez, não oferece esse espaço, porque está efetivamente condicionado em todos os seus requisitos ao disposto na lei; neste sentido, o ato vinculado praticado por absolutamente incapaz não o invalida, porque aqui inexiste o exercício de livre vontade". Ver: ZIMMER JR., 2009, op. cit., p. 214. No mesmo sentido, o autor, ainda, refere que "o Poder Judiciário não pode sindicar o mérito do ato administrativo, mas apenas os limites da discricionariedade, o que tornar o princípio da legalidade, da razoabilidade, da proporcionalidade e a identificação do erro manifesto (ou erro macroscópico) como parâmetros para essa avaliação". Ibid., p. 52.

[71] CASTRO MENDES, Aluisio Gonçalves de. *Competência cível da Justiça Federal*. São Paulo: Saraiva, 1998, p. 20.

[72] Artigo 126 do CPC: "O juiz não se exime de sentenciar ou despachar alegando lacuna ou obscuridade da lei. No julgamento da lide, caber-lhe-á aplicar as normas legais; não as havendo, recorrerá à analogia, aos costumes e aos princípios gerais de direito".

[73] CARNEIRO, 2007, op. cit., p. 15.

[74] Casos como o do artigo 267 do CPC.

O que está autorizado pelo princípio do duplo grau de jurisdição é que as decisões proferidas pelos juízes *a quo* poderão ser revistas pelos Tribunais hierarquicamente superiores, por meio dos recursos, podendo haver confirmação, anulação ou modificação do conteúdo decisório. Parafraseando Luiz Guilherme Marinoni e Sérgio Cruz Arenhart, "não é possível esquecer, contudo, que a finalidade do duplo grau de jurisdição não é permitir o controle da atividade do juiz, mas sim propiciar ao vencido a revisão do julgado".[75]

Por fim, a jurisdição tem como uma de suas alçadas específicas a produção do fenômeno da coisa julgada,[76] ou seja, as decisões proferidas pelos órgãos jurisdicionais são, regra geral, imutáveis, ressalvados os casos em que será cabível a propositura da ação rescisória.[77] Esta característica tão peculiar da jurisdição encontra-se insculpida no artigo 5º, XXXVI, da Constituição.[78] Discorrem sobre isso Luiz Guilherme Marinoni e Sérgio Cruz Arenhart:

> Tem-se, então, que a coisa julgada material corresponde à imutabilidade da declaração judicial sobre o direito da parte que requerer alguma prestação jurisdicional. Portanto, para que possa ocorrer coisa julgada material, é necessário que a sentença seja capaz de declarar a existência ou não de um direito. Se o juiz não tem condições de 'declarar' a existência ou não de um direito (*em razão de não ter sido concedida às parte ampla oportunidade de alegação e produção de prova*), *o seu juízo – que na verdade formará uma 'declaração sumária'* [grifo dos autores] – não terá força suficiente para gerar a imutabilidade típica da coisa julgada. Se o juiz não tem condições de conhecer os fatos *adequadamente* (com cognição exauriente) para fazer incidir sobre estes uma norma jurídica, não é possível a imunização da decisão judicial, derivada da coisa julgada material.[79]

---

[75] MARINONI; ARENHART, 2004, op. cit., p. 526.

[76] Ainda que o foco do presente capítulo não seja a análise do fenômeno da coisa julgada, importante referir apontamento feito por Cândido Rangel Dinamarco, para quem "o grau mais elevado dessa estabilidade (referindo-se aos resultados esperados quando se busca o sistema processual) reside na coisa julgada material, autoridade que torna imutáveis os efeitos das decisões tomadas, em sede jurisdicional, sobre pretensões sujeitas a exame (*streitgegenstand,* o objeto do processo); e a coisa julgada é particularmente estável, quanto à sentença penal absolutória e, no cível, após o decurso *in albis*, do prazo de rescindibilidade. Isso não significa, todavia, que só se dê o sobredito 'recrudescimento' (imunização) com relação a essa categoria de decisões. Existem as preclusões, que com intensidade variada atuam em processos de toda ordem. Preclusão é, por definição, a extinção de uma posição jurídica no processo e está ligada À dinâmica deste e à funcionalidade das situações contra as quais o sujeito processual poderia voltar-se. Quando alguma causa preclusiva ocorre (tempo, consumação, incompatibilidade lógica), tem-se com isso a imunização de que fala a ciência política. A publicação da sentença de mérito já é uma causa preclusiva para o juiz, no processo civil de conhecimento (preclusão consumativa); para as partes, o decurso do prazo recursal.". Ver: DINAMARCO, Cândido Rangel. *A instrumentalidade do Processo*. 7. ed. São Paulo: Malheiros, 1999, p. 92-93.

[77] A ação rescisória ganha respaldo nos artigos 485 do CPC e 836 da CLT (regulamentada, na área trabalhista, pela Instrução Normativa n. 31/2007 do Tribunal Superior do Trabalho).

[78] CF, artigo 5º, XXXVI: "a lei não prejudicará o direito adquirido, o ato jurídico perfeito e a coisa julgada".

[79] MARINONI; ARENHART, 2004, op. cit., p. 672-673. Os autores utilizam o caso das ações cautelares para demonstrarem que, se o juiz não tem cognição exauriente do feito, não poderá a decisão estar

O fato que merece destaque é o de que a coisa julgada deixou de ser um simples efeito para tornar-se um qualitativo específico das sentenças, que as transformam em decisões imutáveis e que desautorizam a rediscussão tanto dentro quanto fora do processo. E isto se justifica com o intuito de evitar que discussões já levadas à apreciação do Poder Judiciário voltem à tona e procrastinem o exercício da jurisdição.[80]

1.1.3. A jurisdição voluntária

A jurisdição voluntária, talvez por ser um tema diferenciado, gerou grandes debates doutrinários, tanto que já se afirmou, inclusive, não ser nem jurisdição, nem voluntária. Isto se justifica pelo fato de que em seu centro reside uma peculiaridade, qual seja, a inexistência de litígio entre as partes.

Esta figura nasceu no Direito Romano, baseando-se na ideia de locação *jurisdictio voluntaria*, ou seja, determinados corpos da jurisdição tinham por função a solução de casos em que houvesse apenas um interessado, ou, na hipótese de mais de uma parte, que já manifestassem o consenso.[81]

A jurisdição voluntária tem como característica o fato de ser uma atividade integrativa e fiscalizadora, cujo objetivo é buscar do Poder Judiciário uma composição de vontade, tornando-a apta à produção de determinada situação jurídica. Leonardo Greco leciona:

> Jurisdição voluntária é uma modalidade de atividade estatal ou judicial em que o órgão que a exerce tutela assistencialmente interesses particulares, concorrendo com o seu conhecimento ou com a sua vontade para o nascimento, a validade ou a eficácia de um ato da

---

sob o manto da coisa julgada material. Outro detalhe que merece destaque é a coisa julgada formal. Os doutrinadores aqui citados asseveram que "a coisa julgada formal é endoprocessual, e se vincula à impossibilidade de rediscutir o tema decidido dentro da relação jurídica processual em que a sentença foi prolatada. [...] A impossibilidade de rediscutir a matéria dentro da mesma relação processual conduz, inexoravelmente, à idéia de preclusão. Afinal, a preclusão é a extinção de uma faculdade processual, operada internamente à relação processual. [...] A 'coisa julgada formal' opera-se em relação a qualquer interessado em impugná-la internamente à relação processual. Como preclusão que é, não deve ser confundida com a figura (e o regime) da coisa julgada (material). Ibid, p. 670.

[80] É necessário referir que não é objeto do presente estudo uma análise aprofundada acerca das discussões que envolvem instituto tão denso e rico como a coisa julgada. Para tanto, destacam-se, aqui, as obra de: PORTO, Sérgio Gilberto. *Coisa julgada civil*. 3. ed. São Paulo: RT, 2006; LIEBMAN, Enrico Tullio. *Eficácia e autoridade da sentença e outros escritos*. 3. ed. Rio de Janeiro: Forense, 1984b; ROSA TESHEINER, José Maria. *Eficácia da sentença e coisa julgada no Processo Civil*. São Paulo: RT, 2001; BAPTISTA DA SILVA, Ovídio A. *Sentença e coisa julgada*. 4. ed. Rio de Janeiro: Forense, 2003; BARBOSA MOREIRA, José Carlos. *A eficácia preclusiva da coisa julgada no sistema do Processo Civil brasileiro*. In: ___. *Temas de Direito Processual Civil* – primeira série. São Paulo: Saraiva, 1977; ASSIS, Araken de. Eficácia da coisa julgada inconstitucional. In: DIDIER JR., Fredie. (org.). *Relativização da coisa julgada*: enfoque crítico. v. 2. Salvador: Jus Podivm, 2004, p. 31-63.

[81] BAPTISTA DA SILVA, 1996, op. cit., p. 31.

vida privada, para a formação, o desenvolvimento, a documentação ou a extinção de uma relação jurídica ou para a eficácia de uma situação fática ou jurídica.[82]

Referido autor chega a ressaltar que a jurisdição voluntária é uma tutela estatal de interesse privado, razão pela qual, o órgão, ao executar a função que a lei lhe ordenou não tutela interesses estatais, mas dos próprios sujeitos a quem se dirige o ato, ausente, ainda, o desejo de solver qualquer controvérsia.[83] A doutrina pátria opina no sentido de que a jurisdição voluntária não seria jurisdição, mas tão somente um ofício administrativo cumprido pelos magistrados. E, nas palavras de Ovídio A. Baptista da Silva, "costuma-se dizer, em verdade, que a jurisdição voluntária não é jurisdição nem é voluntária, desde que os interessados estão obrigatoriamente a ela submetidos por imposição da lei".[84] Athos Gusmão Carneiro discorre que:

> Os atos praticados no exercício da jurisdição voluntária são *atos judiciais*, porque praticados por juízes; mas *não são atos jurisdicionais*, pois ao praticá-los o juiz não está aplicando o direito com vista a eliminar um conflito de interesses, mas sim com o propósito de *influir em um negócio privado ou em uma situação jurídica*. O juiz, no exercício da jurisdição voluntária, pratica atos subjetivamente judiciais, mas substancialmente administrativos.[85] [grifo dos autores]

Para Giuseppe Chiovenda, quando se fala em atuação do juiz, na jurisdição voluntária, por ser ato administrativo, não haverá a produção da coisa julgada.[86] O referido autor apresenta grupos para classificar os procedimentos que envolvam a jurisdição voluntária, tais como: a) a intervenção do Estado na formação dos sujeitos jurídicos (quando o ordenamento jurídico exige homologação judicial para a constituição de pessoas jurídicas); b) atos de integração da capacidade jurídica (hipóteses que envolvem tutores e curadores, por exemplo); c) intervenção na formação do estado das pessoas (casos de emancipação, homologações de separações judiciais consensuais); d) atos de comércio jurídico (referentes a registros públicos, em que não haja litígio).[87] [88]

---

[82] GRECO, Leonardo. *Jurisdição Voluntária Moderna*. São Paulo: Dialética, 2003, p. 11.

[83] Ibid., p. 17.

[84] BAPTISTA DA SILVA, loc. cit.

[85] CARNEIRO, 2007, op. cit., p. 46.

[86] CHIOVENDA, 1998, op. cit., p. 17.

[87] Ibid., p. 21.

[88] Deve-se salientar que José Frederico Marques arrola outra forma de procedimento de jurisdição voluntária, como a aprovação dos estatutos das fundações. Ver: MARQUES, José Frederico. *Ensaios sobre a jurisdição voluntária*. 2. ed. São Paulo: Saraiva, 1959, p. 296. Para este autor, a jurisdição voluntária é "atividade resultante de negócio jurídico em que se exige um ato do Estado, para que o negócio se realize ou se complete. Como conseqüência, a atuação estatal é aí substancialmente constitutiva, devendo acrescentar-se que a lei a exige com o fim de prevenir lesões ou lides futuras". Ibid., p. 72. A Lei também traz previsões, por exemplo, a concessão da assistência judiciária gratuita

Giuseppe Chiovenda considera que a conciliação também seja uma atividade atinente à jurisdição voluntária. No entanto, conforme alerta Ovídio A. Baptista da Silva, no ordenamento jurídico pátrio, inexiste o juiz meramente conciliador, e a fase de conciliação, prevista no CPC – e, porque não afirmar também na CLT – sob forma obrigatória, nos litígios sobre direitos patrimoniais de caráter privado, "não transforma esse momento da relação processual contenciosa em procedimento de jurisdição voluntária".[89] No mesmo sentido de Giuseppe Chiovenda, Enrico Liebman assevera:

> O enquadramento sistemático da jurisdição voluntária é muito controvertido, mas parece ter razão os que a consideram em substância uma atividade administrativa, apesar de atribuída aos juízes e realizada mediante formas judiciais. Trata-se realmente, na maioria dos casos de dispensar cuidado e proteção a determinados interesses privados, que são muito caros também ao Estado [...]; para tanto, confia-se a um órgão público a tarefa de cooperar com os particulares na administração de tais interesses, supervisionando os seus atos. O simples fato de ter sido atribuída a um juiz não é motivo suficiente para incluir essa atividade na jurisdição. Mais pertinente, por isso, parece a definição da jurisdição voluntária como *administração pública do Direito Privado*.[90] [grifo do autor].

Cândido Rangel Dinamarco, na defesa de interesse diverso ao apresentado pelos autores acima referidos, reconhece que o fato de não haver coisa julgada nas decisões prolatadas sob os cuidados da jurisdição voluntária não significa dizer que elas estão desprovidas de imperatividade "ou que quanto a elas não ocorra o fenômeno da imunização".[91] Neste sentido, segue o seu entendimento:

> A existência da imperatividade não está necessariamente ligada ao tema, uma vez que ela se conceitua como a força da própria decisão, que lhe é transmitida pelas energias do Estado, como centro superior de poder, capaz de impor suas decisões independentemente e até mesmo contra a vontade dos destinatários: é a "capacidade física de atuação", que

---

(Lei n. 1.060/50); a arrecadação dos bens da herança jacente ou dos ausentes (artigos 1.142 a 1.169 do CPC); a alienação, arrendamento ou oneração dos bens dotais, ou de menores, órfãos ou interditos; a alienação, locação ou administração da coisa comum, quando haja divergência entre os condôminos; os processos de interdição (artigos 1.177 a 1.186 do CPC). No Processo do Trabalho, nos casos dos empregados que ingressarem em juízo apenas com o pedido de alvará judicial para levantamento dos depósitos do FGTS, classifica-se como ato de jurisdição voluntária. Restou pacificado pelo TST que, após a Emenda Constitucional n. 45 de 2004, a Justiça do Trabalho é competente para apreciar estes feitos, resultando, por conseqüência, no cancelamento por parte do Pleno da Súmula n. 176, que previa que a Justiça do Trabalho só seria competente para autorizar o levantamento do depósito do FGTS na ocorrência de dissídio entre empregado e empregador (IUJ-RR 619872/2000.2 – notícia publicada em: <http://www.tst.jus.br>. Acesso em 13 mai. 2005). Forçoso ressaltar, no entanto, que o STJ, ao apreciar conflitos de competência, tem entendido que os pedidos de alvará para levantamento do depósito do FGTS, em jurisdição voluntária, por força da Súmula n. 161 desta Corte, está no rol de competências da Justiça Comum Estadual (CC 67153/SP CONFLITO DE COMPETÊNCIA 2006/0175403-9. Ministro Luiz Fux. Julgado em 11/04/2007).

[89] BAPTISTA DA SILVA, 1996, op. cit., p. 32.

[90] LIEBMAN, 1984b, op. cit., p. 31-32.

[91] DINAMARCO, 1999, op. cit., p. 123.

constitui fundamento do comando político e está presente tanto nos atos de jurisdição propriamente dita como nos de jurisdição voluntária.[92]

E, deste modo, ao referido doutrinador assiste razão. Uma vez que a jurisdição é atividade estatal, realizada por meio de seus órgãos investidos de garantias funcionais, aplicando-se o Direito ao caso concreto, não há como denegar à jurisdição voluntária o caráter jurisdicional, porque as características aqui mencionadas também são aplicáveis a esta espécie de jurisdição. Francisco Cavalcante Pontes de Miranda, também defensor de que a jurisdição voluntária é jurisdição, aduz: "nas ações de jurisdição voluntária passa-se o mesmo, no que concerne à função judiciária, que nas ações de jurisdição contenciosa: as pessoas que vão a juízo exercerem a pretensão à tutela jurídica e põem o Estado, através do juiz, na posição de quem prometeu e tem de prestar".[93]

Ovídio A. Baptista da Silva também concorda que "o juiz, nos processos de jurisdição voluntária, é tão imparcial quanto o seria se o processo fosse de jurisdição contenciosa. Agirá no interesse do titular apenas se ele tiver razão, como o fará em qualquer processo contencioso".[94] [95]

Ademais, ao debruçar-se sobre o artigo 1.111 do CPC,[96] consoante o que lembra Fredie Didier Jr., "ao contrário do que se diz comumente, ratifica a existência de coisa julgada em jurisdição voluntária, quando se afirma que tais decisões somente poderão ser modificadas por fato superveniente. Se nada mudar, a decisão tem que ser respeitada".[97]

Por esta razão, ainda que a corrente que defenda ser a jurisdição voluntária jurisdição, e não mero ato administrativo, ter o codinome de revisionista, e, ainda, ser minoritária, filia-se o presente estudo a este pensamento. Isto se justifica pelo fato de que o próprio CPC, no artigo 1º, refere-se de maneira genérica à jurisdição civil, seja contenciosa, seja vo-

---

[92] DINAMARCO, 1999, op. cit., p. 124.

[93] PONTES DE MIRANDA, Francisco Cavalcante. *Comentários ao Código de Processo Civil*. t. 16. Rio de Janeiro: Forense, 1977, p. 5.

[94] BAPTISTA DA SILVA, 1996, op. cit., p. 35.

[95] Insere-se, no contexto da discussão, uma observação perfeitamente plausível feita por Ovídio Baptista da Silva: "Nos casos de jurisdição voluntária, não está em causa a existência (eficácia declaratória) de um determinado direito, mas simplesmente sua regulação: como não está em causa a declaração de existência do direito a que se dá proteção de simples segurança, na sentença cautelar, do que resulta que também ela não possui coisa julgada material, e não obstante, é uma forma indiscutível de jurisdição contenciosa". Ibid., p. 37.

[96] CPC, artigo 1.111: A sentença poderá ser modificada, sem prejuízo dos efeitos já produzidos, se ocorrerem circunstâncias supervenientes.

[97] DIDIER JR., 2009, op. cit., p. 101. "Pense-se no pedido de alteração de nome, típico caso de jurisdição voluntária: se o juiz negá-lo, poderá o requerente formulá-lo, novamente, fundado nas mesmas razões? Obviamente, não. Se há indiscutibilidade, para dentro e para fora do processo, que deve ser respeitada por todos, há coisa julgada – não há outro nome para esse fenômeno".

luntária, como integrantes de um único conjunto, bem como, em seu artigo 2°, ao atestar que a tutela jurisdicional só será prestada quando houver requerimento da parte interessada, englobando, portanto, as duas formas. Cabe ressaltar também que não é apenas a legislação processual civil que endossa este entendimento. A similitude está, ainda, na análise das regras de competência, do princípio do duplo grau de jurisdição, da *terziatá* do juiz, ou seja, a imparcialidade, o devido processo legal, a ampla defesa e o contraditório, a coisa julgada, pertencendo, portanto, à mesma categoria jurídico-processual, além do fato de que quem detém o poder de impor-se frente às partes, mais uma vez, é o magistrado.[98]

1.1.4. Os órgãos jurisdicionais trabalhistas

A jurisdição, conforme o que se viu até o momento, é vista como o exercício da soberania estatal, sendo, pois, una e homogênea. De acordo com o entendimento de Vicenzo Manzini, a jurisdição é função unitária, porque a *potestade* (poder) que lhe é inerente e a atividade que requer são essencialmente idênticas em todos os casos. Entretanto, aquela pode ser especificada em atenção aos interesses envolvidos no processo e à modalidade segundo a qual a garantia processual se desenvolve. Tem-se, desta maneira, não propriamente uma jurisdição penal e uma jurisdição civil, mas uma *competência penal* e uma *competência civil*.[99]

Tal entendimento é absolutamente plausível, visto que interpretação divergente autoriza a afirmação de que existem inúmeras soberanias, o que vai de encontro à própria noção de soberania estatal. Decidindo lides substancialmente cíveis, penais ou trabalhistas, o Estado estará no exercício da função jurisdicional e, conforme afirma J. E. Carreira Alvim, "a diversidade da lide não determina a diversidade da função jurisdicional. Neste sentido, afirma-se que a jurisdição é una, quer dizer, não comporta divisões".[100]

Cândido Rangel Dinamarco é igualmente adepto à ideia que "sendo *una* como expressão do poder estatal, que é também uno e não comporta divisões, a rigor a jurisdição não seria suscetível de classificação em espécies"; explica, porém, que as divisões se justificam "pela utilidade

---

[98] DINAMARCO, 1999, op. cit., p. 125-126.

[99] MANZINI, Vicenzo. *Instituizone di Diritto Processuale Penale*. Padova: Cedam, 1967, p. 91. Tradução livre.

[100] CARREIRA ALVIM, 2007, op. cit., p. 71. Nesse diapasão, falar-se em jurisdição civil, trabalhista ou penal, divisão ligada ao ramo da ciência jurídica cujas normas são aplicadas com preponderância na solução do caso concreto submetido à apreciação estatal, não é cientificamente correto, pois a jurisdição é una e indivisível. Seria inconcebível admitir-se a existência de várias jurisdições no mesmo Estado. A finalidade precípua da jurisdição é realizar o direito em sua totalidade.

didática de que são portadoras e por serem elementos úteis para o entendimento de uma série de problemas processuais, como competência, graus de jurisdição, poderes decisórios mais amplos do juiz em certos casos, etc.".[101]

Sem sombra de dúvida, as inúmeras e mais diversificadas pretensões levadas ao Poder Judiciário para análise induzem a que seja feita uma classificação ou uma divisão da jurisdição, permitindo-se, assim, uma efetividade na prestação da atividade jurisdicional.

Diante disso, geralmente, a jurisdição é dividida em: a) quanto à graduação dos seus órgãos, ou seja, juízos *a quo* e *ad quem*. Essa modalidade liga-se ao princípio do duplo grau de jurisdição; b) quanto ao objeto ou quanto à matéria, no que diz respeito à classificação em jurisdição civil ou jurisdição penal; c) quanto aos organismos judiciários, referindo-se à jurisdição comum ou ordinária e à jurisdição especial ou extraordinária. Fernando da Costa Tourinho Filho comenta que "a especial tem o seu campo de atuação assinalado pela lei; a comum é aquela a que se atribuem todas as causas que não estejam destinadas expressamente a outras jurisdições (especiais)".[102]

Pode-se afirmar que estão inclusas na categoria da jurisdição especial as causas de natureza trabalhista, eleitoral e militar. Em relação à jurisdição dos magistrados federais, prepondera a corrente que a classifica como jurisdição ordinária, "porque conhecem de qualquer lide, não compreendida na competência especialmente reservada às Justiças Especiais. Assim, ao lado de uma Justiça Comum Federal, existe uma Justiça Comum dos Estados".[103] É imprescindível ressaltar que Athos Gusmão Carneiro diverge e arrola a jurisdição federal como componente da jurisdição especial, porque a sua competência está prevista expressamente na Constituição Federal.[104]

Por último, como foi abordado no tópico antecedente, existe a divisão da jurisdição quanto à forma, levando-se em conta a distinção entre jurisdição contenciosa e jurisdição voluntária, importando como grande marco diferencial o fato de que, na primeira, é necessário que haja con-

---

[101] DINAMARCO. Cândido Rangel. *Instituições de Direito Processual Civil*. v. 1. São Paulo: Malheiros, 2001, p. 122.

[102] TOURINHO FILHO, Fernando da Costa. *Processo Penal*. v. 1. 23. ed. São Paulo: Saraiva, 2001, p. 20-21.

[103] CARREIRA ALVIM, 2007, op. cit., p. 72. Convergem com este entendimento, CINTRA; GRINOVER; DINAMARCO, 2003, op. cit., p. 146.

[104] CARNEIRO, 2007, op. cit., p. 30. A divisão acima apresentada é utilizada pela imensa maioria dos autores, dentre eles, J.E. Carreira Alvim, Luiz Guilherme Marinoni, Fernando da Costa Tourinho Filho, Antonio Cintra, Ada Pellegrini Grinover e Cândido Rangel Dinamarco.

trovérsia *inter nolentes*; na segunda, não há litígio, ou seja, interesse não litigioso *inter volentes*.[105] [106]

Mais do que nunca, o estudo aqui apresentado tem por intuito dar atenção especial aos órgãos jurisdicionais trabalhistas. Conforme já foi dito, trata-se de parte integrante da jurisdição especial, estando insculpido no Capítulo III do Título IV da Constituição Federal, mais especificamente nos artigos 111 a 117.

O artigo 92 da Carta Política, como já foi demonstrado anteriormente, em seu inciso IV, deixa claro que os Tribunais e Juízes do Trabalho são órgãos do Poder Judiciário brasileiro.

Não é nada obsoleto afirmar, ainda, que a Justiça do Trabalho ocupa, atualmente, grande papel no cenário nacional, vez que a Emenda Constitucional n. 45, de 08/12/2004, responsável pela Reforma do Poder Judiciário, trouxe alterações muito significativas a este ramo especializado, principalmente, no que se refere à organização judiciária e à sua competência material. Segundo esta linha de raciocínio, rica e astuta é a comparação de José Augusto Rodrigues Pinto entre a Justiça do Trabalho e a famosa Geny do compositor Chico Buarque:

> Sem dúvida, o inesperado é o sal da vida social. Quem, entre quantos, na década passada, a viram convertida na Geny do *Poder Judiciário*, ser impiedosamente apedrejada como custosa, ineficiente, demagógica, inútil, razões veemente para extingui-la, poderia imaginar que a *Justiça do Trabalho* emergisse da EC n.45/2004 como esfera mais prestigiada pela pretensa *reforma do Poder Judiciário* e, pelas medidas de impacto adotadas em sua área, a que mais se aproximou de uma idéia de *reforma*?[107] [grifos do autor]

O que se notou, a partir da Reforma do Poder Judiciário, foi o seu crescimento estrutural e de suas atribuições, visando, provavelmente, a uma efetivação maior dos direitos do trabalhador, insculpidos na própria Carta.

---

[105] Neste sentido, ver: CARREIRA ALVIM, 2007, op. cit., p. 73 e BAPTISTA DA SILVA, 1996, op. cit., p. 31.

[106] Antonio Cintra, Ada Pellegrini Grinover e Cândido Rangel Dinamarco apresentam uma outra divisão quanto à jurisdição de direito ou de equidade, destacando que "o art. 127 do Código de Processo Civil diz que 'o juiz só decidirá por eqüidade nos casos previstos em lei'. Decidir por eqüidade significa decidir sem limitações impostas pela precisa regulamentação legal; é que às vezes o legislador renuncia a traçar desde logo na lei a exata disciplina de determinados institutos, deixando uma folga para a individualização da norma através dos órgãos judiciários (CC, arts. 400 e 1456) [...] No Direito Processual Civil, sua admissibilidade é excepcional, mas nos processos arbitrais podem as partes convencionar que o julgamento será feito por eqüidade (LA, art. 11, II). Na arbitragem ajustada perante os Juizados Especiais, o julgamento por equidade é sempre admissível, independentemente de autorização pelas partes (Lei n. 9.099/95, art. 25)". Ver: CINTRA; GRINOVER; DINAMARCO, 2003, op. cit., p. 148.

[107] RODRIGUES PINTO, José Augusto. A Emenda Constitucional n. 45/2004 e a Justiça do Trabalho: reflexos, inovações e impactos. In: COUTINHO, Grijalbo Fernandes; FAVA, Marcos Neves (coords.). *Justiça do Trabalho*: competência ampliada. São Paulo: Ltr, 2005b, p. 228.

Pode-se declarar que, em face dos princípios da indeclinabilidade ou da inafastabilidade e do devido processo legal, a Justiça do Trabalho é composta por três distintos sistemas,[108] tendo o primeiro como finalidade apreciar os chamados "dissídios individuais",[109] regulamentados pelo Título X, Capítulo III, da CLT. O segundo sistema ocupa-se dos chamados dissídios coletivos, no exercício do Poder Normativo dos Tribunais do Trabalho, buscando interesses abstratos de uma categoria com um número indeterminado de pessoas representadas, encontrando-se os seus ditames no Título X, Capítulo IV, da Consolidação. Por fim, o terceiro sistema, e este em caráter inovatório arrolado por Carlos Henrique Bezerra Leite, estaria vinculado "à tutela preventiva e reparatória dos direitos ou interesses metaindividuais, que são os interesses difusos, os interesses coletivos *stricto sensu* e os interesses individuais homogêneos".[110]

Para o referido autor, neste terceiro sistema, não há a criação de regras gerais e abstratas, mas sim a sua efetivação pelo Poder Judiciário trabalhista. E explica:

> A expressão "jurisdição trabalhista metaindividual" é aqui empregada para diferenciá-la do tradicional sistema trabalhista de solução de conflitos coletivos de interesses, consubstanciado no exercício do poder normativo e historicamente utilizado, como já apontado, para a criação de normas coletivas de trabalho, aplicáveis no âmbito das categorias profissional e econômica.[111]

A ideia proposta é ampliar o conceito do acesso à Justiça, uma vez que hoje não se fala apenas na tutela dos direitos individuais dos trabalhadores; fala-se em direitos e interesses difusos, coletivos e individuais homogêneos.[112] Seria necessária, mais do que nunca, uma participação

---

[108] Essa visão tridimensional da jurisdição trabalhista é apresentada por Carlos Henrique Bezerra Leite. O autor caracteriza os três sistemas em jurisdição: trabalhista individual, normativa e metaindividual. Ver: BEZERRA LEITE, Carlos Henrique. *Curso de Direito Processual do Trabalho*. 6. ed. São Paulo: Ltr, 2008, p. 156-161.

[109] Wagner Giglio explica que "nos dissídios individuais, há conflito de interesses *concretos* de pessoas *determinadas* [...] visam à *aplicação* de norma jurídica ao caso concreto [...] Se for um só o interessado, a reclamação se diz individual *singular*; se vários forem os interessados, sempre individualmente identificados, a reclamação é chamada individual *plúrima*". [grifo dos autores] Ver: GIGLIO, Wagner D.; VELTRI CORRÊA, Cláudia Giglio. *Direito Processual do Trabalho*. 16. ed. São Paulo: Saraiva, 2007, p. 175.

[110] BEZERRA LEITE, 2008, op. cit., p. 157. O autor salienta que o exercício deste terceiro sistema se dá por meio da aplicação conjugada dos artigos 129, III a IX, 8º, III e 114 da CF, da LOMPU, composta da LC 75/93, em seus artigos 83, III, 84, *caput* e 6º, VII, alíneas "a" e "b", da Lei da Ação Civil Pública (7347/85) e pelo Título III do CDC, restando à CLT e ao CPC servirem de fonte supletiva.

[111] BEZERRA LEITE, loc. cit.

[112] É impossível não mencionar aqui a distinção feita por Teori Albino Zavascki entre direitos difusos, coletivos e individuais homogêneos. Quanto aos direitos difusos, são aqueles "transindividuais, com indeterminação *absoluta* dos titulares, ou seja, não há qualquer titular individual e a ligação entre os vários titulares difusos decorre de mera circunstância de fato, como, por exemplo, morar na mesma região. Além disso, são indivisíveis, ou seja, não podem ser satisfeitos nem lesados senão em forma que afete a todos os possíveis titulares. Por fim, são insuscetíveis de apropriação individual,

mais efetiva dos órgãos que compõem o Poder Judiciário, utilizando-se de outros instrumentos legais, além da Consolidação das Leis do Trabalho e do Código de Processo Civil. Por isso, passariam a ter papel essencial na concretização desses direitos o Ministério Público do Trabalho, os magistrados e os sindicatos.

No entanto, é cauteloso referir que, observados os direitos individuais e coletivos dos trabalhadores, não poderá haver uma substituição desmedida dos órgãos acima mencionados em relação aos interesses das próprias partes. Com efeito, uma aplicação desenfreada e ilimitada destas condutas também pode desequilibrar o sistema. Deve, assim, preponderar a respeitabilidade às garantias constitucionais, tais como a ampla defesa e o contraditório, a fim de se oportunizar um processo justo e equânime.

Ainda sobre o assunto, é correta a assertiva de que "a efetivação do acesso coletivo à Justiça exige, sobretudo, um 'pensar coletivo', que seja consentâneo com a nova ordem jurídica, política, econômica e social implantada em nosso sistema a partir da Carta Magna de 1988".[113]

Agregando-se a esta noção sistemática, é relevante evocar a organização da Justiça do Trabalho. Realmente, o Judiciário trabalhista parti-

---

de transmissão, de renúncia ou transação e sua defesa sempre se dá em forma de substituição processual (o sujeito ativo da relação processual não é o sujeito ativo da relação de Direito Material), razão pelo qual o objeto do litígio é indisponível para o autor da demanda, que não poderá celebrar acordos, nem renunciar, nem confessar, nem assumir ônus probatório não-fixado na lei. Por fim, a mutação dos titulares ativos difusos da relação de Direito Material se dá com *absoluta* informalidade jurídica (basta alteração nas circunstâncias de fato). O exemplo é o direito ao meio ambiente sadio (CF, art. 225). Em relação aos direitos coletivos, são aqueles transindividuais com determinação *relativa* dos titulares, isto é, não têm titular individual e a ligação entre os vários titulares coletivos decorre de uma relação jurídica-base (por exemplo, o Estatuto da OAB). São direitos indivisíveis, que não podem ser satisfeitos nem lesados senão de forma que afete a todos os possíveis titulares. São insuscetíveis de apropriação individual, de transmissão, de renúncia ou de transação, e sua defesa em juízo se dá sempre em forma de substituição processual. Agora, a mutação dos titulares ativos coletivos da relação jurídica de Direito Material se dá com *relativa* informalidade jurídica (basta a adesão ou a exclusão do sujeito à relação jurídica-base). O exemplo apontado é o direito de classe dos advogados de ter representante na composição dos Tribunais (CF, art. 94). E, por último, quanto aos direitos individuais homogêneos, trata-se de direitos individuais, em que há a perfeita identificação do sujeito, assim como da relação dele com o objeto do seu direito. A ligação que existe com outros sujeitos decorre da circunstância de serem titulares (individuais) de direitos com 'origem comum'. São divisíveis, podendo ser satisfeitos ou lesados em forma diferenciada e individualizada, satisfazendo ou lesando um ou alguns sem afetar os demais. Por serem individuais e divisíveis, são transmissíveis, suscetíveis de renúncia e transação, salvo nos casos de direitos personalíssimos e defendidos em juízo geralmente por seu próprio titular. A defesa por terceiro o será em forma de representação (com aquiescência do titular) [...] A mutação do pólo ativo na relação de Direito Material, quando admitida, ocorre mediante fato jurídico típico e específico (contrato, sucessão *morti causa*, usucapião, etc.). O exemplo apresentado é o direito dos adquirentes a abatimento proporcional do preço pago na aquisição de mercadoria viciada (CDC, art. 18, § 1º, III)". Essa diferenciação foi aqui remodelada, pois, na obra do citado autor, é apresentada em forma de quadro. Ver: ZAVASCKI, Teori Albino. *Processo Coletivo*. 3. ed. São Paulo: RT, 2008, p. 41-43.

[113] BEZERRA LEITE, 2008, op. cit., p. 161.

cularizava-se pela representação dos trabalhadores e dos empregadores na composição dos seus órgãos de julgamento, denominando-se estes de órgãos paritários.[114] O primeiro grau de jurisdição da esfera laboral, devido a esta paridade, era chamado de Junta de Conciliação e Julgamento, e os juízes, conhecidos por classistas, integravam a estrutura dos Tribunais Regionais do Trabalho, bem como do Tribunal Superior do Trabalho.

No entanto, a representação classista foi perdendo a força até ser extinta pela Emenda Constitucional n. 24, de 1999, tornando-se os juízes de primeira instância em monocráticos e togados. Pelo que expõe o artigo 111 da Carta Política, compõem a esfera jurisdicional trabalhista os seguintes órgãos: o Tribunal Superior do Trabalho, os Tribunais Regionais do Trabalho e os Juízes do Trabalho.

O Tribunal Superior do Trabalho, órgão da mais alta cúpula desta Justiça Especializada, é composto por 27 ministros, dentre brasileiros, natos e naturalizados,[115] com mais de 35 anos e com menos de 65 anos de idade, nomeados pelo Presidente da República, após a prévia aprovação pela maioria absoluta do Senado Federal, sendo 1/5 (um quinto) das vagas destinadas aos advogados, com mais de 10 anos de efetiva atividade profissional, e aos membros do Ministério Público do Trabalho, com mais de 10 anos de efetivo exercício, designados em lista sêxtupla pelos seus órgãos de classe, e os outros 4/5 (quatro quintos) dentre os desembargadores oriundos dos Tribunais Regionais do Trabalho, indicados pelo próprio Tribunal Superior.[116] Funcionarão, ainda, junto ao TST, a Escola Nacional de Formação e Aperfeiçoamento dos Magistrados Trabalhistas,[117] com atividade precípua de promover cursos oficiais de preparação à Magistratura e de promoção na carreira, além do Conselho Superior da Justiça do Trabalho,[118] com a atribuição de supervisionar a administração, os orçamentos, as finanças e o patrimônio da Justiça do

---

[114] MENDES, Gilmar Ferreira; COELHO, Inocêncio Mártires; BRANCO, Paulo Gustavo Gonet. *Curso de Direito Constitucional*. 2. ed. São Paulo: Saraiva, 2008, p. 974.

[115] MORAES, Alexandre de. *Direito Constitucional*. 12. ed. São Paulo: Atlas, 2002, p. 465.

[116] BRASIL, CF, art. 111-A.

[117] Como exemplo de cursos promovidos pela ENAMAT, tem-se a Formação Inicial dos Magistrados, dirigida aos Juízes do Trabalho Substitutos em período de vitaliciamento, objetivando proporcionar aos magistrados uma formação específica para a atividade judicante, desenvolvendo as habilidades necessárias para o bom exercício da Magistratura. O curso é composto por disciplinas que não são encontradas nas Graduações e Pós-Graduações em Direito, tais como: Deontologia da Magistratura, Lógica da Decisão Judicial e Linguagem Jurídica, Comunicação e Psicologia, Técnicas de Conciliação Judicial e Administração Judiciária. Disponível em: <http://informatica.jt.gov.br/portal> Acesso em 17 dez. 2008.

[118] O CSJT publica inúmeras Resoluções, por exemplo, as de n. 50, dispondo sobre a inexistência de direito dos Juízes Classistas Aposentados na Justiça do Trabalho à carteira de identidade de Magistrado e ao porte de arma de fogo, n. 53, uniformizando a estrutura administrativa da Justiça do Trabalho em 1º e 2º graus, etc. Ver o mesmo *site* da nota anterior.

Trabalho, configurando-se como órgão central do sistema e com decisões com efeito vinculante.[119]

Os Tribunais Regionais do Trabalho, por sua vez, são compostos por, no mínimo, sete juízes – quando possível na respectiva região[120] –, sendo nomeados pelo Presidente da República, dentre brasileiros, com mais de 30 anos e com menos de 65 anos de idade. Respeita-se também o critério de que 1/5 (um quinto) das cadeiras é destinado aos advogados, com mais de 10 anos de efetiva atividade profissional, bem como aos membros do Ministério Público do Trabalho, com mais de 10 anos de efetivo exercício, da mesma forma, mediante elaboração da lista sêxtupla pelos órgãos de representação de classe, e os outros 4/5 (quatro quintos), dentre os Juízes do Trabalho, alternando-se o critério de antiguidade e de merecimento.[121]

As grandes inovações trazidas pela Emenda Constitucional n. 45, de 2004, no que tange aos Tribunais Regionais, estão vinculadas à criação da chamada Justiça Itinerante e da possibilidade de seu funcionamento a partir de câmaras descentralizadas[122] – ambos são instrumentos a que se busca o fácil acesso à Justiça pelo cidadão que se sentir lesado.

Por fim, na base da estrutura piramidal trabalhista, estão os Juízes do Trabalho. A Constituição é clara, em seu artigo 116, ao dispor que "nas Varas do Trabalho, a jurisdição será exercida por um juiz singular", podendo cada uma daquelas contar com um juiz titular e com outro juiz substituto. Os requisitos que devem ser observados por aqueles que almejam a carreira da Magistratura do Trabalho são ter o Bacharelado em Direito e participar de concurso público de títulos e provas. Após a aprovação, serão nomeados pelo Tribunal Regional do Trabalho da respectiva região.

A jurisdição das Varas do Trabalho é local, abrangendo, na maioria dos casos, um ou alguns municípios. Os artigos 668 e 669 da CLT corro-

---

[119] BRASIL, CF, art. 111-A, §§ 1º e 2º.

[120] É sabido que, nos termos do artigo 674 da CLT, o território nacional é repartido em 24 regiões, havendo, portanto 24 Tribunais. Nos Estados de Acre, Tocantins, Roraima e Amapá, não existe Tribunal Regional do Trabalho. Segundo este mesmo artigo, o Estado do Acre está abrangido pelo TRT da 14ª Região (Rondônia). O Estado de Roraima aparece vinculado ao TRT da 11ª Região (Amazonas), bem como o Amapá está circunscrito no TRT da 8ª Região (Pará). Por fim, o Estado do Tocantins surge relacionado ao TRT da 10ª Região (Distrito Federal). O Estado de São Paulo possui dois Tribunais: a 2ª Região, com sede na capital, e a 15ª Região, com sede em Campinas. Além disso, a EC n. 45/2004 alterou a redação do artigo 112, autorizando a criação de Varas do Trabalho por meio de lei, e atribuiu aos Juízes de Direito jurisdição trabalhista, com recurso para o respectivo TRT, nas comarcas não abrangidas por Varas do Trabalho.

[121] BRASIL, CF, art. 115.

[122] BRASIL, CF, art. 115, §§ 1º e 2º. Um dos casos de formação de câmara descentralizada ocorreu em Juiz de Fora, no dia 29 de agosto de 2007. Disponível em: <http://www.trt3.jus.br>. Acesso em: 20 dez. 2008.

boram o exposto no artigo 112[123] da Carta, tendo em vista que, nas localidades onde não houver Vara do Trabalho, a lei poderá atribuir aos Juízes de Direito a atribuição jurisdicional laboral.[124]

Por fim, a Justiça do Trabalho possui os chamados serviços auxiliares, compostos pelas Secretarias das Varas e das Turmas, os Distribuidores e os Oficiais de Justiça e Oficiais de Justiça Avaliadores, nos termos dos artigos 710 a 721 da CLT.

A propósito, embora se tenha especificado tão somente os órgãos jurisdicionais trabalhistas, é evidente que, para que o Estado preste a atividade jurisdicional de forma efetiva, necessitará de outros juízos, além do trabalhista. Diante disso, é necessário que os conflitos sejam reunidos e classificados, conforme os seus pontos de intersecção, distribuindo-se, desta forma, a atividade jurisdicional. E a esta reunião é que se atribui o nome de competência, ponto a ser abordado no tópico a seguir.

1.2. A COMPETÊNCIA

1.2.1. O conceito e os critérios de determinação

Por critérios de conveniência, especificam-se as zonas da função jurisdicional. As causas são distribuídas entre os diversos órgãos jurisdicionais, cujos limites estão fixados na legislação. Ainda que a jurisdição seja una, para que se consiga administrá-la, de forma efetiva, é imprescindível que o seu exercício se dê pelos mais variados órgãos.[125] Grande parte da doutrina costuma conceituar a competência como a medida da jurisdi-

---

[123] Refira-se, neste sentido, a Súmula de n. 10 do STJ: COMPETÊNCIA – JUNTA INSTALADA: Instalada a Junta de Conciliação e Julgamento, cessa a competência do Juiz de Direito em matéria trabalhista, inclusive para execução das sentenças por ela proferidas. (leia-se, atualmente, Varas do Trabalho).

[124] Wagner Giglio explica que "por várias razões, sobretudo as de natureza econômica, atualmente existem Varas do Trabalho apenas em centros maiores, em que há concentração de trabalhadores. A Lei n. 6.947, de 17 de setembro de 1981, estabeleceu dois critérios alternativos para a criação de novas Varas, a saber: número de empregados sob jurisdição ou quantidade de processos trabalhistas. Assim, para criar Vara do Trabalho, é necessário que esta tenha jurisdição sobre mais de 24000 empregados ou que, nos últimos três anos, tenham sido ajuizadas, em média, duzentas e quarenta reclamações por ano, ou mais. Para criação de outra Vara, onde já existente, é preciso que no mesmo período, os processos trabalhistas tenham excedido de 1500 por ano, em cada Vara do Trabalho. [...] A reforma determinada pela Emenda Constitucional n. 45/2004 veio a acrescentar mais um critério para o suprimento das necessidades do Poder Judiciário: 'o número de juízes na unidade jurisdicional será proporcional à efetiva demanda judicial e à respectiva população' (CF, art. 93, XIII)". Ver: GIGLIO; VELTRI CORRÊA, 2007, op. cit., p. 13-14.

[125] DIDIER, JR., op. cit., p. 105.

ção.[126] Afirma-se que é o âmbito dentro do qual o Juiz exerce esta última. Portanto, é a competência que delimita em que situações fáticas litigiosas o órgão jurisdicional respectivo poderá proferir decisões.

Marcelo Abelha Rodrigues assevera que "todo o juiz competente possui jurisdição, mas nem todo juiz que possui jurisdição possui competência".[127] Para Francesco Carnelutti:

> O instituto da competência tem origem na distribuição do trabalho entre os diversos ofícios judiciais ou entre seus diversos componentes. Já que o efeito de tal distribuição se manifesta no sentido de que a massa das lides ou negócios se dividia em tantos grupos, cada um dos quais é designado a cada um dos ofícios, a potestade de cada um deles se limita praticamente às lides ou aos negócios compreendidos pelo mesmo grupo. Portanto, a competência significa a pertinência a um ofício, a um oficial ou a um encarregado de potestade a respeito de uma lide ou de um negócio determinado; naturalmente, tal pertinência é um requisito de validade do ato processual, em que a potestade encontra seu desenvolvimento.[128]

Igual importância merece a lição de Athos Gusmão Carneiro, para quem "ante a multiplicidade e a variedade de demandas proponíveis em juízo, tornou-se necessário encontrar critérios a fim de que as causas sejam adequadamente distribuídas aos juízes". E segue, "de conformidade não só com o superior interesse de uma melhor aplicação da Justiça, como, também, buscando na medida do possível atender ao interesse particular, à comodidade das partes litigantes".[129]

A delimitação da competência passa por duas análises bem especificadas; a primeira é baseada na Constituição Federal. Se existir previsão de tal competência federal, "em se tratando de Tribunais Superiores (STF, STJ, STM, TSE e TST) ali se esgota a competência e, caso se trate de Tribunais Inferiores, como, por exemplo, Tribunais Regionais do Trabalho, busca-se a lei que lhe deu a competência".[130] No entanto, se a Carta Política não determinar a competência para algum órgão federal, "procura-se a ordem jurídica do Estado-Membro, do Distrito Federal e mesmo dos

---

[126] Enrico Liebman afirma que "o exercício da função jurisdicional acha-se distribuído entre os numerosos órgãos da autoridade judiciária ordinária, aos quais ela é atribuída segundo as regras e com as limitações que foram expostas acima; tal distribuição é feita de modo a que cada um fique com uma fração, uma parte da função jurisdicional, que constitui a sua competência, em cujo âmbito, e não além dele, pode exercer as suas funções. Diz-se, por isso, que a competência é a quantidade de jurisdição cujo exercício é atribuído a cada órgão, ou seja, a 'medida da jurisdição'". Ver: LIEBMAN, 1984b, op. cit., p. 55. Também chama a competência de medida da jurisdição, Celso Agrícola Barbi. Ver: BARBI. Celso Agrícola. *Comentários ao CPC*. v. 1. t. 2. Rio de Janeiro: Forense, 1975, p. 338.

[127] RODRIGUES, Marcelo Abelha. *Elementos de Direito Processual Civil*. v. 1. São Paulo: RT, 2000, p. 135.

[128] CARNELUTTI, 1999, op. cit., p. 256.

[129] CARNEIRO, 2007, op. cit., p. 69.

[130] SLAIBI FILHO, Nagib. *Sentença cível* (fundamentos e técnica). 3. ed. Rio de Janeiro: Forense, 1995, p. 86.

Territórios Federais [...], para discernir a competência remanescente (cf. Constituição, arts. 25, § 1º, 32, 33, 125, § 1º)".[131]

Sob a ótica de Giuseppe Chiovenda, existem três critérios de determinação da competência, que sustentam o sistema jurídico pátrio: o critério objetivo; o critério funcional e o critério territorial.[132] Sobre isso, sustenta:

> O critério objetivo ou do valor da causa (competência pelo valor) ou da natureza da causa (competência por matéria). O critério extraído da natureza da causa refere-se, em geral, ao conteúdo especial da relação jurídica em lide [...] o critério funcional extrai-se da natureza especial e das exigências especiais das funções que se chama o magistrado a exercer num processo [...] o critério territorial relaciona-se com a circunscrição territorial designada à atividade de cada órgão jurisdicional.[133] [134]

Verifica-se que Giuseppe Chiovenda exclui da sua classificação a qualidade das pessoas. Tal ato é justificável, porque, na Itália, este elemento, por si só, não é capaz de influir na competência do magistrado, exceto em casos excepcionais, já que foram abolidas as jurisdições privilegiadas. No Brasil, a situação é distinta, visto que se insere a condição das pessoas no critério objetivo, ao se observar uma peculiaridade nacional, tendo em vista que, por interesse público, algumas pessoas detêm foro especial, tais como as pessoas jurídicas de Direito Público, as autarquias, as fundações, etc.[135]

Cabe referir também que as normas definem o desempenho da atividade jurisdicional, observando-se o grupamento das causas, que poderão ser reunidas com base na qualidade das partes, da matéria discutida, da localidade em que se desenvolveu o conflito, pelas funções do órgão

---

[131] SLAIBI FILHO, loc. cit. Relevante que o autor prossegue o seu raciocínio, asseverando que "em cada Estado-membro, a Constituição Estadual define (dá os limites de critério de fixação) a competência dos Tribunais (Tribunal de Justiça, Tribunal de Justiça Militar e Tribunais de Alçada, se houver) enquanto cabe à Lei de Organização Judiciária, de iniciativa do Tribunal de Justiça, fixar a competência dos demais órgãos jurisdicionais do Estado. SLAIBI FILHO, loc. cit.

[132] CHIOVENDA, 1998, op. cit., p. 184.

[133] Ibid., p. 184-185.

[134] Enrico Liebman complementa a ideia de Chiovenda, ao afirmar que "a distribuição da competência entre os diversos órgão judiciários é feita pela lei segundo uma ordem vertical e uma horizontal, como duas coordenadas que, combinando-se, indicam qual o juiz competente da causa. A distribuição vertical das causas é feita pelos critérios de *matéria e valor*; a horizontal, pelo do território". Ver: LIEBMAN, 1984b, op. cit., p. 58. Além disso, louvável é a observação do doutrinador de que "a competência é um pressuposto processual, ou seja, requisito de validade do processo e dos seus atos, no sentido de que o juiz sem competência não pode realizar atividade alguma e deve apenas declarar sua própria incompetência". [grifo do autor]. Ibid., p. 56.

[135] SANTOS, Moacyr Amaral. *Primeiras linhas de Direito Processual Civil*. v. 1. 18. ed. São Paulo: Saraiva, 1995, p. 174. É relevante dizer que, na Justiça do Trabalho, não existe competência definida pelo valor da causa. Para o Processo do Trabalho, o valor da causa é necessário para que se defina o rito processual por meio da qual a demanda tramitará, mas jamais para determinar qual juiz será competente para julgar o conflito.

julgador e, até mesmo, pelo valor da causa. Sendo assim, explica-se o porquê das expressões correntes que definem a competência: em razão da matéria (*ratione materiae*), em razão das pessoas (*ratione personae*), em razão da função (ou da hierarquia) ou em razão do lugar (*ratione loci*).[136]

A análise a ser feita baseia-se na competência material da Justiça Laboral, que conforme já foi reiterado anteriormente, sofreu grandes modificações a partir de dezembro de 2004, com a Emenda Constitucional n. 45. A seguir, abordar-se-ão os principais enfoques no tocante a esta temática, recordando-se, sempre, que o objeto principal deste texto diz respeito aos dissídios coletivos.

1.2.2. A competência material da Justiça do Trabalho

Conforme dispõe o artigo 87 do CPC, "determina-se a competência no momento em que a ação é proposta. São irrelevantes as modificações do estado de fato ou de direito ocorridas posteriormente, salvo quando suprimirem o órgão judiciário ou alterarem a competência em razão da matéria ou da hierarquia". Refere-se tal dispositivo, expressamente, ao chamado princípio da *perpetuatio jurisdictionis*.

Logo, o critério de determinação da competência deverá ser apurado tão logo ocorra a propositura da ação, ou seja, nos termos do artigo 263 do CPC, quando a petição inicial for distribuída – se houver mais de uma Vara na localidade – ou despachada pelo Juiz. Deste modo, são irrisórias para o processo eventuais alterações, seja no estado de fato (mudanças de endereço, alterações no valor do objeto litigioso, etc.) ou no estado de direito (alteração nos limites territoriais da comarca em que se encontrava o imóvel demandado).[137]

Conclui-se, nos termos deste princípio, que "o exame da competência, feito em qualquer momento no processo, sempre deve referir-se à apreciação da situação de fato e de direito existente na época em que a ação foi proposta, e não ao momento em que a análise é efetuada".[138]

Entretanto, o citado artigo 87 traz duas restrições: quando o órgão jurisdicional deixar de existir, devendo o feito ser encaminhado para ou-

---

[136] É necessário fazer a observação de que não serão objetos de abordagem específica as competências territorial e funcional da Justiça do Trabalho, em virtude de que a problemática central direciona-se, tão somente, à análise da competência material da esfera laboral. Não é demais, no entanto, referir que a competência territorial está prevista no artigo 651 da CLT, e a competência funcional resulta de um estudo conjunto entre a CLT, a Lei n. 7.701/88 bem como os Regimentos Internos dos Tribunais.

[137] MARINONI; ARENHART, 2004, op. cit., p. 50.

[138] MARINONI; ARENHART, loc. cit.

tro órgão; na hipótese de alteração da competência absoluta, por supremacia do interesse público.[139]

O dispositivo processual civil é aplicado à área trabalhista para a definição da competência, por autorização do artigo 769 da CLT, pois existe omissão na Consolidação, no que se refere a este princípio, e não há qualquer incompatibilidade na sua adoção. Agora, é imprescindível verificar o que prevê a Súmula n. 367 do STJ, cujo conteúdo dispõe que "a competência estabelecida pela EC n. 45/2004 não alcança os processos já sentenciados". Em um primeiro momento, o Superior Tribunal de Justiça manifestou-se no sentido de que as inovações em matéria de competência aplicavam-se de maneira imediata a todos os processos em curso, independentemente da fase em que estes se encontrassem, como é possível constatar no julgamento do Recurso Especial n. 727.196/SP.[140] A Primeira Turma da Corte decretou, na oportunidade, que qualquer decisão proferida por órgão incompetente, após a Emenda Constitucional n. 45/2004, é nula de pleno direito, por ser a incompetência absoluta inderrogável (artigo 111 do CPC). Neste sentido, reconheceu-se a incompetência absoluta do STJ para processar e para julgar o Recurso Especial, entendendo ser competente o Tribunal Superior do Trabalho.

Todavia, com base na posição do Supremo Tribunal Federal, no Conflito de Competência n. 7.204-1/MG, julgado pelo Tribunal Pleno, em 19/12/2005, ficou evidenciado que as modificações tracejadas pela Emenda n. 45, para os processos que se encontravam em curso, quando de sua promulgação, alcançam tão somente aqueles em trâmite na Justiça Comum ainda não sentenciados. Assim, aquelas ações com sentença proferida antes da Emenda lá devem permanecer até o trânsito em julgado e correspondente execução.[141]

---

[139] Neste contexto, deve-se registrar que a EC n.45/2004 trouxe à tona esta segunda restrição ao princípio da perpetuação da competência. Exemplo clássico é o Conflito de Competência n. 7.204-1, julgado pelo Supremo Tribunal Federal em 29/06/2005, que teve como Relator o Ministro Carlos Ayres Britto. O litígio versava sobre a indenização decorrente de acidente de trabalho, em que pairava a dúvida se o julgamento se daria pela Justiça do Trabalho ou pela Justiça Comum Estadual. Ficou pacificado que a competência é da Justiça Laboral, respeitado o princípio da *perpetuatio jurisdictionis*, ou seja, todos aqueles processos que tramitavam perante a Justiça Comum, ressalvados aqueles que já estavam sentenciados antes da Emenda, deveriam ser remetidos a esta Justiça Especializada. Disponível em: <http:// www.stf.jus.br>. Acesso em: 20 jan. 2009.

[140] STJ. RESP 727.196/SP. Primeira Turma. Ministro Relator José Delgado. Data de Julgamento: 11/05/2005. Data da Publicação: 12/09/2005. A matéria em discussão envolvia questão de contribuição assistencial. Na ocasião, a Primeira Turma decretou que, por força do artigo 114, III, da CF, a competência para julgar essas ações era da Justiça do Trabalho. E justificou, ainda, que, em face do artigo 87 do CPC, a EC n. 45 aplicava-se, desde logo, devendo ser enviados à esfera especializada todos os processos, independentemente da fase em que estavam.

[141] STF. CC 7204/MG. Tribunal Pleno. Ministro-Relator Carlos Ayres Britto. Data do Julgamento: 29/06/2005. Data de Publicação: 09/12/2005.

Por esta razão, para se adequar ao que ficara definido pela Suprema Corte, o Superior Tribunal de Justiça reviu a sua compreensão a partir de inúmeros precedentes,[142] no sentido de ressalvar o deslocamento dos processos com sentença já proferida, uniformizando a sua jurisprudência por meio da Súmula de n. 367. Louvável é, pois, a atitude de ambos os Tribunais, em respeito, principalmente, aos institutos da coisa julgada, bem como ao da segurança jurídica. Sem sombra de dúvida, reconhecer que, embora o Direito Processual civil encontre pontos de intersecção com o Direito Processual do Trabalho, ambos constituem ramos autônomos do Direito, com princípios e pressupostos específicos.

Cumpre ressaltar que a competência material da Justiça Laboral encontra fulcro na própria Carta Política, no artigo 114,[143] alterado significativamente após a Reforma do Judiciário. Antes de 2004, era incontroverso que esta Justiça especializada ocupava-se, tão somente, das relações de emprego, espécie do gênero relação de trabalho. Ainda que o *caput* da redação original utilizasse o termo *trabalhadores*, vislumbrava-se, de outro lado, a palavra *empregadores*.[144] Desta maneira, a única relação de trabalho que possui a figura do empregador em um dos pólos é a empregatícia, havendo pacificidade de que a esfera processual trabalhista a tinha por eixo central.

---

[142] CC 56861/GO; AgRg no CC 79500/RS; CC 91419/SP; CC 51712/SP; CC 90071/PE; CC 88469/SC ; CC 91375/MG; CC 75253/SP; REsp 918531/PR; AgRg no REsp 888761/PR.

[143] BRASIL. CF, artigo 114: Compete à Justiça do Trabalho processar e julgar: I) as ações oriundas da relação de trabalho, abrangidos os entes de Direito Público externo e da Administração Pública direta e indireta da União, dos Estados, do Distrito Federal e dos Municípios; II) as ações que envolvam exercício do direito de greve; III) as ações sobre representação sindical, entre sindicatos, entre sindicatos e trabalhadores, e entre sindicatos e empregadores; IV) os mandados de segurança, *habeas corpus* e *habeas data*, quando o ato questionado envolver matéria sujeita à sua jurisdição; V) os conflitos de competência entre os órgãos com jurisdição trabalhista, ressalvado o disposto no artigo 102, I, "o"; VI) as ações de indenização por dano moral ou patrimonial, decorrentes da relação de trabalho; VII) as ações relativas às penalidades administrativas impostas aos empregadores pelos órgãos de fiscalização das relações de trabalho; VIII) a execução, de ofício, das contribuições sociais previstas no art. 195, I, "a" e II, e seus acréscimos legais, decorrentes das sentenças que proferir; IX) outras controvérsias decorrentes da relação de trabalho, na forma da lei. § 1º Frustrada a negociação coletiva, as partes poderão eleger árbitros. § 2º Recusando-se quaisquer das partes à negociação coletiva ou à arbitragem, é facultado às mesmas, de comum acordo, ajuizar dissídio coletivo de natureza econômica, podendo a Justiça do Trabalho decidir o conflito, respeitadas as disposições mínimas legais de proteção ao trabalho, bem como as convencionadas anteriormente. § 3º Em caso de greve em atividade essencial, com possibilidade de lesão do interesse público, o Ministério Público do Trabalho poderá ajuizar dissídio coletivo, competindo à Justiça do Trabalho decidir o conflito.

[144] A redação original do *caput* do artigo 114 da CF é a seguinte: Compete à Justiça do Trabalho conciliar e julgar os dissídios individuais entre trabalhadores e empregadores, abrangidos os entes de Direito Público externo e da Administração Pública direta e indireta dos Municípios, do Distrito Federal, dos Estados e da União, e, na forma da lei, outras controvérsias decorrentes da relação de trabalho, bem como os litígios que tenham origem no cumprimento de suas próprias sentenças, inclusive coletivas.

A esse propósito, há, na doutrina nacional, um grande embate no que concerne à determinação da competência juslaborativa. Alguns autores defendem a tese que, antes da EC n. 45/2004, a competência da Justiça do Trabalho era definida pela matéria (relação de emprego); com a reforma, houve deslocamento para a pessoa (do trabalhador).[145] José Augusto Rodrigues Pinto inclusive acentua que "é no trabalhador que está centrada a determinação. E é ele, portanto, que chama para a Justiça do Trabalho a matéria da relação de que for sujeito, trabalhista ou não".[146] Outra corrente, no entanto, pronuncia que, antes, o critério de determinação baseava-se nas pessoas dos trabalhadores e empregadores e, agora, ocupa-se de uma relação que é a de trabalho.[147] A justificativa desta corrente tem plausibilidade, porquanto a Justiça do Trabalho só apreciava relação de trabalho, excepcionalmente, diferente dos dias atuais, em que esta é a regra geral.[148]

Há uma terceira via que preceitua que o artigo 114 da Carta Política abrange tanto a competência material (relação de trabalho) quanto a competência em razão da pessoa, como nos casos das ações que envolvam os sindicatos, a União, em relação às penalidades administrativas impostas pelos órgãos de fiscalização do trabalho, o Ministério Público do Trabalho, em caso de greve em atividade essencial, etc.[149]

Não é demais evidenciar que o artigo 643 da CLT, mesmo antes da Emenda Constitucional n. 45/2004, previa que as lides, envolvendo os trabalhadores avulsos e os seus tomadores de serviço, seriam dirimidas pela Justiça do Trabalho (entendimento ratificado pela Constituição, em 1988, ao equiparar o trabalhador avulso ao celetista no tocante aos direitos no artigo 7º, XXXIV). Além disso, o artigo 652, *a*, incisos III e V, da CLT já antevia a competência das Varas do Trabalho para conciliar e para julgar os dissídios resultantes de contrato de empreitadas em que o empreiteiro fosse operário ou artífice bem como as ações entre trabalhadores portuários e os operadores portuários ou o Órgão Gestor de Mão de Obra (OGMO) decorrente da relação de trabalho.

É necessário frisar que o vocábulo *trabalhador, lato sensu*, pode ser definido como a pessoa física que despende a sua energia pessoal em proveito próprio ou de terceiros, objetivando um resultado certo, seja econômico ou não (no caso do trabalho voluntário). Agora, ainda que se aplique a ciência processual trabalhista para os litígios que envolvam a

---

[145] RODRIGUES PINTO, 2005b, op. cit., p. 230.
[146] RODRIGUES PINTO, loc. cit.
[147] SCHIAVI, Mauro. *Competência material da Justiça do Trabalho brasileira*. São Paulo: LTr, 2007, p. 27.
[148] Ibid., p. 28.
[149] BEZERRA LEITE, 2008, op. cit., p. 262.

categoria de trabalhadores, em sentido amplo, é fato que o Direito Material do Trabalho não é extensivo, porque se preocupa, unicamente, com a figura do empregado.

Basicamente, a doutrina elenca um rol de possíveis relações de trabalho: o autônomo, o empregado,[150] o avulso, o eventual, o temporário.[151] Quanto à figura do trabalhador autônomo, Arnaldo Süssekind preceitua:

> [...] é uma das modalidades da relação cogitada pelo art. 114, I, da Constituição. Ele corresponde tanto ao trabalhador que habitualmente e por conta própria exerce uma atividade profissional remunerada em favor de terceiros como ao que eventualmente executa o serviço contratado. E pouco importa que essa relação de estabeleça por um ajuste verbal ou em razão de um contrato escrito de locação de serviços. O relevante é que o trabalho seja realizado por pessoa física e praticado sem as características da relação de emprego, cujos elementos estão enunciados nos artigos 2º e 3º da CLT. A relação de trabalho, no concernente ao trabalhador, é sempre *intuito personae*. [...] se o ajuste for com a pessoa jurídica formada pelos trabalhadores que executam os serviços, é evidente que não haverá relação de trabalho. Neste último caso, a Justiça do Trabalho seria incompetente para conhecer dos litígios.[152]

Duas das características essenciais que distinguem o trabalhador autônomo do empregado são, sem sombra de dúvida, a subordinação e a própria alteridade, isto é, a assunção dos riscos da atividade. Sobre isso, Maurício Godinho Delgado comenta:

> A diferenciação central entre as figuras situa-se, porém, repita-se, na subordinação. Fundamentalmente, trabalho autônomo é aquele que se realiza sem subordinação do trabalhador ao tomador de serviços. Autonomia é conceito antitético ao de subordinação. Enquanto esta traduz a circunstância juridicamente assentada de que o trabalhador acolhe a direção empresarial no tocante ao modo de concretização cotidiana de seus serviços, a autonomia traduz a noção de que o próprio prestador é que estabelece e concretiza, cotidianamente, a forma de realização dos serviços que pactuou prestar. Na subordinação, a direção central do modo cotidiano de prestação de serviços transfere-se ao tomador; na autonomia, a direção central do modo cotidiano de prestação de serviços preserva-se com o prestador de trabalho.[153]

No entanto, é indiscutível que deve haver um cuidado para não categorizar, equivocadamente, o trabalho autônomo, uma vez que essa figura está englobada em duas relações: trabalho e consumo.

---

[150] No que diz respeito à categoria de empregados, estão incluídos aqueles urbanos e rurais, de acordo com o artigo 7º da CF, o empregado doméstico, nos termos do artigo 7º, parágrafo único, da CF, os empregados públicos, também chamados de servidores públicos celetistas.

[151] Quanto ao trabalhador temporário, a Lei n. 6.019/74, em seu artigo 19, já trazia previsão de que a Justiça do Trabalho seria competente para dirimir as lides decorrentes da sua relação com as empresas de serviço temporário, ou mesmo, no tocante aos conflitos com as tomadoras de serviço.

[152] SÜSSEKIND, Arnaldo. As relações individuais e coletivas de trabalho na Reforma do Poder Judiciário. In: COUTINHO, Grijalbo Fernandes; FAVA, Marcos Neves (coords.). *Justiça do Trabalho*: competência ampliada. São Paulo: Ltr, 2005, p. 21.

[153] DELGADO, Maurício Godinho. *Curso de Direito do Trabalho*. 7. ed. São Paulo: LTr, 2008a, p. 334.

Não há dúvida de que estão excluídas da competência material da Justiça do Trabalho as lides que envolvam as relações de consumo por força do próprio artigo 3º, § 2º, do Código de Defesa do Consumidor que conceitua serviço como "qualquer atividade fornecida no mercado de consumo, mediante remuneração, inclusive as de natureza bancária, financeira, de crédito e securitária, salvo as *decorrentes das relações de caráter trabalhista* (grifo nosso)".[154]

Deste modo, é viável concluir-se que, se as relações de caráter trabalhista estão suprimidas dos conceitos arrolados na legislação própria do consumidor, é pacífico que a ampliação não atraiu os nexos consumeiristas. São importantes, aqui, as observações de Ives Gandra da Silva Martins Filho, para quem:

> O divisor de águas entre a prestação de serviço regida pelo Código Civil e caracterizada como relação de trabalho e a prestação de serviços regida pelo Código de Defesa do Consumidor e caracterizada como relação de consumo, está no *intuito personae* da relação de trabalho, onde não se busca apenas o serviço prestado, mas que seja realizado pelo profissional contratado.[155]

Outro aspecto relevante é que a lide envolvendo uma relação de consumo tem por finalidade a proteção "dos direitos do cidadão na condição de consumidor de um serviço e não como prestador de um serviço [...] afora isto, a relação de consumo traduz uma obrigação contratual de resultado, em que o que menos importa é o trabalho em si".[156]

Cabe referir agora que o Tribunal Superior do Trabalho já pacificou o entendimento de que as relações de consumo não poderão ser julgadas por esta Justiça Especializada.[157] A situação conflituosa que tem gerado os maiores debates nos diversos Tribunais Regionais e no próprio Tribunal Superior envolve a cobrança dos honorários advocatícios, porquanto

---

[154] BRASIL. Lei n. 8.078/90.

[155] MARTINS FILHO, Ives Gandra da Silva. A Reforma do Poder Judiciário e seus desdobramentos na Justiça do Trabalho. *Revista Ltr*, São Paulo, n. 1, v. 69, p. 34, 2005.

[156] DALAZEN, João Oreste. A Reforma do Judiciário nos novos marcos da competência material da Justiça do Trabalho no Brasil. *Revista do Tribunal Superior do Trabalho*, Porto Alegre, n. 71, p. 48, 2005b. Deve-se destacar que alguns autores, como Mauro Schiavi e Marco Túlio Vianna, em corrente minoritária, defendem que as relações de consumo também deveriam estar abarcadas na competência da Justiça do Trabalho, por alguns motivos, tais como: a) A Constituição Federal não exclui a competência da Justiça do Trabalho para as lides que envolvam relações de consumo; b) A relação de trabalho é gênero, do qual a relação de consumo que envolva prestação de trabalho humano é espécie; c) o Juiz do Trabalho, ao decidir uma relação de consumo que envolva prestação pessoal de trabalho, aplicará o CDC e o Código Civil para dirimi-la e não o Direito do Trabalho; dentre outros. Ver: SCHIAVI, Mauro. *Competência material da Justiça do Trabalho brasileira*. São Paulo: LTr, 20007, p. 51-52.

[157] É o que se verifica nos acórdãos proferidos: Processo: RR – 880/2006-561-04-00.7 Data de Julgamento: 10/12/2008, Relator Ministro: Ives Gandra Martins Filho, 7ª Turma, Data de Publicação: DJ 12/12/2008; Processo: AIRR – 996/2006-016-03-40.0 Data de Julgamento: 10/10/2007, Relator Ministro João Batista Brito Pereira, 5ª Turma, Data de Publicação: DJ 26/10/2007, dentre outros.

paira a dúvida se esta pertence ao grupo das relações de trabalho ou ao grupo das relações de consumo.

A divergência é tamanha que as Turmas do TST estão divididas quanto a esta classificação. Verifica-se o acontecimento na apreciação de dois acórdãos publicados no dia 19 de dezembro de 2008, um da Sétima e outro da Quinta Turma:

> COMPETÊNCIA DA JUSTIÇA DO TRABALHO PARA JULGAR AÇÕES DE COBRANÇA DE HONORÁRIOS ADVOCATÍCIOS.
> 1. Com a promulgação da EC n. 45/2004, o artigo 114, IX, da Constituição Federal passou a instituir à Justiça do Trabalho a competência para processar e julgar outras controvérsias decorrentes das relações de trabalho. Ou seja, ampliou-se a competência da Justiça Laboral, para dirimir questões que antes se restringiam a questões de trabalho contra empregadores para questões de todo prestador, contra todo tomador do trabalho da pessoa física.
> 2. Recurso de revista a que se dá provimento. (Processo: RR – 992/2007-771-04-40.7 Data de Julgamento: 17/12/2008, Relator Ministro: Guilherme Augusto Caputo Bastos, 7ª Turma, Data de Publicação: DJ 19/12/2008).[158]
>
> HONORÁRIOS ADVOCATÍCIOS – AÇÃO DE COBRANÇA – INCOMPETÊNCIA MATERIAL DA JUSTIÇA DO TRABALHO Não obstante a Emenda Constitucional n. 45/04 tenha alterado a redação do art. 114 da Constituição da República para que a competência desta Justiça Especializada possa abranger, além das relações especificamente de emprego, também as demais modalidades de relações de trabalho, a jurisprudência atual e iterativa do Tribunal Superior do Trabalho não reconhece que esta seja a natureza do relacionamento que se estabelece entre o advogado, profissional liberal, autônomo, que trabalha por conta própria, exercendo profissão com destino ao mercado de consumo de serviços, e seus clientes. Recurso de revista de que não se conhece. (Processo: RR – 1064/2006-403-04-00.1 Data de Julgamento: 03/12/2008, Relator Ministro: João Batista Brito Pereira, 5ª Turma, Data de Publicação: DJ 19/12/2008).[159]

---

[158] Importante destacar, no entanto, que, após a Seção de Dissídios Individuais I do Tribunal Superior do Trabalho acolher o entendimento do Superior Tribunal de Justiça, as Turmas do TST passaram a ratificar tal posicionamento, como se vê nesse julgado, também, proveniente da 7ª Turma: AGRAVO DE INSTRUMENTO EM RECURSO DE REVISTA. RITO SUMARÍSSIMO. AÇÃO DE COBRANÇA DE HONORÁRIOS ADVOCATÍCIOS. COMPETÊNCIA DA JUSTIÇA DO TRABALHO. Entendo que a competência para apreciar e julgar as ações de cobrança de honorários advocatícios é desta Justiça especializada, tendo em vista que se trata de uma relação de trabalho. Esse é, inclusive, o entendimento desta Turma. Entretanto, o posicionamento da maioria desta Corte, e também do Superior Tribunal de Justiça, é em sentido diametralmente oposto, de que a competência para processar e julgar esse tipo de demanda é da Justiça comum. Assim, ressalvado meu posicionamento pessoal, curvo-me ao entendimento da maioria das Turmas do TST e também do STJ (Súmula nº 363), a quem a Constituição Federal atribuiu a prerrogativa de julgar os conflitos de competência, suscitados entre a Justiça do Trabalho e a Justiça comum (artigo 105, I, *d*). Agravo de instrumento a que se nega provimento. (AIRR – 20840-29.2005.5.18.0002, Relator Ministro: Pedro Paulo Manus, Data de Julgamento: 16/12/2009, 7ª Turma, Data de Publicação: 18/12/2009).

[159] Nesse sentido, os seguintes precedentes: TST-RR-1527/2007-037-12-00, Rel. Min. Carlos Alberto Reis de Paula, DJ 27/2/2009; TST-AIRR-983/2007-333-04-40, Rel. Min. Maurício Godinho Delgado, DJ de 27/2/2009; TST-AIRR-471/2007-371-04-40, Rel. Min. Horácio Senna Pires, DJ de 6/2/2009; TST-RR-6803/2007-037-12-00, Rel. Min. Márcio Eurico Vitral Amaro, DJ de 2/2/2009; TST-AIRR-346/2007-382-04-40, Rel. Min. José Simpliciano, DJ de 19/12/2008; TST-RR-1284/2002-023-04-41, Rel. Min. Antônio José de Barros Levenhagen, DJ de 21/11/2008; TST-RR-5915/2007-037-12-00, Rel. Min. Carlos Alberto Reis de Paula, DJ de 21/11/2008.

A corrente que abriga o ponto de vista de considerar a cobrança de honorários advocatícios uma controvérsia decorrente da relação de consumo aponta para o fato de que a parte hipossuficiente é o tomador dos serviços, e não o prestador – aqui, o advogado. Por esta razão, se o tomador quisesse buscar reparos por um serviço mal prestado, deve buscar a Justiça Comum, e não a Justiça do Trabalho. Mais do que nunca, é impossível existir uma relação jurídica com duas vias. O Superior Tribunal de Justiça foi provocado inúmeras vezes em conflitos de competência, tendo optado sempre por considerar a Justiça Comum apta a julgar o conflito, uma vez que se trata de vínculo eminentemente de natureza civil.[160]

Em outra direção, o entendimento de alguns magistrados trabalhistas vai de encontro à jurisprudência do STJ, já que, na 1ª Jornada de Direito Material e Processual do Trabalho, realizada em Brasília, em novembro de 2007, foi aprovado o Enunciado n. 23, decretando que a Justiça do Trabalho é competente para julgar ações que envolvam a cobrança de honorários advocatícios, quando se tratar de serviço prestado por pessoa física.[161]

Em verdade, ambas as correntes são plausíveis em seus pontos de vista, excetuada aquela que consideraria a Justiça do Trabalho competente para julgar também as relações de consumo. A crítica é fundada por ser a esfera processual trabalhista mais célere. Deste modo, qualquer tomador de serviços estaria autorizado a ajuizar ações perante a Justiça Especializada contra serviços mal prestados, o que acarretaria um colapso no sistema.

O Superior Tribunal de Justiça, dando um passo à frente em relação ao Tribunal Superior do Trabalho, em novembro de 2008, editou a Súmula n. 363, cujo conteúdo dispõe que compete à Justiça Estadual processar e julgar ação de cobrança ajuizada por profissional liberal contra cliente. Neste sentido, entende-se que, possivelmente, será afastada da Justiça do Trabalho a competência para apreciar lides que envolvam a cobrança de honorários advocatícios.

Ademais, os órgãos julgadores do Tribunal Superior do Trabalho estão ratificando esse entendimento do STJ, a começar pela própria Subseção I de Dissídios Individuais, sob o argumento de que, se a ação pro-

---

[160] STJ. CC 96630/SP. Relator Ministro Carlos Fernando Mathias. Órgão Julgador: 2ª Seção. Data do Julgamento: 10/09/2008. Data da Publicação: 18/09/2008.

[161] Enunciado 23: COMPETÊNCIA DA JUSTIÇA DO TRABALHO. AÇÃO DE COBRANÇA DE HONORÁRIOS ADVOCATÍCIOS. AUSÊNCIA DE RELAÇÃO DE CONSUMO. A Justiça do Trabalho é competente para julgar ações de cobrança de honorários advocatícios, desde que ajuizada por advogado na condição de pessoa natural, eis que o labor do advogado não é prestado em relação de consumo, em virtude de lei e de particularidades próprias, e ainda que fosse, porque a relação consumeirista não afasta, por si só, o conceito de trabalho abarcado pelo art. 114 da CF. Disponível em: <http://www.tst.jus.br>.

posta objetiva o pagamento dos honorários de sucumbência, em razão de vínculo contratual (contrato de assessoria jurídica), a competência para processar e julgar a causa é da Justiça Comum Estadual. Isso porque tal demanda refere-se a contrato de prestação de serviços advocatícios, envolvendo relação de índole eminentemente civil, não guardando nenhuma pertinência com relação de trabalho.[162] Só não se pode afirmar que a controvérsia encontra-se totalmente pacificada, pois não se te julgados provenientes do Supremo Tribunal Federal acerca do tema.

A título de curiosidade sobre o fato de a Justiça do Trabalho ser competente para julgar as demandas oriundas da relação de trabalho, o Tribunal Regional do Trabalho da 4ª Região responsabilizou uma empresa pelo acidente de trabalho sofrido por trabalhador autônomo contratado. Nos termos do acórdão, não é necessário vínculo de emprego para que se configure o acidente de trabalho. O Tribunal condenou uma empresa a pagar R$ 40.000,00 (quarenta mil reais) de indenização a título de danos morais e patrimoniais a um trabalhador que foi contratado por uma empresa para arrumar um telhado, sem utilizar equipamento de proteção, e sofreu uma queda de sete metros de altura, que fraturou a coluna vertebral e o tornozelo direito, ficando incapacitado para exercer as funções de pedreiro. Segundo o entendimento da Relatora, Desembargadora Maria Inês Cunha Dornelles, o tomador pessoa física não pode ser equiparado ao tomador pessoa jurídica ou empresa que, em tese, possui amplos conhecimentos da regulamentação aplicável quanto à segurança, à saúde e à higiene do trabalhador.[163]

Sem adentrar no mérito da decisão, avaliando se esta foi correta ou não, o que merece destaque é a declaração de que efetivamente a Justiça do Trabalho vem atraindo para si a atribuição de julgar os conflitos envolvendo trabalhadores de diferentes espécies – não apenas empregados.

Do mesmo modo, logo que entrou em vigor a Reforma do Judiciário, instalou-se uma dúvida generalizada acerca de qual matéria processual seria utilizada para o andamento das ações que envolvessem relações de trabalho perante a Justiça do Trabalho, ou seja, as lides deveriam tramitar

---

[162] Nesse sentido: E-ED-RR – 246800-65.1998.5.05.0016, Relatora Ministra: Rosa Maria Weber, Data de Julgamento: 24/02/2011, Subseção I Especializada em Dissídios Individuais, Data de Publicação: 25/03/2011; E-RR – 831000-39.2006.5.12.0026, Relator Ministro: Horácio Raymundo de Senna Pires, Data de Julgamento: 03/09/2009, Subseção I Especializada em Dissídios Individuais, Data de Publicação: 04/02/2011; E-RR – 831000-39.2006.5.12.0026, Relator Ministro: Horácio Raymundo de Senna Pires, Data de Julgamento: 03/09/2009, Subseção I Especializada em Dissídios Individuais, Data de Publicação: 04/02/2011; RR – 75400-75.2005.5.04.0012 , Relatora Ministra: Maria Cristina Irigoyen Peduzzi, Data de Julgamento: 05/11/2009, Subseção I Especializada em Dissídios Individuais, Data de Publicação: 13/11/2009

[163] RO 00544-2006-751-04-00-3. Relatora Desembargadora Maria Inês Cunha Dornelles. 7ª Turma do TRT 4ª Região. Julgado em 03 de dezembro de 2008. Publicado em 15 de dezembro de 2008.

segundo os critérios definidos pelo Código de Processo Civil ou estariam regidas pela disposição da Consolidação.

O Tribunal Superior do Trabalho, de pronto, aprovou a Instrução Normativa n. 27, de 16 de fevereiro de 2005, que dispôs acerca das normas procedimentais aplicáveis ao Processo do Trabalho em decorrência da ampliação da competência da Justiça do Trabalho pela Emenda Constitucional n. 45/2004. O problema encontrado é que "o referido ato normativo não tem – nem pode ter – força de lei ou de Súmula vinculante",[164] já que, nos termos do artigo 22 da Constituição, compete à União legislar sobre o referido Processo. No entanto, é plenamente compreensível tal iniciativa até porque foi o instrumento capaz de encerrar com as dúvidas inicialmente criadas após a alteração constitucional. E o artigo 1º já dá respaldo sobre qual procedimento se deve aplicar, ao afirmar que:

> As ações ajuizadas na Justiça do Trabalho tramitarão pelo rito ordinário ou sumaríssimo, conforme previsto na Consolidação das Leis do Trabalho, excepcionando-se, apenas, as que, por disciplina legal, estejam sujeitas a rito especial, tais como o Mandado de Segurança, *Habeas Corpus, Habeas Data,* Ação Rescisória, Ação Cautelar e Ação de Consignação em Pagamento.

Todavia, a própria Instrução tratou de destacar três ressalvas no que diz respeito ao tratamento das relações de trabalho e das relações de emprego. A primeira delas está prevista no artigo 3º, § 3º, cujo conteúdo dispõe que "salvo nas lides decorrentes da relação de emprego, é aplicável o princípio da sucumbência recíproca, relativamente às custas". Além disso, houve tratamento próprio aos honorários advocatícios, porquanto estes últimos nas relações de trabalho são devidos pela mera sucumbência.[165]

A justificativa para tanto encontra parâmetros no artigo 14 da Lei n. 5.584/70 bem como nas Súmulas n. 219 e n. 329 do TST.[166] Em casos de lides que envolvam relações de emprego, o advogado do autor só terá di-

---

[164] FREIRE PIMENTA, José Roberto. A nova competência da Justiça do Trabalho para lides não decorrentes da relação de emprego: aspectos processuais e procedimentais. In: COUTINHO, Grijalbo Fernandes; FAVA, Marcos Neves (coords.). *Justiça do Trabalho*: competência ampliada. São Paulo: Ltr, 2005, p. 264.

[165] TST. Instrução Normativa n. 27/2005. art. 5º: Exceto nas lides decorrentes da relação de emprego, os honorários advocatícios são devidos pela mera sucumbência.

[166] Lei n. 5.584/70, art. 14: Na Justiça do Trabalho, a assistência judiciária a que se refere a Lei n. 1.060, de 5 de fevereiro de 1950, será prestada pelo sindicato profissional a que pertencer o trabalhador.
Súmula n. 219 do TST: HONORÁRIOS ADVOCATÍCIOS. HIPÓTESE DE CABIMENTO. I) Na Justiça do Trabalho, a condenação ao pagamento de honorários advocatícios, nunca superiores a 15%, não decorre pura e simplesmente da sucumbência, devendo a parte estar assistida por sindicato da categoria profissional e comprovar a percepção de salário inferior ao dobro do salário mínimo ou encontrar-se em situação econômica que não lhe permita demandar sem prejuízo do próprio sustento ou da respectiva família. II) É incabível a condenação de honorários advocatícios em ação rescisória no processo trabalhista, salvo se preenchidos os requisitos da Lei n. 5.584/70.

reito a honorários, chamados de assistenciais, no caso de ser credenciado ao sindicato da categoria profissional, bem como se o trabalhador estiver ao abrigo da Justiça Gratuita, respeitado o critério de receber salário igual ou inferior ao dobro do mínimo legal, ou, ainda, ao declarar que a sua situação econômica não lhe permite demandar, sem prejuízo do sustento próprio ou da família.[167]

Portanto, mesmo que a Constituição Federal seja enfática em seu artigo 133 ao defender que o advogado é essencial à Administração da Justiça, o Tribunal Superior do Trabalho cuidou de ratificar o posicionamento de que o ordenamento constitucional em nada alterou o sistema de honorários na esfera laboral, nos termos da Súmula 329. Deve-se frisar que este sistema não é aplicado às demandas provenientes das relações de trabalho propostas nesta Justiça.

Por fim, a última ressalva evidenciada pela referida Instrução Normativa refere-se aos honorários periciais. O artigo 6º esclarece que os honorários periciais serão suportados pela parte sucumbente no objeto perquirido, salvo se beneficiária da Justiça Gratuita.[168] O parágrafo único é que traz a exceção, isto é, faculta-se ao Juiz, em casos de perícia, exigir o depósito prévio dos honorários, salvo as lides decorrentes das relações de emprego.

Diante destas observações, permanece incontroverso que quaisquer processos que tramitem perante a Justiça do Trabalho respeitarão os seus procedimentos próprios, ressaltando-se, mais uma vez, que, neste sentido, é louvável a atitude do referido Tribunal.

Relativamente aos debates envolvendo as relações de trabalho, uma outra problemática surgiu, decorrente de decisão exarada pelo Superior Tribunal de Justiça – só que desta vez, no tocante ao representante comercial. Tal forma de trabalho foi regulamentada pela Lei n. 4.886/65, alterada pela Lei n. 8.420/92, recebendo tratamento normativo também

---

Súmula n. 329 do TST: HONORÁRIOS ADVOCATÍCIOS – ART. 133 DA CF/1988. Mesmo após a promulgação da CF/1988, permanece válido o entendimento consubstanciado no Enunciado n. 219 do Tribunal Superior do Trabalho.

[167] Lei n. 5.584/70, art. 14, § 1º c/c OJ n. 304 da SDI-I do TST.

[168] O artigo 790, § 3º, da CLT descreve o que seja o chamado benefício da gratuidade da Justiça: "É facultado aos juízes, órgãos julgadores, e presidentes dos tribunais do trabalho de qualquer instância conceder, a requerimento ou de ofício, o benefício da Justiça gratuita, inclusive quanto a traslados e instrumentos, àqueles que percebam salário inferior ao dobro do mínimo legal, ou declararem, sob as penas da lei, que não estão em condições de pagar as custas do processo sem prejuízo do sustento próprio ou da sua família". Na verdade, para aqueles trabalhadores que ingressarem com ações perante a Justiça do Trabalho, sem estarem assistidos pelo sindicato, será concedido este benefício, eis que descabe a condenação de honorários advocatícios, diferentemente dos detentores da chamada assistência judiciária gratuita.

por parte do Código Civil de 2002, no Capítulo destinado aos contratos de agência e de distribuição, presentes nos artigos 710 a 721.

Nos ditames do artigo 1º da Lei n. 4.886/65, conceitua-se o contrato de representação mercantil como o pacto pelo qual uma pessoa física ou jurídica se obriga a desempenhar, de forma onerosa, não eventual e *autônoma* (grifo nosso), em nome de uma ou de mais pessoas, a mediação para a realização de negócios mercantis, agenciando propostas ou pedidos para transmitir aos representados, praticando ou não atos relacionados à execução do negócio.

O que ocorre é que em 2006 foi suscitado conflito de competência envolvendo a Justiça Comum Estadual e a Justiça do Trabalho de Belo Horizonte, no tocante à ação de indenização, com base no artigo 27 da Lei n. 4.886/65, proposta por representante comercial – aqui, uma pessoa jurídica, em face da empresa representada. A própria parte autora, após a apresentação da contestação, arguiu incompetência do Juízo Cível para julgar a lide, o que foi de pronto atendido, ordenando a remessa dos autos para a Justiça do Trabalho da localidade. A 38ª Vara do Trabalho suscitou o conflito, que foi acolhido pela Segunda Seção do STJ, em 27 de setembro 2006, para declarar como competente a Justiça Comum, por unanimidade.[169]

Na verdade, o que impressiona em um estudo acerca do acórdão é a fundamentação lançada pela Ministra-Relatora Nancy Andrighi.[170] Poder-se-ia aceitar a ideia de que a competência é da Justiça Comum, uma vez que a lide envolvia duas pessoas jurídicas, prevalecendo não uma relação de trabalho, mas sim uma relação de natureza mercantil. No entanto, o que se observa são argumentos lançados que se desvirtuam da verdadeira expressão contida no inciso I, do artigo 114 da Constituição. Isto porque a Seção entendeu ser competente a Justiça Comum, visto que não se verifica, na situação fática, um contrato de representação fraudulento, com o intuito de ocultar uma relação de emprego. E que a Justiça do Trabalho só tem competência para julgar ações que envolvam reconhecimento de vínculo ou cobrança de verbas trabalhistas, o que não é harmônico frente à ideia mais ampla lançada pelo legislador constituinte derivado.

Tal posicionamento foi confirmado, mais uma vez, em novo conflito de competência, desta vez proveniente de Santa Catarina, julgado em 11/02/2009, também pela Segunda Seção do Superior Tribunal de

---

[169] STJ. CC 60.814/MG. DJ 13.10.2006. Disponível em: <http://www.stj.jus.br>. Acesso em: 20 jan. 2009.

[170] Diga-se que a Relatora defendia a competência trabalhista para apreciar o feito; no entanto, acabou por dar prevalência ao entendimento majoritário da Seção.

Justiça.[171] Este não é, porém, o posicionamento adotado pelo Tribunal Superior do Trabalho, que inúmeras vezes já declarou que o artigo 39[172] da Lei 4.886/65 está derrogado em consequência da Emenda Constitucional n. 45, e que o contrato de representação comercial está no rol das relações de trabalho.[173]

Em virtude do maior espaço aberto pelo legislador constituinte derivado para a competência juslaboral, outro aspecto restou controvertido tão logo sobreveio a Reforma. Questionava-se se os servidores públicos estatutários também deveriam ajuizar as suas demandas face o Poder Público na Justiça do Trabalho. O texto original da Emenda excetuava, expressamente, do inciso I, do artigo 114[174] as relações estatutárias, ou seja, estaria expresso no Texto Constitucional que as lides (abrangendo o Poder Púbico e seus servidores) estariam fora do rol das possíveis relações de trabalho englobadas no referido dispositivo. Contudo, essa exceção foi retirada quando houve a apreciação do texto pela Câmara dos Deputados.

Para evitar uma compreensão ampliativa da competência da Justiça Especializada, a Associação dos Juízes Federais do Brasil (AJUFE) e a Associação Nacional dos Magistrados Estaduais (ANAMAGES) propuseram ação direta de inconstitucionalidade (ADI n. 3.395), com o intuito de rechaçar possível interpretação ilimitada da norma constitucional, no sentido de englobar nas atribuições da Justiça do Trabalho as lides envolvendo servidores públicos estatutários.

O então Presidente da Corte naquele momento, Ministro Nelson Jobim, concedeu liminar, que depois foi referendada pelo Tribunal Pleno, suspendendo, *ad referendum,* toda e qualquer interpretação dada ao inciso I do art. 114 da CF, na redação dada pela EC n. 45/2004 que inclua na competência da Justiça do Trabalho as ações entre os servidores públicos,

---

[171] COMPETÊNCIA. CONTRATO. REPRESENTAÇÃO COMERCIAL. A Seção reiterou o seu entendimento e afirmou ser competente a Justiça Comum Estadual para processar e julgar as causas que envolvam contratos de representação comercial, mesmo após o início da vigência da EC n. 45/2004. Isso ocorre em razão de, na representação comercial, não haver subordinação, que é um dos elementos da relação de emprego. Precedente citado: CC 60.814-MG, DJ 13/10/2006. CC 96.851-SC, Rel. Min. Carlos Fernando Mathias (Desembargador convocado do TRF 1ª Região), julgado em 11/2/2009.

[172] Para julgamento das controvérsias que surgirem entre representante e representado, é competente a Justiça Comum do foro do domicílio do representante, aplicando-se o procedimento sumariíssimo previsto no artigo 275 do Código de Processo Civil, ressalvada a competência do Juizado de Pequenas Causas.

[173] TST. AIRR n. 956-2007-103-03-40.1. Ministro-Relator Renato de Lacerda Paiva. 2ª Turma. Data de Julgamento: 04/02/2009. Data da Publicação: 13/02/2009.

[174] No inciso I, o Senado havia determinado que caberia à Justiça do Trabalho processar e julgar "as ações oriundas da relação de trabalho, abrangidos os entes de Direito Público externo e da Administração Pública direta e indireta da União, dos Estados, do Distrito Federal e dos Municípios, exceto os servidores ocupantes de cargos criados por lei, de provimento efetivo ou em comissão, incluídas as autarquias e fundações públicas dos referidos entes da Federação".

quando se tratar de relação estatutária ou de caráter jurídico-administrativo, e o Poder Público.[175] Portanto, estas ações permanecem na Justiça Comum, seja federal ou estadual, dependendo do caso concreto.

Outro ponto relativo à alteração acarretada pela Emenda n.45/2004, e que gerou polêmica para decidir se houve deslocamento da competência para a Justiça Laboral, vincula-se aos trabalhadores temporários[176] e à sua relação com a Administração Pública. O centro da discussão girava em torno do fato de que o Tribunal Superior do Trabalho cancelou a Súmula n. 123 e a orientação jurisprudencial de n. 263 da SDI-I que afastavam por completo a competência justrabalhista para análise destes feitos, e firmaram posicionamento, inclusive, declarando a competência desta Justiça Especializada, explicitado aquele na orientação jurisprudencial n. 205 da SDI-I.[177] A iniciativa de torná-los sem efeito deu-se a partir da ideia de que caberia à Justiça do Trabalho julgar dissídios individuais entre servidores e ente público quando há controvérsia acerca da existência do vínculo.[178]

O problema é que a discussão foi levada ao Supremo Tribunal Federal e, recentemente, são destacados dois casos concretos, envolvendo a contratação de servidores temporários mediante lei e o consequente afastamento da competência da Justiça do Trabalho para apreciar o feito. Ambos os processos são provenientes do Estado do Amazonas. Um ensejou

---

[175] STF. ADI n. 3.395-1/DF, DJ 04.02.2005. Disponível em: <http://www.stf.jus.br>. Acesso em: 20 jan. 2009.

[176] BRASIL. CF. Artigo 37, IX: A lei estabelecerá os casos de contratação por tempo determinado para atender a necessidade temporária de excepcional interesse público.

[177] Súmula n. 123 do TST: Em se tratando de Estado ou Município, a lei que estabelece o regime jurídico (art. 106 da Constituição Federal) do servidor temporário ou contratado é estadual ou municipal, a qual, uma vez editada, apanha as situações preexistentes, fazendo cessar sua regência pelo regime trabalhista. Incompetente é a Justiça do Trabalho para julgar as reclamações ajuizadas posteriormente à vigência da lei especial. Cancelada pelo Pleno, por meio da Resolução Administrativa de n. 121 de 28/10/2003.
OJ n. 263 da SDI-I do TST: Contrato por prazo determinado. Lei especial (Estadual e Municipal). Incompetência da Justiça do Trabalho. A relação jurídica que se estabelece entre Estado ou Município e o servidor contratado para exercer funções temporárias ou de natureza técnica, decorrente de lei especial, é de natureza administrativa, razão pela qual a competência é da Justiça Comum, até mesmo para apreciar a ocorrência de eventual desvirtuamento do regime especial (CF/67, art. 106; CF, art. 37, IX). Cancelada pela SDI em 14/09/2004.
OJ n. 205 da SDI-I do TST: Competência material. Justiça do Trabalho. Ente público. Contratação irregular. Regime Especial. Desvirtuamento. I – inscreve-se na competência material da Justiça do Trabalho dirimir dissídio individual entre trabalhador e ente público se há controvérsia acerca do vínculo empregatício. II – A simples presença de lei que disciplina a contratação por tempo determinado para atender a necessidade temporária de excepcional interesse público (art. 37, inciso IX, da CF/1988) não é o bastante para deslocar a competência da Justiça do Trabalho se se alega desvirtuamento em tal contratação, mediante a prestação de serviços à Administração para atendimento de necessidade permanente e não acudir situação transitória e emergencial.

[178] Merece relevo a figura do Ministro João Oreste Dalazen pela iniciativa de alterar o entendimento ao levantar um incidente de uniformização de jurisprudência.

o Recurso Extraordinário de n. 573.202-9;[179] o outro, a Reclamação de n. 5.381-4.[180]

O Plenário da Corte, nos dois julgamentos, entendeu que a relação entre o Estado e os seus servidores é de caráter jurídico-administrativo, sendo competência da Justiça Comum a resolução dos conflitos dela derivados. A decisão, no que se refere ao Recurso Extraordinário, foi tomada no julgamento do Recurso Extraordinário n. 573.202-9,[181] interposto pelo Estado do Amazonas contra acórdão prolatado pelo Tribunal Superior do Trabalho.

O Tribunal trabalhista[182] reiterou ser competente a Justiça do Trabalho para processar e para julgar litígios que envolvam a contratação de servidores pelo regime temporário nos termos da Lei estadual amazonense de n. 1.674/84, em ação movida por uma professora contratada por tal regime. Houve, por parte da autora, a alegação de que o seu suposto contrato de trabalho sofreu inúmeras prorrogações, sendo estendido por oito anos. Este elemento teria transmutado seu contrato, automaticamente, para o regime trabalhista.

Irresignado com a decisão, o Estado do Amazonas interpôs Recurso Extraordinário, alegando, basicamente, violação aos artigos 37, IX, e 114 da Constituição Federal. O Supremo, então, ratificou o entendimento contido na ADI 3.395 de que não cabe à Justiça do Trabalho dirimir conflitos envolvendo a Administração Pública e seus servidores.

Ainda, a fundamentação do acórdão foi no sentido de que a lei estadual é anterior à Carta Política, tendo por escopo o artigo 106 da Constituição de 1967, na redação que lhe deu a Emenda Constitucional n. 1/69. Igualmente, a Constituição de 1988 em nada alterou esse entendimento de que a competência é da Justiça Estadual. Em realidade, a simples prorrogação do contrato não descaracteriza o vínculo administrativo mantido com o Estado recorrente.

O Ministro Cezar Peluso também salientou que a CLT não seria aplicável aos casos de contratos de emergência, porque as exigências nela contidas são incompatíveis com este tipo de contratação. O Ministro Marco Aurélio, no entanto, único voto divergente, afirmou, categoricamente, que o definidor da competência são os fatos, e que, neste caso em questão,

---

[179] Tribunal Pleno. Ministro Ricardo Lewandowski. Julgado em 23/08/2008. Data da Publicação: 05/12/2008.

[180] Tribunal Pleno. Ministro Carlos Britto. Julgado em 14/03/2008. Data da Publicação: 08/08/2008.

[181] STF. REXT n. 573.202. Ministro-Relator Ricardo Lewadowski. Data do Julgamento: 21/08/2008. Data da Publicação: 15/09/2008. Disponível em: <http://www.stf.jus.br>. Acesso em: jan. 2009.

[182] TST. RR 643.095/2000.2. Relator Juiz Convocado Josenildo dos Santos Carvalho. 2ª Turma. Julgado em 25/05/2005. Data da Publicação: 24/06/2005.

trata-se de uma relação trabalhista mascarada por um contrato temporário. Logo, a competência para julgar o pleito seria da Justiça do Trabalho.

No caso da Reclamação, o assunto é semelhante, contudo envolve a Lei n. 2.607/00. O Ministério Público do Trabalho e o Ministério Público amazonense intentaram ação civil pública com o intuito de desligar os agentes públicos contratados sob o regime temporário, tendo sido concedida a tutela antecipada pelo magistrado da 14ª Vara do Trabalho de Manaus. Diante da decisão, o Estado manifestou a sua insurgência, por meio da Reclamação, alegando que houve violação ao assentado pela Corte no julgamento da ADI n. 3.395.

Mais uma vez, vencido o entendimento do Ministro Marco Aurélio, o Supremo Tribunal Federal julgou procedente a reclamação, visto que a lei que autorizou a contratação dos agentes é clara ao se reportar ao Estatuto dos Servidores Públicos,[183] envolvendo, portanto, uma relação de caráter jurídico-administrativo. Convém salientar, entretanto, que o Relator, Ministro Carlos Ayres Britto, em seu voto, deixa evidenciado que, se a legislação nada referisse, por exclusão, a relação jurídica seria de Direito do Trabalho.[184]

Cabe citar agora que o Tribunal Regional do Trabalho da 4ª Região já tem firmado entendimento que vai ao encontro da decisão do STF:

PRELIMINARMENTE. INCOMPETÊNCIA DA JUSTIÇA DO TRABALHO. DECLARAÇÃO DE OFÍCIO. NULIDADE DA SENTENÇA. REMESSA À JUSTIÇA ESTADUAL. Há incompetência material desta Justiça Especializada para processar e julgar a presente ação, haja vista a natureza jurídico-administrativa do contrato celebrado entre as partes, tendo-se presentes os termos de decisão oriunda do Supremo Tribunal Federal. Portanto, declara-se, de ofício, a incompetência material da Justiça do Trabalho, cassando-se o julgamento de primeiro grau e determinando-se a remessa dos autos à Justiça Estadual, por força do disposto no artigo 113, § 2º, do CPC. (Processo: RO – 01180-2007-304-04-00-0. Data de Julgamento: 17/12/2008, Relator Desembargador: Vanda Krindges Marques, 7ª Turma, Data de Publicação: DJ 09/01/2009).

INCOMPETÊNCIA MATERIAL DA JUSTIÇA DO TRABALHO. CONTRATAÇÃO TEMPORÁRIA. SERVIDOR PÚBLICO ESTADUAL. VÍNCULO ESTATUTÁRIO. EMENDA CONSTITUCIONAL N. 45. ADIN 3.395.

1. O Supremo Tribunal Federal, em reclamação contra pronunciamentos da Justiça do Trabalho envolvendo contratações temporárias de servidores pela Administração Pública, vem reconhecendo desrespeito à autoridade da decisão na ADIN 3.395-MC/DF.

---

[183] Lei n. 2.607/2000. art. 10 – Aplica-se ao pessoal contratado o disposto nos artigos 62 a 64, 65, incisos I a III, 90, incisos IV, VI e XI, 92, 93, 95 a 103, 114, 118 a 123, 124, incisos I, in fine, e II, 125 a 127, 144, 145, 149 a 155, 156, incisos I e II, 157 a 160, 162, 163, incisos II e III, 165 e 168, incisos I e II, do Estatuto dos Funcionários Públicos Civis do Estado do Amazonas (Lei n. 1.762, de 14 de novembro de 1.986), ou, se for o caso, nas Leis n. 2.377, de 03 de março de 1.996, e 2.383, de 18 de março de 1.996, e, no que couber, o disposto na Lei n. 1.897, de 5 de janeiro de 1.989.

[184] p. 1 do Voto do Relator.

2. Com o escopo de sistematizar as decisões em matéria constitucional, cuja interpretação última cabe ao Supremo Tribunal Federal, é reconhecida a incompetência material da Justiça do Trabalho para processar e julgar lide em que o servidor, admitido em sucessivos contratos temporários, pleiteie o reconhecimento de contrato de emprego que, embora nulo por inobservância do art. 37, IX, da CF, seja gerador de efeitos. Ressalvado entendimento do Relator. (Processo: RO – 00518-2007-611-04-00-9. Data do Julgamento: 18/12/2008, Relator Desembargador: Ricardo Tavares Gehling, 4ª Turma, Data de Publicação: DJ 14/01/2009).

Neste sentido, também se manifestou o Tribunal Regional do Trabalho da 3ª Região:[185]

ENTE PÚBLICO – REGIME ESTATUTÁRIO OU JURÍDICO-ADMINISTRATIVO – CONTRATAÇÃO SEM SUBMISSÃO DO TRABALHADOR A PRÉVIO CONCURSO PÚBLICO DE PROVAS E TÍTULOS – INCOMPETÊNCIA DA JUSTIÇA DO TRABALHO PARA APRECIAÇÃO E JULGAMENTO DA CAUSA – ORIENTAÇÃO EMANADA DO E. STF, GUARDIÃO MAIOR DA CONSTITUIÇÃO FEDERAL. A despeito do posicionamento que há muito defendo no que toca à competência desta Especializada para julgamento de demandas desse jaez, em sentido diametralmente oposto ao entendimento externado pelo Tribunal Superior Trabalhista e que acompanho, a exemplo da Orientação Jurisprudencial n. 205, da SDI-I/TST, o Supremo Tribunal Federal vem, reiteradamente – em julgamento de Reclamações diuturnamente propostas por diversos Municípios e Estados do país – ou suspendendo liminarmente o trâmite de ações trabalhistas propostas perante esta Justiça do Trabalho em face dos integrantes da Administração Pública Direta, ou, em julgamento final, declarando a procedência que culmina no reconhecimento da incompetência desta seara para processar e julgar as ações em que a discussão pertine à relação havida entre as partes, ainda que evidentemente nula, envolvendo, como *in casu*, a contratação de trabalhador por ente público sem submissão a prévio concurso público de provas e títulos, mediante sucessivamente prorrogados, ou não, contratos administrativos ou de serviço temporário. Segundo posicionamento firmado se submetem os pseudo "servidores públicos", em hipóteses tais, como na vertente sub judice, automaticamente e em decorrência ao regime jurídico estatutário ou jurídico-administrativo, o que afasta a competência desta Especializada para exame e julgamento da controvérsia. *Nesse diapasão, para não colidir com a diretriz emanada do guardião Maior da Constituição, tampouco criar expectativa ao trabalhador que, futuramente, como vem acontecendo, é frustrada, curvo-me à orientação do E. STF e provejo o apelo interposto, no particular* (grifo nosso) (Processo: RO – 00700-2008-093-03-00-8. Data do Julgamento: 03/02/2009, Relator Desembargador Júlio Bernardo do Carmo, 4ª Turma, Data da Publicação: 03/02/2009).

Neste sentido, é perceptível que, após a decisão do Supremo Tribunal Federal, os Tribunais Regionais do Trabalho acabaram por afastar a incidência da OJ n. 205 da SDI-I do TST. Afigura-se correto o Desembargador Júlio Bernardo do Carmo, ao afirmar que, ir de encontro à interpretação dada pela Corte guardiã da Carta Política, é prejudicar frontalmente o trabalhador, que, após anos de espera, poderá visualizar não a efetividade do seu direito, mas sim uma decisão concluindo que os atos prati-

---

[185] Processo: RO – 00412-2008-099-03-00-1. Data do Julgamento: 04/02/2009, Relator Desembargador Júlio Bernardo do Carmo, 4ª Turma, Data da Publicação: 14/02/2009).

cados em seu processo, até aquele momento, não possuíam valor algum, porque a Justiça que apreciou o pleito é incompetente. Estes precedentes acabaram sendo importantes, uma vez que o Pleno do Tribunal Superior do Trabalho decidiu, por unanimidade, cancelar a OJ n. 205, sob o argumento de que o Supremo Tribunal Federal, em diversos julgados, posicionou-se em sentido contrário à jurisprudência da Corte Trabalhista.[186]

Outras contendas que envolvem as relações de trabalho (pontualmente, as relações de emprego, tais como o cadastramento no PIS, o fornecimento e a liberação das guias do seguro-desemprego ou uma indenização correspondente) já estavam inseridas na esfera especializada, por meio de súmulas e, neste último caso, no próprio ordenamento constitucional, tendo apenas o artigo 114 da Carta confirmado tais previsões.[187]

Quanto aos descontos fiscais e previdenciários, a Justiça do Trabalho, desde 1998, com a Emenda Constitucional n. 20, passou a ter competência para executar de ofício as contribuições sociais previstas no artigo 195, I "a" e II da Constituição, decorrentes das sentenças que proferir. A matéria foi objeto de uniformização da jurisprudência do Tribunal Superior do Trabalho, por meio da Súmula n. 368,[188] que ampliou esta autorização para os acordos homologados que constarem, em sua discriminação, de verbas de natureza salarial. Com a Emenda n. 45, houve uma realocação da disposição para o inciso VIII do novo artigo 114. Ainda que a situação não seja simples e mereça um destaque mais atento – embora este não seja o enfoque primordial do presente estudo –, é relevante referir

---

[186] Notícia publicada pelo Tribunal Superior do Trabalho, em 24 de abril de 2009. Disponível em: <http://www.tst.jus.br>.

[187] Súmula n. 300 do TST: Compete à Justiça do Trabalho processar e julgar ações ajuizadas por empregados em face de empregadores relativas ao cadastramento no Plano de Integração Social (PIS).
Súmula n. 389 do TST: Seguro-Desemprego. Competência da Justiça do Trabalho. Direito à indenização por não-liberação de guias. I) Inscreve-se na competência material da Justiça do Trabalho a lide entre empregado e empregador tendo por objeto indenização pelo não-fornecimento das guias do seguro-desemprego. II) O não-fornecimento pelo empregador da guia necessária para o recebimento do seguro-desemprego dá origem ao direito à indenização.

[188] Súmula n. 368 do TST: Descontos Previdenciários e Fiscais. Competência. Responsabilidade pelo pagamento. Forma de Cálculo. I) A Justiça do Trabalho é competente para determinar o reconhecimento das contribuições fiscais. A competência da Justiça do Trabalho, quanto à execução das contribuições previdenciárias, limita-se às sentenças condenatórias em pecúnia que proferir e aos valores, objeto do acordo homologado, que integrem o salário de contribuição. II) É do empregador a responsabilidade pelo recolhimento das contribuições previdenciárias e fiscais, resultante do crédito do empregado oriundo de condenação judicial, devendo incidir, em relação aos descontos fiscais, sobre o valor total da condenação, referente às parcelas tributáveis, calculado ao final, nos termos da Lei n. 8.541/1992, art. 46, e Provimento da CGJT n. 03/2005. III) Em se tratando de descontos previdenciários, o critério de apuração encontra-se disciplinado no art. 276, § 4º, do Decreto n. 3.048/99, que regulamenta a Lei n. 8.212/91 e determina que a contribuição do empregado, no caso de ações trabalhistas, seja calculada mês a mês, aplicando-se às alíquotas previstas no artigo 198, observando o limite máximo do salário de contribuição.

a nova Orientação Jurisprudencial n. 368 da SDI-I do Tribunal Superior do Trabalho, que afirma, categoricamente, "ser devida a incidência das contribuições para a Previdência Social sobre o valor total do acordo homologado em juízo, independentemente de reconhecimento de vínculo de emprego, desde que não haja discriminação das parcelas sujeitas à incidência de contribuição previdenciária, conforme parágrafo único do artigo 43 da Lei n. 8.212/91 e do artigo 195, I, *a*, da CF".

E mais importante, ainda, é o fato de que o Supremo Tribunal Federal, por intermédio do Tribunal Pleno, nos autos do Recurso Extraordinário n. 569.056/PA, cujo Relator foi o Ministro Carlos Alberto Menezes Direito, por unanimidade, conclui que a competência da Justiça do Trabalho para executar de ofício as contribuições previdenciárias limita-se às sentenças condenatórias em pecúnia que proferir e aos valores, objeto de acordo homologado, que integrem salário de contribuição. Aprovou-se, também, proposta de Súmula vinculante, determinando-se, assim, que não cabe à Justiça Especializada, no entanto, estabelecer de ofício, débito de contribuição social para o INSS, com base em decisão que apenas declare o vínculo de emprego.[189]

Este entendimento já vem sendo acatado pelo Tribunal Superior do Trabalho, conforme jurisprudência arrolada:

EMBARGOS. CONTRIBUIÇÃO PREVIDENCIÁRIA. INCOMPETÊNCIA DA JUSTIÇA DO TRABALHO. SENTENÇA DECLARATÓRIA. SÚMULA N. 368, ITEM I, DO TST. A atual redação da Súmula n. 368, item I, do TST é fruto da exegese sistemática conferida ao art. 114, inciso VIII, da Constituição Federal e da regra-matriz relativa à contribuição previdenciária, inscrita no art. 195, inciso I, alínea "a", da Constituição Federal. Assim, a melhor interpretação da alteração introduzida pela Lei nº 11.457, de 15/03/2007, ao art. 876, parágrafo único, parte final, é a de que, efetivamente, a execução das contribuições sociais estaria adstrita aos salários pagos em decorrência de condenação em sentença ou de acordo homologado judicialmente que reconheça a relação de emprego. Confirmando esse entendimento, o Supremo Tribunal Federal concluiu que a competência da Justiça do Trabalho, quanto à execução das contribuições previdenciárias, limita-se às sentenças condenatórias em pecúnia que proferir e aos valores, objeto de acordo homologado, que integrem o salário-de-contribuição, e aprovou proposta de edição de Súmula vinculante, determinando que não cabe à Justiça do Trabalho estabelecer, de ofício, débito de contribuição social para o INSS, com base em decisão que apenas declare a existência de vínculo empregatício. Recurso de embargos não conhecido. (Processo: E-RR n. 4114-2002-037-12-85.2. Data do Julgamento: 05/02/2009, Relator Ministro Vantuil Abdala, 6ª Turma, Data da Publicação: 13/02/2009).

Cabe ressaltar agora que o artigo 114 da Constituição arrolou em seus incisos IV e VII, respectivamente, a competência da Justiça do Trabalho para processar e para julgar os mandados de segurança, *habeas corpus*

---

[189] STF. REXT 569056/PA. Tribunal Pleno. Relator Ministro Carlos Alberto Menezes Direito. Data do Julgamento: 11/09/2008. Data da Publicação: 12/12/2008.

e *habeas data*,[190] quando o ato questionado envolver matéria sujeita à sua jurisdição, bem como as ações relativas às penalidades administrativas impostas aos empregadores pelos órgãos de fiscalização das relações de trabalho.[191] No inciso VI, há a previsão acerca das ações de indenização por dano moral ou patrimonial, decorrentes da relação de trabalho.

No que se refere a este último inciso, é importante citar, mais uma vez, o Conflito de Competência n. 7.204-1/MG, julgado pelo Tribunal Pleno do Supremo Tribunal Federal, pois aquele foi decisivo para determinar que as ações de dano moral e patrimonial, principalmente aquelas decorrentes dos acidentes de trabalho, são da competência trabalhista, quando envolverem a figura do empregado e do empregador. O julgamento das demandas sobre danos morais já encontrava respaldo na jurisprudência pacificada do TST, mais especificamente na Súmula de n. 392.[192] A respeito disso, José Affonso Dallegrave Neto assevera:

> A competência material para apreciar o dano moral oriundo da violação de deveres de lealdade, proteção e informação é da Justiça do Trabalho, vez que resultante de dever de conduta anexo ao contrato de trabalho, ainda que de um contrato findo. Ademais, corrobora este entendimento o fato do agente, ao ofender a vítima, agir não na condição de um sujeito qualquer que afronta a personalidade de outrem, mas especificamente de um ex-empregador que difama ou calunia seu ex-empregado com informações distorcidas atinentes ao contrato de trabalho ou vice-versa. Os status jurídicos do agente (ex-empregador) e da vítima (ex-empregado) são fundamentais para a classificação de um direito relativo e da responsabilidade do tipo contratual, máxime porque o novo art. 114, VI, da CF, fixa expressamente a competência da Justiça do Trabalho para as ações de indenização decorrentes de toda e qualquer relação de trabalho.[193]

E esta previsão constitucional ensejou o crescimento da análise pelos Tribunais de matérias como os assédios moral e sexual decorrentes da relação de trabalho. O ponto polêmico girava em torno do dano patrimonial decorrente do acidente de trabalho, porquanto o STF e o STJ possuíam súmulas estipulando taxativamente que competia à Justiça Estadual processar e julgar os litígios decorrentes de acidente de trabalho.[194]

---

[190] Neste contexto, ver BEBBER, Júlio César. *Mandado de Segurança. Habeas Corpus. Habeas Data na Justiça do Trabalho*. São Paulo: Ltr, 2006.

[191] Ver: FAVA, Marcos Neves. As ações relativas às penalidades administrativas impostas aos empregadores pelos órgãos de fiscalização das relações de trabalho – primeira leitura do art. 114, VII, da Constituição da República. In: COUTINHO, Grijalbo Fernandes; FAVA, Marcos Neves (coords.). *Justiça do Trabalho*: competência ampliada. São Paulo: Ltr, 2005b, p. 345-361.

[192] TST. Súmula n. 392: DANO MORAL. COMPETÊNCIA DA JUSTIÇA DO TRABALHO. Nos termos do artigo 114 da CF/1988, a Justiça do Trabalho é competente para dirimir controvérsias referentes à indenização por dano moral, quando decorrentes da relação de trabalho.

[193] DALLEGRAVE NETO, José Affonso. *Responsabilidade civil no Direito do Trabalho*. São Paulo: LTr, 2005, p. 95.

[194] Súmula n. 15 do STJ: ACIDENTE DE TRABALHO. COMPETÊNCIA: JUSTIÇA COMUM. Compete à Justiça Estadual processar e julgar os litígios decorrentes de acidente de trabalho.

E, mesmo após a Emenda Constitucional n. 45/2004, persistia, ainda, o entendimento de que não haveria deslocamento das indenizações decorrentes de acidentes de trabalho para a Justiça Laboral.[195]

Novamente, o STF, por seu Tribunal Pleno, deparou-se com a questão, por meio do conflito de competência referido. Só que, desta vez, amparados pela análise do texto do Desembargador Sebastião Geraldo de Oliveira,[196] os Ministros convenceram-se de que a exceção arrolada pelo artigo 109, I, da Constituição, no que concerne aos acidentes de trabalho, diz respeito às ações movidas em face da União, de entidade autárquica ou de empresa pública federal – aí sim, a competência será da Justiça Estadual. Em Porto Alegre/RS, existe uma Vara Especializada na Justiça Comum Estadual, criada tão somente para julgar as demandas envolvendo acidentes de trabalho, movidas pelo segurado contra o INSS, por exemplo, no tocante à concessão dos benefícios previdenciários.[197]

Também se deve comentar que foi acertada a mudança de entendimento por parte do Supremo, já que permite ao trabalhador prejudicado a submissão de seu conflito à Justiça do Trabalho que costuma ser mais célere quanto aos julgamentos dos processos. Além disso, é salutar a ini-

---

Súmula n. 501 do STF: ACIDENTE DE TRABALHO. COMPETÊNCIA DA JUSTIÇA ORDINÁRIA ESTADUAL. Compete à Justiça Ordinária Estadual o processo e o julgamento, em ambas as instâncias, das causas de acidente do trabalho, ainda que promovidas contra a União, suas autarquias, empresas públicas ou sociedades de economia mista.

[195] STF. REXT n. 438.639/MG. Tribunal Pleno. Relator Ministro Carlos Britto. Data do Julgamento: 09/03/2005. Data da Publicação: 21/03/2005.

[196] OLIVEIRA, Sebastião Geraldo de. *Indenizações por acidente do trabalho ou doença ocupacional*. 4. ed. São Paulo: Ltr, 2008.

[197] Embora este seja o entendimento, em 26.11.2008, o Superior Tribunal de Justiça editou a Súmula n. 366: AÇÃO INDENIZATÓRIA PROPOSTA POR VIÚVA E FILHOS DE EMPREGADO FALECIDO EM ACIDENTE DE TRABALHO – COMPETÊNCIA – JUSTIÇA ESTADUAL. Compete à Justiça Estadual processar e julgar ação indenizatória proposta por viúva e filhos de empregado falecido em acidente de trabalho. O Supremo Tribunal Federal, no entanto, entende de forma divergente, o que culminará, provavelmente, em mudança de paradigma no STJ. Para o STF, mesmo que a ação seja intentada pela viúva, a competência é da Justiça do Trabalho. Nessa linha de raciocínio, segue o precedente: Compete à Justiça do Trabalho o julgamento de ação de indenização por danos morais e materiais decorrentes de acidente do trabalho. Com base nesse entendimento, o Tribunal resolveu conflito de competência suscitado pelo Tribunal Superior do Trabalho em face do Juízo de Direito da 4ª Vara Cível da Comarca de Joinville e declarou a competência da Justiça Laboral para julgar ação de reparação de danos morais decorrentes de acidente de trabalho, com resultado morte, proposta pela companheira e pelos genitores do trabalhador morto. Reconheceu-se, inicialmente, ser do Supremo a competência para dirimir o conflito, com base no disposto no art. 102, I, o, da CF. Em seguida, asseverou-se que, após o advento da EC 45/2004, a orientação da Corte teria se firmado no sentido da competência da Justiça do Trabalho para o julgamento da questão sob análise. Aduziu-se, ademais, que o ajuizamento da ação de indenização pelos sucessores não modificaria a competência da Justiça Especializada, haja vista ser irrelevante a transferência do direito patrimonial em razão do óbito do empregado. Precedentes citados: RE 509352 AgR/SP (DJE de 1º.8.2008); RE 509353 ED/SP (DJU de 17.8.2007); RE 482797 ED/SP (DJE de 27.6.2008); RE 541755 ED/SP (DJE de 7.3.2008); CC 7204/MG (DJU de 9.12.2005).CC 7545/SC, rel. Min. Eros Grau, 3.6.2009. (CC-7545).

ciativa do legislador constituinte derivado de eliminar as divergências existentes acerca do tema.

Por fim, o inciso IX do artigo 114 da Carta Política tem gerado certos embates, diante de sua redação, que refere ser da competência material da Justiça do Trabalho processar e julgar "outras controvérsias decorrentes da relação de trabalho, na forma da lei".

Considere-se que a expressão insculpida no inciso IX já aparecia nas Constituições anteriores, desde 1946, quando se firmava que a Justiça do Trabalho era competente para apreciar os dissídios envolvendo trabalhadores e empregadores bem como outras controvérsias decorrentes da relação de trabalho. A partir da leitura do dispositivo anterior à Emenda Constitucional n. 45/2004, com suporte na doutrina e na jurisprudência, chegava-se à conclusão de que a Justiça Especializada poderia julgar controvérsias além daquelas que envolvessem as relações de emprego (seu núcleo central), como, por exemplo, os pequenos empreiteiros, operários e artífices, os trabalhadores avulsos ou portuários.

Por esta razão, alguns doutrinadores apontam e ressaltam que o inciso IX foi um descuido do legislador constituinte derivado, eis que o inciso I do artigo 114 da Carta já engloba toda e qualquer lide envolvendo as relações de trabalho. Arnaldo Süssekind é defensor deste ponto de vista, ao afirmar que "o inciso IX 'choveu no molhado', porquanto havendo ou não lei especial afirmando a competência da Justiça do Trabalho para conhecer de litígio sobre qualquer modalidade de relação de trabalho, essa competência está afirmada no inciso I".[198] José Augusto Rodrigues Pinto, também adepto desta corrente, considera:

> Menos ainda compreendemos a razão de ser do inciso IX, que arrola na competência da Justiça do Trabalho 'outras controvérsias decorrentes da relação de trabalho, na forma da lei'. [...] Note-se que a redação do inciso IX da Emenda é igual à que estava no art. 114, *caput*, originário. Mas ali tinha razão de ser, pois a competência era determinada em função exclusiva da *relação de emprego*. Desde o momento em que o critério de determiná-la pela *pessoa do trabalhador* atraiu *todas as relações de trabalho*, a transposição só pode ser atribuída a um ato falho do constituinte derivado.[199] (grifo nosso)

Ainda, é importante apresentar o entendimento de Manoel Antônio Teixeira Filho, para quem se depara "desnecessário, porque tautológico, o inciso IX do art. 114, já o compreende o *caput* da mesma norma constitucional".[200]

---

[198] SÜSSEKIND, 2005, op. cit., p. 20.
[199] RODRIGUES PINTO, 2005b, op. cit., p. 235.
[200] TEIXEIRA FILHO, Manoel Antonio. *Breves comentários à Reforma do Poder Judiciário*. São Paulo: LTr, 2005, p. 123.

No entanto, uma segunda corrente surge tentando elucidar a literalidade do inciso abordado, principalmente, com base na ideia de que o legislador não teria simplesmente se equivocado e, se ali foi posta a questão, é porque algo estava querendo ser dito. Discorrendo a favor do inciso IX, encontra-se a posição de Estêvão Mallet, para quem "há como dar-se sentido à norma, entendendo-se que, por meio de lei, cabe atribuir à Justiça do Trabalho outras competências ainda não contidas em nenhum dos incisos do novo art. 114".[201] Wagner Giglio comenta:

> Consideramos que o propósito foi o de autorizar o legislador ordinário a incluir, expressamente, outras matérias na competência da Justiça do Trabalho, desde que conexas com a relação de trabalho, como outorga de competência penal e de execução do imposto de renda, nos moldes das contribuições previdenciárias.[202]

A partir da visão da segunda corrente, parece correto o dispositivo criado pelo legislador, porquanto a lei não contém palavras inúteis. E seria possível, inclusive, por meio de lei ordinária, distribuir novas competências à Justiça Laboral, no sentido de autorizar a execução de ofício do imposto de renda das decisões proferidas, por exemplo. Contudo, não são pacíficos os debates, exceto se efetivamente forem criadas leis regulamentando o inciso IX do artigo 114 da Constituição.

É imperioso destacar que os incisos II e III bem como os parágrafos do artigo 114 da Constituição serão objeto de capítulo próprio, já que possuem ligação direta com as questões envolvendo o Direito Coletivo do Trabalho, e as profundas alterações provocadas em matéria sindical.

1.2.3. As modificações da competência

Os critérios em que se subdivide a determinação da competência, quais sejam, material, funcional e local, podem ser reunidos em dois outros grupos distintos: os critérios de competência absoluta e competência relativa, "segundo a maior ou menor disponibilidade da vontade das partes sobre a regra determinadora do regime".[203]

As competências em razão da matéria (englobando o critério pessoal) e funcional ou hierárquica apenas admitem o exercício da jurisdição pelo magistrado que legalmente for autorizado a desempenhá-la. Deste modo, essas competências são consideradas absolutas, motivo pelo qual

---

[201] MALLET, Estêvão. Apontamentos sobre a competência da Justiça do Trabalho após a Emenda Constitucional n. 45. In: COUTINHO, Grijalbo Fernandes; FAVA, Marcos Neves (coords.). *Justiça do Trabalho*: competência ampliada. São Paulo: LTr, 2005, p. 86.

[202] GIGLIO; VELTRI CÔRREA, 2007, op. cit., p. 51.

[203] MARINONI; ARENHART, 2004, op. cit., p. 44.

a sua desobediência prejudica todos os atos praticados no decorrer do processo.

Além disso, quando se está tratando da competência absoluta, sabe-se que ela jamais poderá se prorrogar, devendo ser decretada, inclusive, de ofício pelo juiz a qualquer tempo ou em qualquer grau de jurisdição. A questão é tão importante que, mesmo diante da incidência da coisa julgada material, ou seja, se a sentença proferida por juiz absolutamente incompetente transitar em julgado, será cabível a propositura de ação rescisória para desconstituí-la.[204] O Código de Processo Civil, no artigo 113, é taxativo, ao determinar que "a incompetência absoluta deve ser declarada de ofício e pode ser alegada, em qualquer tempo e grau de jurisdição, independentemente de exceção". No mesmo sentido, verifica-se o artigo 795, § 1º, da CLT que obriga o juízo a declarar, de ofício, nulidade fundada em incompetência de foro. Entenda-se o termo *foro* não como sinônimo de território ou localidade, mas como jurisdição, ou seja, jurisdição do trabalho.

Diferentemente é o que ocorre com a competência em razão do lugar, aquela prevista no artigo 651 da CLT. Trata-se, neste caso, de uma competência relativa.[205] A diferença básica é que magistrado incompetente em decorrência do território poderá tornar-se competente para o julgamento da lide. Basta que a parte interessada na declaração da incompetência relativa não apresente a chamada exceção de incompetência em razão do lugar, prevista nos artigos 799 e 800 da Consolidação. Neste contexto, portanto, sucede-se a chamada *convalidação*.

O artigo 112, *caput*, do CPC, determina que se "argúi, por meio de exceção, a incompetência relativa". O artigo 114 do mesmo ordenamento processual dispõe que estará prorrogada a competência se o réu não opuser a exceção nos prazos legais, lembrando-se de que, no Processo do Trabalho, a exceção de incompetência deverá ser apresentada em audiência,

---

[204] BEZERRA LEITE, 2008, op. cit., p. 288.

[205] Nesse sentido, é imperioso que se destaquem três casos em que nem sempre a incompetência territorial dependerá de alegação da parte: Nos casos dos dissídios coletivos, em que o juiz pode pronunciar, de ofício, a incompetência territorial, na ação civil pública, consoante entendimento consolidado pela Subseção de Dissídios Individuais II do Tribunal Superior do Trabalho, na OJ n. 130 (Ação civil pública. Competência territorial. Extensão do dano causado ou a ser reparado. Aplicação analógica do art. 93 do Código de Defesa do Consumidor. DJ 04.05.2004 – Parágrafo único do artigo 168 do Regimento Interno do TST. Para a fixação da competência territorial em sede de ação civil pública, cumpre tomar em conta a extensão do dano causado ou a ser reparado, pautando-se pela incidência analógica do art. 93 do Código de Defesa do Consumidor. Assim, se a extensão do dano a ser reparado limitar-se ao âmbito regional, a competência é de uma das Varas do Trabalho da Capital do Estado; se for de âmbito supra-regional ou nacional, o foro é o do Distrito Federal), bem como nos casos das ações fundadas em direito real sobe imóveis, conforme o artigo 95 do CPC (Nas ações fundadas em direito real sobre imóveis é competente o foro da situação da coisa. Pode o autor, entretanto, optar pelo foro do domicílio ou de eleição, não recaindo o litígio sobre o direito de propriedade, vizinhança, servidão, posse, divisão e demarcação de terras e nunciação de obra nova).

no momento da apresentação da defesa. Ressalte-se, ainda, a Súmula de n. 33 do STJ, cujo conteúdo refere que "a incompetência relativa não pode ser declarada de ofício".

O Tribunal Superior do Trabalho já decidiu que não é autorizada a declaração de incompetência relativa, *ex officio*:

CONFLITO DE COMPETÊNCIA – CONFLITO DE COMPETÊNCIA SUSCITADO PELO JUÍZO DA 24ª VARA DO TRABALHO DO RIO DE JANEIRO – IMPOSSIBILIDADE DE DECLARAÇÃO DE OFÍCIO DA INCOMPETÊNCIA TERRITORIAL – POSSIBILIDADE DO AJUIZAMENTO NO LUGAR DA CONTRATAÇÃO – ART. 651, § 3º, DA CLT.

1. A competência territorial ("ratione loci") é relativa, devendo ser argüida por exceção (CPC, art. 112), não comportando declaração de ofício, restrita à incompetência absoluta (CPC, art. 113). Não sendo argüida a incompetência no prazo legal, há a prorrogação da competência (CPC, art. 114).

2. "In casu", o Reclamante alega ter sido contratado por meio de ligações telefônicas realizadas na sede da empresa, no Rio de Janeiro, para a sua residência, na época Guajará-Mirim (RO), para prestar serviços em Petrolina(PE).

3. O 3º TRT, julgando recurso ordinário do Reclamante (que passou a residir em Belo Horizonte e aí ajuizou a reclamatória) contra decisão que declarou a competência da Vara do Trabalho de Petrolina, reconheceu a competência de uma das Varas do Trabalho do Rio de Janeiro, sede da empresa e local da contratação.

4. Por ocasião da nova audiência inaugural, a Reclamada voltou a argüir a exceção de incompetência, em razão do local, que foi rejeitada pelo Juízo, por entender que a matéria já foi devidamente apreciada no acórdão do TRT da 3ª Região.

5. Ato contínuo, outro magistrado, lotado na mesma Vara, que presidia a audiência de instrução, suscitou, de ofício, o conflito negativo de competência entre a 24ª Vara do Trabalho do Rio do Janeiro e o 3º TRT, e determinou a remessa dos autos a esta Corte, nos termos do art. 808, "b", da CLT.

6. Incabível a suscitação do conflito, tendo em vista o fato de não ser admitida a declaração de incompetência relativa, de ofício, e levando-se em consideração que, nos termos do art. 651, § 3º, da CLT, pode o empregado ajuizar reclamatória no local da prestação de serviços ou da contratação. Conflito de Competência negativo não conhecido. (Processo: CC n. 188235/2007-000-00-00.6. Data do Julgamento: 10/06/2008, Relator Ministro Ives Gandra da Silva Martins Filho, SDI-II, Data da Publicação: 20/06/2008).

É relevante agora tecer alguns comentários sobre o foro de eleição, admitido pelo Direito Processual Civil, no artigo 111, que autoriza as partes a escolherem livremente a localidade onde serão resolvidos litígios provenientes do contrato celebrado. No âmbito da Ciência Processual Trabalhista, no tocante às relações de emprego, é vedado aos contraentes convencionar cláusula prevendo o foro de eleição, uma vez que "as regras de competência da Justiça do Trabalho são de ordem pública e, portanto, inderrogáveis pela vontade das partes".[206]

---

[206] BEZERRA LEITE, 2008, op. cit., p. 287.

Mais uma vez, o Tribunal Superior do Trabalho manifesta-se no sentido de que, efetivamente, descabe cláusula de foro de eleição nos contratos de trabalho:

CONFLITO NEGATIVO DE COMPETÊNCIA TERRITORIAL. VENDEDOR VIAJANTE. ART. 651, § 1º, DA CLT. INEXISTÊNCIA DE ESTABELECIMENTO DO EMPREGADOR NO LOCAL DA PRESTAÇÃO DOS SERVIÇOS. FORO DE ELEIÇÃO. INEXISTÊNCIA NO PROCESSO DO TRABALHO. No caso, o Juiz da Vara do Trabalho de Jataí/GO acolheu, em audiência, a argüição de incompetência em razão do lugar levantada pela reclamada, remetendo os autos ao foro convencionado pelas partes para a apreciação e solução da demanda, que se identifica com a sede da empresa. Por sua vez, o Juiz da Vara do Trabalho de Paracatu/MG, para onde o feito foi enviado, suscitou o conflito, por entender que o reclamante residiria no local do ajuizamento da ação, que coincidiria com o da prestação de serviços, a qual teria se dado na área do mesmo Município e não seria possível a eleição de foro na Justiça do Trabalho. É certo que a competência territorial é relativa, admitindo até mesmo prorrogação. *Ademais, as normas sobre competência territorial visam a facilitar o acesso do trabalhador à Justiça, não há foro de eleição no processo do trabalho e, na hipótese, a ação foi proposta no local da residência do autor* (grifo nosso). A melhor exegese que se extrai do art. 651, § 1º, da Consolidação das Leis do Trabalho, por ser mais benéfica ao obreiro, é no sentido de que a competência para processo e julgamento de reclamação trabalhista de trabalhador viajante de empresa que não tem agência ou filial no local da prestação dos serviços é da vara da localidade do domicílio do empregado. Destarte, levando-se em consideração que o obreiro prestava serviços "em Jataí e região" o juízo daquela comarca é competente para apreciação da demanda, posto que ali também o obreiro mantinha domicílio. Conflito negativo de competência julgado procedente para declarar que a competência para apreciar e julgar a reclamação trabalhista é da Vara do Trabalho de Jataí/GO, para onde deverão ser remetidos os autos. (Processo: CC n. 195236/2008-000-00-00.5. Data do Julgamento: 02/12/2008, Relator Ministro Renato de Lacerda Paiva, SDI-II, Data da Publicação: 12/12/2008).

Seria incorreto afirmar, contudo, que seja a cláusula de foro de eleição inaplicável às relações de trabalho, como nos casos dos contratos envolvendo autônomos, eventuais, cooperados, visto que não há "incompatibilidade ou impedimento para que os sujeitos de tais relações de trabalho possam, com base no princípio da liberdade contratual, estipular cláusula dispondo sobre o foro de eleição".[207]

Em relação ao parágrafo único[208] do artigo 112 do CPC, acrescido pela Lei n. 11.286/2006, que autoriza ao juiz, como exceção, a declaração, de ofício, de uma competência em razão do local, nos casos de nulidade de cláusula de foro de eleição aos contratos de adesão, para alguns auto-

---

[207] BEZERRA LEITE, loc. cit. Nesse diapasão: ED-AIRR – 132640-56.2008.5.03.0008, Relator Ministro: Aloysio Corrêa da Veiga, Data de Julgamento: 10/03/2010, 6ª Turma, Data de Publicação: 19/03/2010.

[208] CPC, art. 112, parágrafo único: A nulidade de cláusula de eleição de foro, em contrato de adesão, pode ser declarada de ofício pelo juiz, que declinará de competência para o juízo do domicílio do réu.

res, como Estevão Mallet,[209] também, é inaplicável de forma subsidiária ao Processo do Trabalho, pois o reconhecimento da incompetência territorial, em regra, depende de alegação do reclamado. Outros autores, a exemplo de Mauro Schiavi, defendem que o artigo 112, parágrafo único, do CPC aplica-se ao processo do trabalho, desde que adaptada a parte final, para reconhecer que o juiz declinará para o juízo do local da prestação dos serviços.[210]

Considerada a questão em torno da diferença entre competência absoluta e relativa, é concebível dissertar acerca das suas modificações. É sabido que a CLT é absolutamente omissa quantos aos critérios de alteração da competência. Por esta razão, e com base no que dispõe o artigo 769 da CLT, autoriza-se a aplicação subsidiária do CPC, desde que não haja incompatibilidade com os princípios pilares do Processo Trabalhista. Desta maneira, os critérios de modificação da competência são os seguintes: a prorrogação, a conexão, a continência e a prevenção.

Conforme já foi estudado anteriormente, o artigo 114 do CPC autoriza a prorrogação da competência quando o réu não apresentar a exceção de incompetência dentro dos prazos legais. Athos Gusmão Carneiro preceitua que "pela prorrogação, a competência de um juízo *é ampliada* [grifo do autor], para abranger determinada causa que, pelas regras gerais, nela não estaria incluída".[211]

Saliente-se que a prorrogação só é admitida para variar a competência relativa, já que o critério absoluto é indisponível.[212] Segundo Luiz Guilherme Marinoni e Sérgio Cruz Arenhart, existem duas formas de prorrogação no Direito brasileiro: a voluntária e a legal. Será voluntária,[213] por manifesta vontade das partes, ou, ao menos, de uma delas. Como exemplo, tem-se a não apresentação de exceção pelo réu em caso de propositura da ação perante juízo relativamente incompetente.

---

[209] MALLET, Estêvão. *O Processo do Trabalho e as Recentes Modificações do Código de Processo Civil.* Rev. TST, Brasília, vol. 72, nº 2, maio/ago 2006, p. 79-80. Complementando a ideia do autor, para Carlos Henrique Bezerra Leite, aplica-se o dispositivo para as demais relações de trabalho, exceto a de emprego (loc. cit.).

[210] SCHIAVI, Mauro. *Manual de Direito Processual do Trabalho.* São Paulo: LTr, 2008, p. 213.

[211] CARNEIRO, 2007, op. cit., p. 111.

[212] Cabe recordar aqui que, no Processo do Trabalho, não existe competência em razão do valor da causa. Por este motivo, não se verifica a exceção apresentada por Athos Gusmão Carneiro que assevera poder ser afastada "a regra de prevenção pela prevalência de algum critério de competência absoluta. Por exemplo: corre uma causa de menor valor perante o pretor e, posteriormente, vem a ser ajuizada causa conexa, de maior valor, perante Juiz de Direito. O juízo prevento seria o titulado pelo pretor. Mas como a competência é absoluta do menos para o mais, e, pois, não pode o Juiz temporário julgar causa de maior valor, é afastada a prevenção, e ao Juiz de Direito cabe o julgamento das causas conexas". Ibid., p. 111-112.

[213] MARINONI; ARENHART, 2004, op. cit., p. 52.

Será legal[214] a prorrogação quando se analisam os casos de conexão e continência. O artigo 102 do CPC preconiza que a competência em razão do valor e do território pode ser modificada pela conexão ou pela continência. Para o âmbito laboral, só importa a análise da competência territorial. O artigo 103, por sua vez, afirma que se "reputam conexas duas ou mais ações, quando lhes for comum o objeto ou a causa de pedir". Por sua vez, o artigo 104 do CPC determina que ocorre "continência entre duas ou mais ações sempre que há identidade quanto às partes e à causa de pedir, mas o objeto de uma, por ser mais amplo, abrange o das outras".

A adoção, no Processo do Trabalho, dos institutos da conexão e da continência, é importante, uma vez que evita o surgimento de decisões contraditórias em lides que decorrem do mesmo objeto controvertido. Verificados quaisquer dos institutos, será cabível a reunião dos processos, de acordo com a determinação do artigo 105 do CPC.[215] Sobre o assunto, Nelson Nery Junior e Rosa Maria Andrade Nery definem:

> Para existir conexão, basta que a causa de pedir em apenas uma de suas manifestações seja igual nas duas ou mais ações. Existindo duas ações fundadas no mesmo contrato, onde se alega inadimplemento na primeira e nulidade de cláusula na segunda, há conexão. A causa de pedir remota (contrato) é igual em ambas as ações, embora a causa de pedir próxima (lesão, inadimplemento), seja diferente.[216]

No Tribunal Regional do Trabalho da 4ª Região, foi aplicada a regra da conexão em conflito de competência suscitado por uma Juíza substituta de Caxias do Sul. O caso envolvia uma ação de indenização por danos morais e patrimoniais ajuizada perante a Justiça Comum, que, em decorrência da Emenda Constitucional n. 45/2004, declinou da competência, tendo os autos sido remetidos para a Justiça do Trabalho, mais precisamente na 3ª Vara do Trabalho de Caxias do Sul. O problema foi que, na primeira audiência, as partes informaram existir outra ação proposta na Justiça do Trabalho da localidade, só que em trâmite na 1ª Vara, com pedidos oriundos do mesmo vínculo de emprego. A Juíza da 3ª Vara ordenou a remessa dos autos ao juízo da 1ª Vara, por causa da conexão, o que foi negado por este juízo, ensejando, assim, o conflito de competência. A SDI-I do TRT da 4ª Região julgou procedente o conflito suscitado, para

---

[214] MARINONI; ARENHART, 2004, op. cit., p. 53.

[215] CPC, art. 105: Havendo conexão ou continência, o juiz, de ofício ou a requerimento de qualquer das partes, pode ordenar a reunião de ações propostas em separado, a fim de que sejam decididas simultaneamente.

[216] NERY JUNIOR, Nelson; ANDRADE NERY, Rosa Maria. *Código de Processo Civil comentado e legislação civil extravagante em vigor*. 5. ed. São Paulo: RT, 2001, p. 555.

reconhecer, em face da conexão, a competência do Juiz da 1ª Vara do Trabalho para apreciar e para julgar o feito.[217]

No entanto, o Superior Tribunal de Justiça, por meio da Súmula n. 235, deixou assentado entendimento de que a conexão não determina a reunião dos processos, se um deles já foi julgado – pouco importando, diga-se de passagem, se o processo está pendente de recurso.

Quanto à continência, é possível reconhecê-la no seguinte julgamento:

> LITISPENDÊNCIA. INEXISTÊNCIA. HIPÓTESE DE CONTINÊNCIA. Se na ação anteriormente ajuizada o reclamante, relativamente às diferenças salariais, apresenta apenas os fundamentos da pretensão (causa de pedir) e não o pedido correspondente e aquela demanda ainda não foi julgada, não se pode, desde já, afirmar pela existência de litispendência (§ 2º do art. 301 do CPC), porque dependendo da solução a ser dada daquela reclamatória, pode não se configurar a identidade de "pedido". Hipótese em que as circunstâncias mais se assemelham à configuração de continência (art. 104 do CPC), que implica a reunião das ações propostas em separado, nos termos do art. 105 do CPC. Recurso do reclamante provido para, afastando a litispendência acolhida na origem e conseqüente extinção sem resolução do mérito, determinar o apensamento do presente processo ao de n. 00223-2008-131-04-00-7, para julgamento conjunto das ações. (Processo: RO n. 00294-2008-131-04-00-0. Data de Julgamento: 16/10/2008, Relator Desembargador Hugo Carlos Scheuermann, 4ª Turma do TRT 4ª Região, Data da Publicação: 30/10/2008).

De fato, as disposições acerca da conexão e da continência inferem casos de competência relativa. A respeito disso, Athos Gusmão Carneiro explica:

> Assim, supondo-se que o juízo A seja competente por força de norma de *competência absoluta* [grifo do autor], a circunstância de tramitar uma causa conexa no juízo B, ainda que haja sido proposta anteriormente, não irá prorrogar a competência do juízo B, embora possa ocorrer que o juízo A, este sim, se torne competente para ambas as demandas.[218]

A prevenção, por último, não surge, pois, como causa de modificação da competência, mas como uma consequência da conexão. O artigo 106 do CPC assevera que "correndo em separado ações conexas perante juízos que têm a mesma competência territorial, considera-se prevento aquele que despachou em primeiro lugar". De outro lado, se os juízes envolvidos tiverem competência territorial distinta, o critério de determinação da prevenção passa a ser a primeira citação válida, nos termos do artigo 219 do CPC.[219]

---

[217] Processo: CC n. 02926-2006-000-04-00-1. Data do Julgamento: 24/11/2006. Relatora Desembargadora Maria Beatriz Condessa Ferreira. SDI-I. Data da Publicação: 06/12/2006.

[218] CARNEIRO, 2007, op. cit., p. 109.

[219] CPC, art. 219: A citação válida torna prevento o juízo, induz litispendência e faz litigiosa a coisa; e, ainda, quando ordenada por juiz incompetente, constitui em mora o devedor e interrompe a prescrição.

Oportuno agora é o comentário de Luiz Guilherme Marinoni e Sérgio Cruz Arenhart, para quem "a regra do artigo 106 trata de prevenção em relação à *competência do juízo*, enquanto o art. 219 alude à prevenção em relação à *competência de foro*".[220] [grifo dos autores]

Sem sombra de dúvida, a problemática instalada, ao tentar trazer tais dispositivos para o Direito Processual do Trabalho, diz respeito ao fato de inexistir a citação conhecida na área cível, visto que o artigo 841 da CLT utiliza a terminologia *notificação*, constituindo-se em ato automático da Secretaria da Vara, não havendo, portanto, o despacho do magistrado, ao ordenar a citação da parte contrária. Wagner Giglio manifesta-se no sentido de rechaçar a aplicação do artigo 106 do CPC, porque é incompatível com o Processo Trabalhista.[221]

Por sua vez, Christóvão Piragibe Tostes Malta induz à interpretação de que, nos casos de conexão e continência, seria competente o juízo da Vara no qual a data do recebimento da notificação ocorreu primeiramente. No entanto, se as datas dos recebimentos das notificações coincidirem, prepondera a data da expedição pela EBCT; se ainda persistir o empate, deverá prevalecer a data da primeira ação distribuída.[222]

Contudo, é destacado e adotado pela maioria dos doutrinadores e pela jurisprudência o fundamento baseado na distribuição, ou seja, será prevento o juízo que, primeiramente, receber o feito distribuído, entre os que são conexos.[223] É autorizada – e porque não assim dizer – a aplicação subsidiária do artigo 253 do CPC,[224] cujo conteúdo determina a chamada distribuição por dependência.

O objetivo do legislador foi evitar a desistência de ações em face de suposto entendimento contrário do magistrado acerca da matéria objeto da lide, além de priorizar os princípios do juiz natural e da própria economia e celeridade processual.[225]

---

[220] MARINONI; ARENHART, 2004, op. cit., p. 55.

[221] GIGLIO; VELTRI CÔRREA, 2007, op. cit., p. 64.

[222] TOSTES MALTA, Christóvão Piragibe. *Prática do Processo Trabalhista*. 31. ed. São Paulo: LTr, 2002, p. 302-303.

[223] GIGLIO; VELTRI CÔRREA, loc. cit. RODRIGUES PINTO, José Augusto. *Prática trabalhista de conhecimento*. 6. ed. São Paulo: LTr, 2001, p. 144.

[224] Art. 253. Distribuir-se-ão por dependência as causas de qualquer natureza: I – quando se relacionarem, por conexão ou continência, com outra já ajuizada; II – quando, tendo sido extinto o processo, sem julgamento de mérito, for reiterado o pedido, ainda que em litisconsórcio com outros autores ou que sejam parcialmente alterados os réus da demanda; III – quando houver ajuizamento de ações idênticas, ao juízo prevento.

[225] BEZERRA LEITE, 2008, op. cit., p. 293-294.

1.2.4. Os conflitos de competência

Diante da aplicação das regras acima mencionadas, é corriqueiro que ocorram polêmicas no que concerne à competência dos diversos órgãos jurisdicionais. Logo, é comum que ocorram hipóteses, nos quais dois órgãos que seriam competentes rejeitem essa condição, ou ambos se consideram competentes para apreciar uma demanda. A este evento dá-se o nome de *conflito de competência*. No primeiro caso apresentado, fala-se em conflito negativo de competência, diferentemente do segundo em que o conflito é positivo.[226]

Cabe frisar que um conflito de competência envolve a divergência entre mais de um órgão jurisdicional, distinguindo-se da figura da exceção de incompetência, pelo fato de que nesta última a competência de um só órgão é questionada. O incidente de conflito de competência "tende a solucionar divergência, surgida no seio da estrutura jurisdicional, a propósito da fixação da competência (relativa ou absoluta) para certo conflito".[227]

O artigo 803 da CLT esclarece que os conflitos de jurisdição ocorrem entre as Varas do Trabalho e os Juízes de Direito, investidos de jurisdição trabalhista. Merece destaque, neste sentido, a Súmula n. 180 do STJ que afirma competir ao Tribunal Regional do Trabalho dirimir conflitos verificados, na respectiva região, entre Juiz Estadual e Varas do Trabalho,[228] os Tribunais Regionais do Trabalho e os Juízos e Tribunais do Trabalho e órgãos da Justiça Ordinária.

Com efeito, detêm legitimação para suscitar os conflitos de competência os Juízes e Tribunais do Trabalho, o Ministério Público do Trabalho ou as partes interessadas, em conformidade com o que dispõe o artigo 805 da CLT. É relevante que, em relação às partes interessadas, se já tiverem oposto exceção de incompetência, é vedado suscitar conflito. Conforme o entendimento de Carlos Henrique Bezerra Leite:

> Em síntese, a parte que ofereceu exceção de incompetência (CLT, art. 806), ou, ao contestar, argüiu preliminar de incompetência absoluta do juízo, não pode suscitar conflito de competência. A exceção de incompetência tem de ser julgada antes. O conflito, porém, não

---

[226] O artigo 804 da CLT aduz que: Dar-se-á conflito de jurisdição: a) quando ambas as autoridades se considerarem competentes; b) quando ambas as autoridades se considerarem incompetentes. Por sua vez, o artigo 115 do CPC assevera que: Há conflito de competência: I) quando dois ou mais juízes se declaram competentes; II) quando ou mais juízes se consideram incompetentes; III) quando entre dois ou mais juízes surge controvérsia acerca da reunião ou separação de processos.

[227] MARINONI; ARENHART, 2004, op. cit., p. 56.

[228] A Súmula ainda utiliza a expressão *Junta de Conciliação de Julgamento*.

impede que a parte que não o suscitou ofereça exceção declinatória de foro, que é relativa (CPC, art. 117 e 301).[229]

A Emenda Constitucional n. 45/2004 gerou efeitos sobre o tema ao solidificar constitucionalmente no inciso V do artigo 114 que compete à Justiça do Trabalho processar e julgar os conflitos de competência entre órgãos com jurisdição trabalhista, ressalvado o disposto no artigo 102, I, *o*, da CF.

Os julgamentos dos conflitos[230] dar-se-ão, como já foi referido, pelos Tribunais Regionais do Trabalho, quando envolver Varas do Trabalho e Juízes de Direito, ou entre uns e outros, dentro de uma mesma região; pelo Tribunal Superior do Trabalho, se os suscitados forem Tribunais Regionais do Trabalho ou Varas do Trabalho e Juízos de Direito, ou entre uns e outros, pertencentes a Tribunais Regionais distintos; pelo Superior Tribunal de Justiça, no tocante aos conflitos envolvendo juízes vinculados a Tribunais diversos, como entre Juízes do Trabalho e um Juiz de Direito ou Juiz Federal, consoante o disposto no artigo 105, I, da CF. Por fim, o Supremo Tribunal Federal julgará os conflitos de competência que envolvam Tribunais Superiores, nos termos do artigo 102, I, "o", da CF. Cabe referir também que a forma de processamento dos conflitos está prevista nos artigos 809 e 810 da CLT bem como nos Regimentos Internos dos Tribunais.

Importa referir, ainda, a Súmula n. 420 do TST, que afirma, taxativamente, ser impossível configurar-se conflito de competência entre Tribunal Regional do Trabalho e Vara do Trabalho àquele vinculada, por uma questão de hierarquia e de atribuições funcionais dentro da Justiça do Trabalho.

A partir dos próximos capítulos, abordar-se-ão temas como a greve, a representação sindical e os aspectos relevantes envolvendo os dissídios coletivos provenientes da Emenda Constitucional n. 45/2004.

---

[229] BEZERRA LEITE, 2008, op. cit., p. 295.

[230] Artigo 808 da CLT.

2. A Emenda Constitucional 45/2004 e o processo coletivo do trabalho

2.1. AS AÇÕES QUE ENVOLVAM O EXERCÍCIO DO DIREITO DE GREVE

2.1.1. A evolução histórica da greve

A Emenda Constitucional n. 45/2004 abordou tema de grande relevância no mundo jurídico laboral: a greve. Na verdade, embora o inciso II do artigo 114 da Carta seja pontual ao referir que a Justiça do Trabalho será competente para processar e para julgar "as ações que envolvam o exercício do Direito de Greve", é sabido que existem minúcias por trás desta simples disposição, que exige atenção aos estudiosos do tema.

Antes de se adentrar no que, exatamente, quis o legislador constituinte derivado ao solidificar esta matéria no ordenamento, é imprescindível que se analise o instituto da greve, a partir da sua evolução histórica. Nas palavras de Wilson de Souza Campos Batalha e Sílvia Marina Labate Batalha, "a greve como problema social e humano fundamental só pode ser examinada e compreendida, contida, regulamentada, ou coibida sob o ângulo visual de uma concepção basilar da sociedade, do indivíduo e do Estado".[231]

Em uma abordagem das formas de solução dos conflitos coletivos de trabalho, a greve traduz as maiores divergências a partir de sua própria evolução. Alguns estudiosos apontam os movimentos reivindicatórios da Antiguidade como marco do instituto da greve, quando, em verdade, assim não podem ser classificados.[232]

---

[231] CAMPOS BATALHA, Wilson de Souza; LABATE BATALHA, Sílvia Marina. *Sindicatos e sindicalismo*. 2. ed. São Paulo: LTr, 1994, p. 209.

[232] Mozart Victor Russomano discorre que: "Há quem indique o êxodo dos hebreus, ao abandonarem o Egito, como um desses primeiros movimentos de massa, como há aqueles que se reportam ao

As rebeliões que ocorreram nos séculos que constituem marcos da Antiguidade Clássica, ainda que comprovadas historicamente, não podem ser alçadas ao conceito de greve que hoje é conhecido. Isto porque, naquele tempo, eram impostas duras penalidades aos trabalhadores que ousassem não continuar com os serviços.[233]

A greve, como hoje se conhece, tem o seu nascedouro na Idade Moderna, simultaneamente ao surgimento da indústria, incumbindo à Revolução Francesa, com o ideal libertário do trabalho, baseado no contratualismo, colocar a greve como exemplo de manifestação deste pensamento.[234]

Como consequência das ideias liberalistas preponderantes à época, a greve foi sendo justificada a partir das percepções jurídicas e políticas majoritárias. Porque o trabalhador era livre para disponibilizar a sua mão de obra no mercado, também tendo liberdade para se associar em grupos de outros trabalhadores, era vedado negar-lhe a prerrogativa de insurrecionar-se contra condições de trabalho pífias e abusivas.[235]

A Itália, a propósito, apresenta-se como um dos primeiros países a adotar o direito de greve no ordenamento. Passado o pesado período de ditadura fascista, momento em que os movimentos totalitários dão lugar aos regimes mais democráticos, a greve tornou-se um direito assegurado pelas mais diversas legislações, sendo, inclusive, matéria de declarações internacionais de direitos fundamentais, a exemplo do Pacto Internacional da ONU e da Carta Social do Conselho da Europa, de 1961 – é reconhecido, pois, o direito de ação coletiva aos trabalhadores e empregadores.[236]

O direito de greve passa a compor as Constituições tanto dos países europeus quanto dos países latino-americanos,[237] até pelo fato de que começou a preponderar a ideia de autonomia privada coletiva, "criando um

---

século V a.C., quando os plebeus se retiraram de Roma para o Monte Arentino, em rebelião contra os privilégios políticos e sociais dos patrícios. Outros lembram a luta de classes entre os fenícios. A sociedade local era dividida em estratos bem demarcados e, em várias ocasiões, os trabalhadores utilizados em serviços públicos se abstiveram, coletivamente, se continuar em serviço". Ver: RUSSOMANO, Mozart Victor. *Princípios gerais de Direito Sindical*. 2. ed. Rio de Janeiro: Forense, 1998, p. 242.

[233] RUSSOMANO, 1998, op. cit., p. 243.

[234] RUSSOMANO, loc. cit.

[235] Ibid., p. 244.

[236] NASCIMENTO, Amauri Mascaro. *Compêndio de Direito Sindical*. 4. ed. São Paulo: LTr, 2005, p. 411.

[237] Amauri Mascaro Nascimento relata que: "a Constituição da Itália (1947) declara: 'o direito de greve exerce-se no âmbito das leis que o regulam (art. 40)'. A da Espanha (1978) dispõe: 'reconhecido o direito dos trabalhadores à greve para a defesa dos seus interesses. A lei que regular o exercício deste direito estabelecerá garantias destinadas a assegurar a manutenção dos serviços essenciais à comunidade (art. 28, n.2)'. [...] A Constituição Argentina dispõe: 'fica garantido aos grêmios... o direito de greve (art. 14 *bis*)'". Ver: NASCIMENTO, loc. cit.

direito sindical fundado na liberdade de organização das formas de representação dos trabalhadores",[238] em conformidade com as disposições da Convenção n. 87 da Organização Internacional do Trabalho. Além disso, esta liberdade permite a adoção do princípio da autotutela sindical, em que a solução dos conflitos coletivos deve envolver, tão somente, os próprios interessados, com a menor intervenção possível do poder estatal.

Para Mozart Victor Russomano, "a retirada do trabalho consistia, pois, em uma legítima ação coercitiva contra o empregador, para forçá-lo a aceitar novas condições contratuais".[239] Deste modo, fica claro que o motivo central para que a greve fosse inserida no mundo capitalista baseia-se no ideal de liberdade, seja econômica, política e moral.

No Brasil, após a Revolução de 1930, a faculdade de se solucionar as controvérsias coletivas por meio de arbitragem foi instituída em 1932, pelo Decreto n. 21.936, cujo nome era Comissões Mistas de Conciliação. É relevante, porém, asseverar que estas Comissões não chegaram a efetivar o seu papel, tornando-se arbitragens facultativas até o momento atual, em que se busca um crescimento dos institutos da mediação e da própria arbitragem.[240]

A Constituição de 1937 proibiu os movimentos grevistas, por considerá-los movimentos antissociais e nocivos ao trabalho e ao capital, incompatíveis, portanto, com os interesses de produção nacional.[241] É sabido que para cada ação corresponde uma reação – com o exercício do direito de greve, isso não foi diferente. Quando a greve passa a ser denotada como uma forma de solução obrigatória dos conflitos, as manifestações advindas dos governos crescem proporcionalmente. E a forma encontrada pelos governantes foi equiparar os movimentos grevistas a condutas ilícitas, inclusive com sanções previstas nas legislações criminais à época.[242]

Um exemplo típico ocorrido no Brasil deriva do Decreto-Lei n. 431/38, cujo objetivo foi definir como crime contra a economia popular

---

[238] NASCIMENTO, 2005, op. cit., p. 412.

[239] RUSSOMANO, 1994, op. cit., p. 244.

[240] CAMPOS BATALHA; LABATE BATALHA, 1994, op. cit., p. 219.

[241] Art. 139 da CF/37: "A greve e o *lockout* são declarados recursos anti-sociais, nocivos ao trabalho e ao capital e incompatíveis com os superiores interesses de produção nacional".

[242] Mozart Victor Russomano explica que: "no período do capitalismo liberal, não havia clima para essas medidas drásticas de repressão aos movimentos operários, defendidos pela Declaração dos Direitos do Homem e com fundamento no célebre raciocínio de um advogado francês que dizia: *aquilo que um trabalhador pode fazer isolado, pode ser feito, ao mesmo tempo, por dez, cem ou mil trabalhadores, pois tudo que fizerem estará sendo feito em nome da liberdade do trabalho*". [grifo do autor]. Ver: RUSSOMANO, 1998, op. cit., p. 244.

o abandono de lavouras ou de plantações, a suspensão de atividade das fábricas, das usinas ou de quaisquer estabelecimentos de produção ou de meios de transporte, mediante indenização paga pela desistência da competição.

O ponto central é que este tratamento penal não perdurou até porque, com o passar dos anos, os empregados, centrados nas figuras dos seus sindicatos, foram adquirindo maiores poderes de representação. O Brasil aderiu à Declaração de Princípios Sociais da América, de 1945, que, em sua Recomendação 1ª, letra *g*, assegura "o reconhecimento do direito de associação dos trabalhadores, do contrato coletivo e do direito de greve".[243]

Surgiu, ainda, o Decreto-lei n. 9.070/46, com intuito de compatibilizar o dissídio coletivo com o direito de greve. No entanto, a tentativa fracassou, haja vista que somente admitia a greve, após esgotados os meios legais para solucionar as causas, negando-se desta maneira o direito de greve às atividades fundamentais. Além disso, criou-se, por meio deste Decreto, o chamado *dissídio coletivo* anormal,

> (...) instaurado mediante simples ao Departamento Nacional do Trabalho ou Delegacias Regionais, feita pelos trabalhadores e empregadores interessados ou suas associações representativas. Essa notificação seria admitida sempre que ocorresse dissídio capaz de determinar a cessação coletiva do trabalho.[244]

A conciliação realizava-se no órgão administrativo, sendo a Justiça do Trabalho competente para julgá-lo. O Presidente do Tribunal ou o Ministério Público do Trabalho detinham legitimidade para instaurar a instância.

Este era o cenário quando foi promulgada a Constituição de 1946, que, em seu artigo 158, estabelecia que era reconhecido o direito de greve, cujo exercício a lei regularia. Por esta razão, foi sustentada a inconstitucionalidade do Decreto n. 9.070, que restringia ou que denegava o direito de greve sob certos aspectos. Arion Sayão Romita explica que:

> Mesmo após a promulgação da Constituição de 18 de setembro de 1946, o Decreto-lei n. 9.070 continuou a ser aplicado pelos Tribunais. Entendeu-se que não havia incompatibilida-

---

[243] CAMPOS BATALHA; LABATE BATALHA, 1994, op. cit., p. 220. Explicam os autores que "o reconhecimento do direito de greve ao lado da manutenção do poder normativo da Justiça do Trabalho, embora em clima político assaz diverso, constituiu problema que aos legisladores se lhes antolhava como extremamente difícil em sua conciliação. A VII Subcomissão, incumbida de relatar o título – Da Ordem Econômica e Social, da futura Constituição, apresentou ao Presidente da Comissão Constitucional seu anteprojeto, estabelecendo no artigo 16: 'Os conflitos oriundos das relações entre empregadores e empregados, regulados na legislação social, serão dirimidos pela Justiça do Trabalho, que terá jurisdição autônoma, bem como organização adequada, não se lhes aplicando as disposições desta Constituição relativa à competência, ao recrutamento e às prerrogativas da Justiça Comum'. Parágrafo único – 'É reconhecido o direito de greve'". Ibid., p. 221.

[244] CAMPOS BATALHA; LABATE BATALHA, loc. cit.

de entre os dispositivos repressores do Decreto-lei n. 9.070 e a nova Carta Constitucional, de feição liberal-democrática [...] Destino curioso o desta lei: nasceu inconstitucional e continuava a ser aplicada, a despeito da manifesta inconstitucionalidade. Inconstitucional duas vezes: perante a Carta de 1937 e perante a Constituição de 1946![245]

Mais adiante, em 1964, nasce a Lei n. 4.330, legitimando o exercício do direito de greve, por meio de determinações das assembleias gerais do sindicato da categoria profissional dedicada na busca de melhores condições de trabalho, excetuando-se os servidores ou funcionários da União, dos Estados, dos Municípios e autarquias, "salvo se fosse hipótese de serviço industrial e o pessoal não recebesse remuneração fixada por lei ou estivesse amparado pela legislação trabalhista".[246]

De qualquer sorte, na análise da referida Lei, ainda se constata que a greve era considerada ilegal e ilegítima se não atendidos os pressupostos nela referidos.[247] Conquanto fosse imperfeita, a Lei n. 4.330 foi superior às demais legislações da época, porque regulou o direito de greve previsto no artigo 158 da Carta de 1946. A Constituição de 1967, com a Emenda de 1969, admitiu o exercício do direito de greve, respeitadas as disposições estabelecidas pelo legislador ordinário, privando a hipótese de greve nos serviços públicos e atividades essenciais.[248]

A greve, inicialmente, parece ter atingido o seu ápice constitucional a partir da Carta Política de 1988, visto que é tratada em três momentos específicos: está autorizada aos trabalhadores das pessoas jurídicas de Direito Privado e aos chamados empregados públicos, aos servidores públicos estatutários e vedada aos servidores militares.[249]

O artigo 9º da Constituição legislou ser assegurado o direito de greve, "competindo aos trabalhadores decidir sobre a oportunidade de exercê-lo e sobre os interesses que devam por meio dele defender". O referido artigo comporta dois parágrafos, que dispõem ser da Lei a atribuição de definir os serviços ou atividades essenciais, doutrinando sobre o aten-

---

[245] ROMITA, Arion Sayão. *A greve no setor público e nos serviços essenciais*. Curitiba: Genesis, 1997, p. 121.

[246] CAMPOS BATALHA; LABATE BATALHA, 1994, op. cit., p. 223.

[247] Como, por exemplo, não poder ter reivindicações julgadas improcedentes, há menos de um ano, se deflagrada por motivos políticos, religiosos, sociais, sem quaisquer reivindicações que interessassem, direta ou legitimamente, a categoria profissional, etc. Ver: CAMPOS BATALHA; LABATE BATALHA, loc. cit.

[248] Cumpre referir que, em 1978, foi editado o Decreto-lei n. 1.632, que proibia a greve nos serviços públicos e em atividades essenciais de interesse da segurança nacional, inserindo, em seu artigo 1º, quase que todas as atividades essenciais arroladas no artigo 12 da Lei n. 4.030, sendo, portanto, proibida a greve.

[249] STÜRMER, Gilberto. *A liberdade sindical na Constituição da República Federativa do Brasil de 1988 e sua relação com a Convenção 87 da Organização Internacional do Trabalho*. Porto Alegre: Livraria do Advogado, 2007a, p. 98. O direito de greve está vedado aos servidores militares no artigo 142, § 3º, IV, da CF/88.

dimento das necessidades inadiáveis da comunidade, bem como que os abusos cometidos sujeitam os responsáveis às penas da Lei.

Na verdade, nos moldes das Constituições anteriores, a greve surge coberta por um manto de amplitude, de legalidade e sem limitações. Visualizam-se estas características no momento em que os próprios trabalhadores são quem decidem sobre o seu cabimento e sobre o efetivo exercício. Entretanto, nos termos do parágrafo primeiro, nasce a primeira restrição, já que depende de legislação (ordinária) a definição das atividades essenciais, ou seja, ocorrendo movimento grevista nestas atividades ou serviços, tal greve será considerada ilegal. Além disso, o parágrafo segundo ordena que o direito de greve seja exercido em conformidade com a sua função social, sob pena de ser aquela considerada abusiva.[250]

Em observância ao que preceitua o ordenamento constitucional, é aprovada a Lei n. 7.783, em 28 de junho de 1989, com finalidade de tratar acerca do direito de greve, das atividades essenciais, e de regular o atendimento das necessidades inadiáveis da comunidade.

É imperioso mencionar que esta regulamentação visa a atender ao requisito inserido no artigo 9º, § 1º, da Carta, ou seja, dirige-se, em um primeiro momento, aos trabalhadores da iniciativa privada e aos empregados públicos. A greve dos servidos públicos estatutários, viabilizada por meio do artigo 37, VII, da Constituição também depende de regulamentação.

Embora esteja constitucionalmente previsto, o direito de greve dos servidores públicos tem sido objeto de inúmeras discussões desde 1988. A Emenda Constitucional n. 19/98 retirou o caráter complementar da Lei regulamentadora, a qual passou a demandar, unicamente, lei ordinária e específica para a matéria. Tal cenário favorece a inércia legislativa, uma vez que os representantes governamentais entendem que a regulamentação acabaria por criar o direito de greve dos servidores públicos, o que resulta em greves sem qualquer controle jurídico, comprometendo a própria prestação dos serviços públicos. Neste momento, é primordial referir o julgamento do Mandado de Injunção n. 670 pelo Supremo Tribunal Federal.

O Sindicato dos Servidores Policiais Civis do Espírito Santo (SINDIPOL) impetrou mandado de injunção coletivo contra o Congresso Nacional, com pedido de liminar, objetivando o reconhecimento do direito de greve da categoria, com base na Lei n. 7.783/89, diante da falta de norma regulamentadora da disposição contida na Constituição, em seu artigo 37, inciso VII.

---

[250] CAMPOS BATALHA; LABATE BATALHA, 1994, op. cit., p. 225.

O pedido de liminar foi indeferido pelo então Ministro-Relator, Maurício Côrrea, que determinou a solicitação de informações à autoridade impetrada, que encaminhou resposta, alegando não estar caracterizada a inércia do Congresso Nacional, já que se verificavam inúmeras propostas acerca do tema. O Sindicato impetrante, mais tarde, noticiou nos autos a edição da Lei n. 7.311/01, que regulamentou o direito de greve dos servidores públicos estaduais, requerendo que fosse reconhecida a eficácia deste Diploma até que fosse promulgada lei federal, estabelecendo as normas gerais acerca da matéria. De plano, o Ministro-Relator afastou este último pedido, por entender que é vedado emendar a petição inicial depois de a autoridade coatora ter-se pronunciado. Além disso, conheceu em parte o mandado de injunção, apenas para declarar a mora do Congresso quanto à edição de norma regulamentadora do artigo 37, VII, da CF/88.

Entretanto, o Ministro Gilmar Mendes, em seu voto-vista, alegou comungar das preocupações quanto à não assunção pelo Tribunal de um protagonismo legislativo. Contudo, destaca que a não atuação naquele momento já se configuraria quase como uma espécie de "omissão judicial".[251]

Por esta razão, após incansáveis fundamentações, votou pelo conhecimento e pelo deferimento do mandado de injunção, para determinar a aplicação das Leis n. 7.701/88[252] e n. 7.783/89 aos conflitos e às ações judiciais que envolvam a interpretação do direito de greve dos servidores públicos civis, fixando, à época, prazo de 60 (sessenta) dias para que o Congresso Nacional legislasse sobre o tema. E justifica que, ao adotar esta

---

[251] STF. MI 670/ES. Relator: Ministro Maurício Côrrea. Relator para Acórdão: Ministro Gilmar Mendes. Tribunal Pleno. Data de Julgamento: 25/10/2007. Data da Publicação: 31/10/2008, p. 31.

[252] É interessante, neste sentido, o voto do Ministro Gilmar Mendes: "Assim, nas condições acima especificadas, se a paralisação for de âmbito nacional, ou abranger mais de uma região da Justiça Federal, ou ainda, abranger mais de uma unidade da Federação, entendo que a competência para o dissídio de greve será do Superior Tribunal de Justiça (por aplicação do artigo 2º, I, a, da Lei n. 7.701/88). Ainda no âmbito federal, se a controvérsia estiver adstrita a uma única região da Justiça Federal, a competência será dos Tribunais Regionais Federais (aplicação analógica do artigo 6º da Lei n. 7.701/88). Para o caso da jurisdição no contexto estadual ou municipal, se a controvérsia estiver adstrita a uma unidade da Federação, a competência será do respectivo Tribunal de Justiça. [...] Revela-se importante, nesse particular, ressaltar a par da competência para o dissídio de greve em si – no qual se discute a abusividade, ou não, da greve – também os referidos Tribunais, nos seus respectivos âmbitos, serão competentes para decidir acerca do mérito do pagamento, ou não, dos dias de paralisação em consonância com a excepcionalidade com a qual esse juízo se reveste. Nos termos do artigo 7º da Lei n. 7.789/83, a deflagração da greve, em princípio, corresponde à suspensão do contrato de trabalho. Na suspensão do contrato de trabalho, não há que se falar propriamente em prestação de serviços, nem tampouco no pagamento de salários. Como regra geral, portanto, os salários dos dias de paralisação não deverão ser pagos, salvo no caso de greve em que tenha sido provocada justamente por atraso no pagamento ou outras situações excepcionais que justifiquem o afastamento da premissa da suspensão do contrato de trabalho". STF. MI 670/ES. Relator: Ministro Maurício Côrrea. Relator para Acórdão: Ministro Gilmar Mendes. Tribunal Pleno. Data de Julgamento: 25/10/2007. Data da Publicação: 31/10/2008, p. 49-50.

medida, o STF estaria a assegurar o direito de greve constitucionalmente previsto no artigo 37, VII, da Constituição, sem desconsiderar a garantia da continuidade da prestação dos serviços – um elemento fundamental para a preservação do interesse público em áreas que são extremamente demandadas para o benefício da sociedade brasileira.

O Tribunal, por maioria, conheceu do mandado de injunção e propôs a solução para a omissão legislativa com a aplicação da Lei n. 7.783/89, no que couber, vencidos, em parte, o Ministro-Relator, Maurício Côrrea, que conhecia da ação apenas para certificar a mora do Congresso Nacional, e os Ministros Ricardo Lewandowski, Joaquim Barbosa e Marco Aurélio, que limitavam a decisão à categoria representada pelo sindicato e que estabeleciam condições específicas para o exercício das paralisações.

Logicamente, que, conforme salientou o Ministro Gilmar Mendes, deverão ser efetuadas as devidas adaptações, principalmente, no tocante às atividades essenciais, que não podem parar, mesmo diante de movimentos grevistas, para que não haja prejuízo à supremacia do interesse público.

É oportuno, pois, retornar agora à análise da Lei n. 7.783/89. O artigo 2º considera "legítimo exercício do direito de greve a suspensão coletiva, temporária e pacífica, total ou parcial, da prestação pessoal de serviços a empregador". Deve-se atentar para o fato de que, implicitamente, o conceito imposto no dispositivo referido enseja outros requisitos, tais como a greve lícita e não abusiva, que não enseja rescisão, exceto quando houver ilicitudes ou abusivos em seu exercício.[253]

Além disso, o artigo 3º da Lei n. 7.783/89 deixa claro que a cessação coletiva de trabalho está autorizada, desde que frustrada a negociação coletiva ou verificada a impossibilidade da via arbitral, sendo imprescindível a notificação da entidade representativa da categoria econômica ou das empresas, com a antecedência mínima de 48 horas – parágrafo único do artigo 3º.

De acordo com o que se disse anteriormente, na análise do voto do Ministro Gilmar Mendes, a greve ocasiona a suspensão dos contratos de trabalho,[254] devendo as relações obrigacionais, no caso dos trabalhadores da iniciativa privada, ser regidas pelo acordo, pela convenção, pelo laudo arbitral ou pela decisão da Justiça do Trabalho. Além disso, é vedado aos empregadores rescindir os contratos de trabalho, contratar substitutos para ocuparem as vagas dos grevistas, ressalvados os casos de emer-

---

[253] CAMPOS BATALHA; LABATE BATALHA, 1994, op. cit., p. 226.

[254] Gilberto Stürmer explica que: "o pagamento dos 'dias parados' pode ser objeto de negociação coletiva, arbitragem ou dissídio coletivo. Ver: STÜRMER, 2007a, op. cit., p. 101.

gência, em virtude de atividades essenciais ou da iminência de prejuízos manifestos.[255]

Cabe recordar agora que, com base na Carta Política, o artigo 8º, VI, determina ser obrigatória a participação dos sindicatos nas negociações coletivas de trabalho, tornando inconstitucional o disposto nos artigos 4º, § 2º, e 5º da Lei n. 7.783/89. Exercendo os trabalhadores o direito de greve, mediante a provocação das partes ou do Ministério Público do Trabalho, caberá à Justiça do Trabalho julgar procedente ou não as reivindicações dos movimentos grevistas, a partir da qualificação de ser legítima, ilegítima ou abusiva.[256]

Merece destaque, por fim, a expressa proibição ao *lockout* presente na legislação em comento. O artigo 17 refere que "fica vedada a paralisação das atividades por iniciativa do empregador, com o objetivo de frustrar negociação ou dificultar o atendimento de reivindicações dos empregados".

Analisar-se-ão, a seguir, as questões que dizem respeito à definição, á natureza jurídica, às espécies, bem como aos reflexos da Emenda Constitucional n. 45/2004 no exercício do direito de greve.

2.1.2. O conceito e a natureza jurídica da greve

O instituto da greve é objeto de estudo das mais variadas ramificações das Ciências Sociais, tais como a Sociologia, que a retrata como fator de pressão de um grupo social, buscando elucidar os motivos que a geram e em que lugar ocorre com mais frequência. Igualmente, verifica-se o estudo jurídico da greve, cuja finalidade é conceituá-la, permiti-la e vedá-la sob certos aspectos.[257]

Amauri Mascaro Nascimento conceitua a greve como

(...) a paralisação combinada do trabalho para o fim de postular uma pretensão perante o empregador; não é greve, ensinam os juristas, a paralisação de um só trabalhador, de modo que a sua caracterização pressupõe um grupo que tem um interesse comum.[258]

---

[255] Lei n. 7.783/89. artigo 7º. O parágrafo único deste artigo reporta-se aos artigos 9º e 14.

[256] CAMPOS BATALHA; LABATE BATALHA, 1994, op. cit., p. 227.

[257] NASCIMENTO, 2005, op. cit., p. 433.

[258] NASCIMENTO, loc. cit. O autor menciona, ainda, que existem atos coletivos que não se enquadram no conceito. Discorre que são práticas de natureza excedente do âmbito do Direito, visto que se traduzem em práticas violentas, e, como tal, enquadráveis em outros setores da ordem jurídica. Os exemplos por ele arrolados são os seguintes: a sabotagem, a ocupação do estabelecimento ("para pressionar o empregador, os trabalhadores não se retiram do local de trabalho, ou o invadem, nele permanecendo mesmo nas horas não-compreendidas na jornada de trabalho"). No caso da ocupação do estabelecimento, aponta que tal conduta contraria alguns princípios: "1º) o direito de propriedade, que não autoriza a ação ofensiva de sentido expropriatório à margem da autorização

Maurício Godinho Delgado discorre que a greve seria a "paralisação coletiva provisória, parcial ou total, das atividades dos trabalhadores em face de seus empregadores ou tomadores de serviços, com o objetivo de lhes exercer pressão, visando à defesa ou conquista de interesses coletivos".[259]

Fica claro que os autores, ao conceituarem a greve, deixam evidente que é requisito indispensável para a sua existência a presença de uma coletividade, "de modo que o sujeito ativo da greve nunca é o indivíduo, isoladamente considerado, e, sim, a coletividade laboral".[260] É sabido que o movimento grevista pode ser encabeçado por um grupo de trabalhadores, não sendo legítimo, tão somente, o sindicato da categoria. Contudo, esta reivindicação deve ter em seu núcleo força para reunir o maior número de trabalhadores da categoria ou da empresa.

Mozart Victor Russomano declara que a "greve é um fato, naturalmente fato social, mas, também, fato jurídico, que consiste na *suspensão do trabalho*" [grifo do autor].[261] No momento em que se afirma que a greve é suspensão do trabalho, desautorizada está qualquer interpretação no sentido de que compará-la ao abandono de emprego, porque este último é espécie de justa causa, elencada no artigo 482, *i*, da CLT, ou, ainda, que greve seja sinônimo de cessação do trabalho. De fato, a ideia de suspensão vincula-se, diretamente, ao fato de que os grevistas desejam retornar ao trabalho em condições mais benéficas. Nos termos da Súmula n. 316 do STF, o empregador não pode dispensar o empregado durante o período do afastamento.

Existe posicionamento defendendo que, se os trabalhadores realizaram a greve por motivo de inadimplemento de cláusulas contratuais, como, por exemplo, atraso no pagamento dos salários, risco à sua saúde e à segurança, estaria admitida a exceção de contrato não cumprido, se enquadrando a greve como hipótese de interrupção do contrato.[262] A ideia

---

estatal; 2º) a tomada do poder na empresa, que só é admitida mediante práticas participativas ou autogestionárias, cuja instauração se procede normalmente pela via negocial ou legal; 3º) a liberdade individual de trabalho e o direito de discordar daqueles que pretendem ingressar no estabelecimento para trabalhar". Ibid., p. 434-436.

[259] DELGADO, Maurício Godinho. *Direito Coletivo do Trabalho*. 3. ed. São Paulo: LTr, 2008b, p. 171.

[260] RUSSOMANO, 1998, op. cit., p. 246.

[261] RUSSOMANO, 1998, op. cit., p. 245. Wilson de Souza Campos Batalha e Sílvia Marina Labate Batalha apontam para outra conjectura: "Adotando-se a conceituação privatística do Direito Civil, a greve legítima se caracteriza como *ato jurídico*, ato complexo multisubjetivo e de caráter instrumental. A greve ilegítima e a greve abusiva caracterizam-se como *fatos jurídicos lato sensu*, ou seja, fatos humanos em desacordo com as determinações normativas, mas que produzem efeitos jurídicos (positivos ou negativos)". [grifo dos autores] Ver: CAMPOS BATALHA; LABATE BATALHA, 1994, op. cit., p. 235.

[262] VIANNA, Márcio Túlio. Conflitos coletivos de trabalho. *Revista do Tribunal Superior do Trabalho*, Porto Alegre, v. 66, n. 1, p. 131, jan./mar. 2000.

encontra amparo na própria Lei n. 7.783/89, cujo artigo 14, parágrafo único, I, afirma, categoricamente, que na "vigência de acordo, convenção ou sentença normativa, não constitui abuso do exercício do direito de greve a paralisação que: tenha por objetivo exigir o cumprimento de cláusula ou condição".

Embora exista alguma divergência nos apontamentos da doutrina pátria, em um ponto, todos são unânimes: o exercício do direito de greve está legitimado a desenvolver-se de forma coletiva com pacificidade e temporariamente contra o empregador. Mais do que nunca, a finalidade precípua dos movimentos grevistas não pode ser outro: a busca por melhores condições de trabalho e melhores salários, sob pena de serem considerados abusivos, ilegais e ilegítimos.

Além de conceituada, a greve é classificada pelos doutrinadores quanto a alguns critérios. O primeiro a ser apontado envolve as circunstâncias pelas quais a greve se instala ou se desenvolve – é o conhecido critério formal de classificação que envolve as suas causas, a sua extensão, a sua duração, a categoria profissional dos trabalhadores grevistas e os métodos de desenvolvimento da greve.[263]

No tocante às causas da greve, apontam-se as greves típicas, as greves políticas e as greves de solidariedade. Neste contexto, faz-se necessária uma pausa para se diferenciar tais modalidades. As primeiras, como se observou até o momento, são aquelas que visam à melhoria das condições de trabalho e a melhores salários. As segundas, por sua vez, têm ligação direta com as manifestações de protestos. Nas palavras de Ernesto Krotoschin:

> A pressão exercida sobre os órgãos do Estado enquanto exercem função de governo não se considera, geralmente, admissível. Sustenta-se que o direito de greve não se estabelece para fins contrários ao normal funcionamento do Estado (sentido amplo) como expressão de soberania. Sem embargo, ressaltou-se a dificuldade de distinguir a greve política e a greve profissional, quando os motivos da greve correspondem, simultaneamente, a interesses econômico-sociais. Isso obriga, também, neste caso, a examinar cada greve separada para apreciar sua licitude ou ilicitude. Consideram-se ilícitas – pelo menos – as greves que carecem de toda a relação com a situação dos trabalhadores e obedecem a puros motivos políticos, excetuando-se, talvez, as paradas de pouca duração com fins de demonstração dos protestos que não implicam interrupção do trabalho ou serviço. Será ilícita, sobretudo, a greve declarada por um tempo prolongado ou não-determinado anteriormente, com a intenção de exercer uma pressão efetiva. (tradução livre).[264]

---

[263] Esta classificação é adotada por autores como Mozart Victor Russomano e Maurício Godinho Delgado.

[264] KROTOSCHIN, Ernesto. *Tratado práctico de Derecho del Trabajo*. 2. ed. Buenos Aires: Depalma, 1981, p. 225.

No Brasil, porque a greve encontra limitações das mais variadas formas, e por constituir-se como negócio jurídico envolvendo sindicatos ou sindicatos e empresas, o seu objetivo deverá ser satisfeito pelas partes envolvidas neste negócio, tornado-a viável. Se considerado o exercício da greve como funcional ou instrumental, exclui-se do rol aquela com viés político, visto que reivindicações dirigidas aos órgãos públicos possuem caráter social e político, não incidindo diretamente sobre o contrato de trabalho, ao exercer o cidadão apenas um direito cívico que lhe é garantido. Além disso, a greve política pode acarretar a rescisão do contrato de trabalho, diferentemente do que ocorre com a greve-direito, em que ocorre a suspensão dos contratos.[265]

Logo, é admissível o entendimento de que a legalidade da greve política está diretamente vinculada à visão política do intérprete. Embora a matéria não tenha sido objeto de grandes discussões na jurisprudência, o Tribunal Regional do Trabalho da 2ª Região manifestou-se no seguinte sentido:

> O movimento de paralisação dos serviços qualificados no artigo 9º da Constituição Federal tem de estar vinculado à reivindicação contida no contrato de trabalho. Esta é a materialidade necessária, para que se possa falar em greve. Se a paralisação dos serviços ocorreu por motivação política, a "greve", por mais justa que possa parecer, deve ser considerada materialmente abusiva. (AC SDC 00052/2007-9 – PROC 20258200600002005 – Nelson Nazar – Relator. DJ/SP de 02/04/2007).

E esta posição reforça o ponto de vista de que o direito de greve não pode ser utilizado como instrumento de manobra para a defesa de posições políticas ou ideológicas, sendo limitado no sistema constitucional a questões que tenham relevância para a coletividade dos empregados, em razão dos pleitos que desejam postular do empregador.

Merece destaque a posição divergente de Maurício Godinho Delgado que refere:

> [...] sob o ponto de vista constitucional, as greves não precisam circunscrever-se a interesses estritamente contratuais trabalhistas (embora tal restrição seja recomendável, do ponto de vista político-prático, em vista do risco à banalização do instituto – aspecto a ser avaliado pelos trabalhadores). Isso significa que, a teor do comando constitucional, não são, em princípio, inválidos movimentos paredistas que defendam interesses que não sejam rigorosamente contratuais – como as greves de solidariedade e as chamadas políticas. A validade desses movimentos será inquestionável, em especial se a solidariedade ou a motivação política vincularem-se a fatores e com significativa repercussão na vida e no trabalho dos grevistas.[266]

Realmente, a interpretação majoritária, com viés de limitar a greve de natureza política, vem perdendo espaço no campo doutrinário. Isto

---

[265] CAMPOS BATALHA; LABATE BATALHA, 1994, op. cit., p. 240-241.
[266] DELGADO, 2008a, op. cit., p. 1423.

porque, em verdade, o que se está considerando como prática abusiva seriam aquelas greves "insurrecionais", ou seja, aquelas cuja finalidade é, tão somente, derrubar o governo.[267]

Legítimas seriam, portanto, as greves realizadas a fim de impelir intervenções para ocupação ou que são decretadas para incentivar reformas sociais. O Tribunal Superior do Trabalho já teve de posicionar-se em relação à greve política diante da Administração Pública. A respeito disso, os empregados de uma estatal aderiram ao movimento grevista contra a privatização da companhia, motivo pelo qual o referido Tribunal concluiu não se tratar apenas de paralisação política – indiretamente havia, pois, uma greve trabalhista:

> Em tal contexto, é óbvio que a mudança na estrutura do Banco interessa e muito aos empregados, pois não se cuidará de uma mera troca de empregadores, mas de alteração da própria natureza jurídica do Banco, tendo em vista que o empregado deixará de fazer parte da Administração Pública Indireta para se vincular a um empregador privado, cuja política de pessoal costuma ser menos favorável ao trabalhador. Tais fatos demonstram o legítimo interesse dos empregados em discutir esse processo e procurar formular reivindicações para protegê-los. Nesse contexto, a greve deflagrada não tem nenhum caráter político, e sim trabalhista, estando autorizada, em conseqüência, pelo art. 14, parágrafo único, II, da Lei de Greve. (TST-RODC 781712 DJ – 23/04/2004 Relator José Luciano Castilho Pereira).

É evidente que o Tribunal, para perfilhar esta greve, considerou-a como trabalhista, afastando o seu caráter político, o que demonstra, ainda, imperar a posição majoritária de que os movimentos puramente políticos não legitimam o direito de greve nos moldes da Constituição Federal de 1988.

Além das greves políticas, estudam-se, também, as chamadas greves de solidariedade, que se contemplam ilegítimas ao terem como cerne a solidariedade ou a finalidade econômica imprópria, isto é, exigências que o empregador não tenha possibilidade de atender.

Em verdade, a greve de solidariedade tem ligação com pleitos de outras categorias, não se ligando, diretamente, aos contratos de trabalho dos grevistas protestantes. Wilson de Souza Campos Batalha e Sílvia Marina Labate Batalha explicam que "qualquer manifestação de apoio ou simpatia pode ser lícita, desde que não afete a normalidade do trabalho da categoria que não tem reivindicações a fazer".[268]

---

[267] No pensamento de Luisa Galantino: "Sulla base di tale interpretativa, devono ritenersi legittimi gli scioperi effettuato per sollicitare da parte della pubblica autoritá provvedimenti Che hanno implicazioni economico-sociali. Fra quaeti si possono citare ad esempio, gli scioperi intensi a suscitare interventi a sostegno dell'occupazione o misure in tema di sicurezza sociale o riforme dei servizi sociale (transporti, casa, scuola, assistenza sanitaria...)". Ver: GALATINO, Luisa. *Diritto Sindacale*. 6. ed. Torino: G. Giappechelli Editore, 1996, p. 220.

[268] CAMPOS BATALHA; LABATE BATALHA, 1994, op. cit., p. 241.

Com base nesta sistemática, a greve de solidariedade não deixa de ter um corolário político. Justifica-se a afirmativa, em virtude de que os grevistas solidários se inspiram em lutas de classe, versando acerca de fatos sociais. Por esta razão, majoritariamente, não se atribui legitimidade às greves de solidariedade, porquanto prescindível é o caráter econômico-profissional, não havendo busca por melhores condições de trabalho e de melhores salários.[269]

Quanto ao critério formal, a greve pode ser classificada quanto à sua extensão e à sua duração. Nesta última, perquire-se se as greves serão por tempo determinado, casos em que a suspensão do trabalho tem curta duração, ou indeterminado, prolongando-se face à persistência do movimento grevista.

No que se refere à categoria profissional dos trabalhadores grevistas, englobam-se os movimentos grevistas de empregados da iniciativa privada ou pública bem como os servidores públicos. E quanto aos métodos de desenvolvimento da greve, importa verificar se as reivindicações foram pacíficas, ou de forma violenta, atentando-se contra a propriedade e a pessoa, com agressões, sequestros e outros atos.[270]

Além dos critérios formais, adotam os doutrinadores os critérios substanciais, que se ocupam de auferir a admissão ou não da greve nos moldes dos sistemas jurídicos mundiais. Cabe demonstrar, neste contexto, os casos em que as greves serão legítimas, legais e justas, ou ilegítimas, ilegais e injustas.

A greve será legítima ou não, à medida que se amolda ao ordenamento jurídico pátrio. Se, por exemplo, a legislação vedar o exercício do direito de greve a determinada categoria, qualquer movimento reivindicatório destes trabalhadores será considerado ilegítimo. No que diz respeito ao critério de legalidade da greve, importa "o cumprimento das formas e procedimentos exigidos pelo legislador para deflagração do mo-

---

[269] Amauri Mascaro Nascimento disserta que: "Em princípio, a greve de solidariedade não é afastada pela Constituição Federal brasileira (1988), uma vez que, ao transferir para os trabalhadores a definição da oportunidade e dos interesses a serem defendidos através da paralisação do trabalho, não ficou excluído o apoio a outra categoria ou, na mesma categoria, a outros trabalhadores. [...] A questão jurídica que se apresenta com as greves atípicas resulta do seu atrito com o conceito de greve, que pressupõe paralisação do trabalho, o que não ocorre no caso. Seria possível enquadrar essas omissões no conceito de greve? Em princípio, a impressão que fica é negativa, porque greve e cessação do trabalho são dados que se completam. Porém, é preciso convir que a não-colaboração é menos prejudicial do que a paralisação total da produção. Não colaborando, os trabalhadores estariam sujeitos a punições por desídia, ao passo que, abstendo-se totalmente do trabalho, nenhuma punição sofreriam. Estariam fazendo uma greve. Admite-se, também, que a conflitividade é maior com a greve-paralisação do que com a greve-não-colaboração. É melhor para a empresa manter uma produção reduzida do que nada produzir". Ver: NASCIMENTO, 2005, op. cit., p. 457-458.

[270] RUSSOMANO, 1998, op. cit., p. 248.

vimento. A ofensa a tais normas – variáveis de nação para nação – torna a parede *ilegal* [grifo do autor]".[271]

Quanto a classificá-las em justas ou injustas, é importante perquirir, não o ordenamento jurídico, mas sim a finalidade, o objetivo da greve. Mozart Victor Russomano explica:

> Não é preciso dizer muito mais para notar-se que a greve é justa ou injusta segundo uma avaliação que recorre à palavra dos economistas, dos sociólogos e dos políticos. Nem se pode negar que a qualificação da greve, como justa ou injusta, nunca será correta se não a olharmos do ângulo iluminado da eqüidade. Em síntese, a greve é justa ou injusta, não do ponto de vista estrito da lei ou mesmo, apenas, dos interesses dos trabalhadores e empresários, mas do ponto de vista amplo do interesse coletivo, identificado sob os focos brilhantes da Justiça Social.[272]

Sendo assim, para que a greve seja considerada "perfeita", é preciso que ocorra a sua autorização pelo ordenamento jurídico, que se obedeçam às regras que lhe são impostas, além de se priorizar o interesse superior do trabalhador e o interesse público, ao agitar a sociedade e o próprio Poder Público.

A partir do conceito e da classificação atribuídas à greve, é imperioso estudar a sua natureza jurídica. Isto porque os doutrinadores encontram dificuldade em qualificá-la, tendo em vista ser variável conforme o setor científico a que pertence. Com efeito, a greve é objeto de exame das mais variadas áreas, tais como a Sociologia, a Economia, a Administração[273] e, logicamente, o Direito.

Cabe recordar agora que a ciência jurídica tem como primeira missão averiguar as normas sobre a greve nas suas mais diversas dimensões, quais sejam, a greve como fato, como valor e como norma. Este triângulo é investigado por meio de dois métodos: o integrativo, que os estuda

---

[271] Ibid., p. 249. Cabe referir o que pondera o referido autor: "Existe, pois, a diferença sensível entre greve legítima e a greve legal, entre a greve ilegítima e a greve ilegal. Poder-se-á, talvez, dizer que toda greve ilegítima é ilegal; mas, nem toda greve legítima é legal nem toda greve ilegal é ilegítima". RUSSOMANO, loc. cit.

[272] RUSSOMANO, 1998, op. cit., p. 250.

[273] Não é objeto de análise específica do presente estudo a greve como objeto de exame em outras áreas; todavia, é necessário citar as ideias de Amauri Mascaro Nascimento quanto ao tema: "A greve é estudada nos vários ramos das Ciências Sociais, como a Sociologia que se ocupa do levantamento das greves, tal como exercem no grupo social quanto aos tipos, ao número, aos motivos, aos setores de atividade, enfim, o retrato da greve como movimento operário, tal como se dá, e não como a descrevem as leis; [...] a greve é compreendida como fato social. A ciência da Economia também se ocupa da greve, em especial dos efeitos das horas paradas na produção da empresa e do país, os danos causados pela greve à Economia, o mal que representa em termos de produtividade, etc. Igualmente, a ciência da Administração estuda a greve combinando os aspectos econômicos com os das relações humanas, para tentar harmonizá-los com a adoção de técnicas capazes de evitar a greve, desmobilizar os trabalhadores, oferecer-lhes alternativas, como os meios de participação na empresa através de comissões de fábrica, integração na vida e desenvolvimento da empresa e outras formas". Ver: NASCIMENTO, 2005, op. cit., p. 439.

como se fossem partes de um só fenômeno, e o desintegrativo, que os cinde, conceituando-os como fenômenos incomunicáveis.[274]

A greve como fato social não ensejaria qualquer relevância no mundo jurídico, amoldando-se, nas relações de trabalho, como uma simples abstenção dos trabalhadores assalariados. Apesar da sua efetividade histórica e cultural, considera-se fora do mundo jurídico, eis que não é qualificável pelo Direito. É necessário referir que a impossibilidade de aproximação entre a greve e o campo da jurisdição teve o seu ápice na Itália fascista, com a falsa argumentação de que os movimentos paredistas eram equiparados à autotutela, ou seja, fazer Justiça com as próprias mãos. Entretanto, esta visão foi superada, porquanto a greve é plenamente compatível com a jurisdição, existindo órgãos destinados à arbitragem nos conflitos coletivos, além de não representar negação à autoridade judiciária, nem renúncia pelo Poder Estatal de sua soberania.

Igualmente, não se pode admitir a greve como simples fato social, em virtude das inúmeras normas que a regulam. Amauri Mascaro Nascimento discorre que "a greve é um fato social, mas não apenas isso, é um fato jurídico em sua dimensão de norma legal, convencional ou judicial, como sempre ocorre".[275]

Maurício Godinho Delgado expõe que "a natureza jurídica da greve é de um *direito fundamental de caráter coletivo, resultante da autonomia privada coletiva inerente às sociedades democráticas*"[grifo do autor].[276] Com base no que determina o artigo 9º da Constituição Brasileira, o direito de greve

---

[274] NASCIMENTO, loc. cit.

[275] NASCIMENTO, 2005, op. cit., p. 442. O referido autor discorre, ainda, que alguns doutrinadores defendem ser a greve uma liberdade, principalmente, em decorrência do fato de que o Estado Liberal passou a afastar os mecanismos jurídicos de Direito Penal que puniam o seu exercício. Para o escritor, cabe definir se a greve é uma liberdade pública ou privada, e se as liberdades exigem limitações ou disciplina legal. E assevera: "A greve não pode ser considerada uma liberdade pública, porque não é oponível ao Estado, mas a outro particular, o empregador contra o qual se exercita, com o que se caracteriza como liberdade particular. Não poderia equiparar-se às liberdades públicas, como a de culto, de expressão, de informação, embora possa perfeitamente significar uma garantia de imunidade perante os mecanismos de responsabilidade criminal. Ainda que por liberdade pública se entenda aquela não-oponível contra o Estado, mas por este garantida, haveria dificuldades para ver na greve uma liberdade pública. Essa garantia só se faria através de normas jurídicas. Logo, a greve seria um direito nos termos previstos pelas normas jurídicas. Observa-se, também, que a greve tem uma inafastável dimensão privatística, como fruto da *autonomia privada coletiva*, fundamento da liberdade sindical. Ainda que se pretenda nela ver uma emanação da *liberdade de trabalho*, é preciso considerar que, se o homem não pode ser constrangido a trabalhar contra sua vontade, de outro lado, o trabalho é dever social, limitação natural de liberdade de trabalho em função do significado do trabalho como meio de realização do bem comum. [...] Ora, o que garante o trabalhador é a norma jurídica ao prever hipóteses em que ele poderá ou não ser despedido, se a greve é a causa de extinção ou de suspensão do contrato de trabalho e se o Estado poderá ou não reprimi-la, de modo que a *lei é a garantia da liberdade*, com o que é ilusória a possibilidade da greve como *liberdade sem leis*, pois são estas que regem seu exercício, as garantias dos grevistas e os interesses da sociedade. As liberdades expressam-se como *direitos subjetivos*". [grifo do autor] Ibid., p. 443-444.

[276] DELGADO, 2008b, op. cit., p. 192.

é consequência da liberdade laborativa bem como da autonomia sindical e da liberdade de associar-se.

Conquanto se admita que a greve possa ser uma liberdade, prevalece a corrente que a conota como um direito, mais especificamente um direito subjetivo.[277] Isto se justifica pelo fato de que o seu exercício está garantido, disciplinado e limitado pela legislação, pelas normas coletivas e pelo entendimento dos Tribunais. Conforme já se demonstrou anteriormente, ao longo de sua evolução histórica, a greve passou a ter tratamento constitucional nos mais diversos países europeus e latino-americanos.

Este patamar atribuído à greve eleva-a ao *status* de direito fundamental presente nas democracias. O que se deve observar, neste momento, é que, embora exista uma certa uniformidade ao se considerar a greve como um direito social fundamental, surgiram algumas derivações conceituais, no sentido de atribuir-lhe algumas teorias. Pode-se afirmar que a greve encontra-se sob o manto da igualdade, da instrumentalidade, do direito potestativo, do superdireito, da autodefesa ou autotutela. Mesmo que não sejam absurdas, são atribuições incompletas, vistas isoladamente, adotando-se assim uma visão parcial do instituto.

Aos que definem a greve como um direito de igualdade, verifica-se uma eficaz aproximação de poderes, de nivelamento, entre os empregados, coletivamente considerados, e o empregador. Constitui-se como meio que estabelece equipolência entre os pactuantes coletivos, por questionar os poderes empresariais. Em verdade, essa designação é falha, tendo em vista que não se elucida como a greve é capaz de restabelecer o

---

[277] Mozart Victor Russomano, em sentido contrário, afirma: "[...] são duas as grandes correntes que procuram explicar a natureza jurídica da greve como *fato jurídico (humano e voluntário) ou como direito subjetivo (exercido coletivamente, pelos trabalhadores)*. Não nos preocupa a idéia de existência de *direitos subjetivos coletivos*, mas, sim, a de se admitir que haja uma *faculdade de ação* através da qual os trabalhadores desencadeiem a paralisação das atividades econômicas, com profundos reflexos na vida nacional, para forçar o empresário a aceitar reivindicações que os favoreçam. [...] vemos na greve, como dissemos anteriormente, um processo através do qual os trabalhadores procuram *coagir* – no sentido literal dessa palavra, isto é, por intermédio da força – o empregador a ceder e a aceitar suas reivindicações. Dessa forma, a greve, como instrumento de solução direta (e violenta) do conflito coletivo de trabalho, não pode ser considerada um *direito subjetivo*, precisamente por ser violenta. Constitui, apenas, um *fato*, que surge na sociedade e na vida, na história e no Direito". O doutrinador também commenta que, na verdade, esse fato que cria, que altera ou que extingue relações jurídicas é humano e voluntário, sendo chamado de *ato jurídico* e que a greve só se justificaria como resultado da insuficiência da ordem jurídica; que sua extensão e a sua legitimidade crescem em proporção direta à falha do mecanismo judiciário do Estado quanto à possibilidade de dar a solução processual adequada ao conflito coletivo do trabalho. Ver: RUSSOMANO, 1998, op. cit., p. 251-252. E, aqui, permita-se discordar do que defende Russomano. A greve deve ser vista como um direito, em virtude de estar garantida pelo ordenamento jurídico pátrio. A simples alegação de que o Estado dispõe de outros meios para solucionar os conflitos coletivos de trabalho e isso, por si só, seria justificativa para marginalizar a greve do mundo jurídico é insuficiente, uma vez que o instituto também é um meio de resolução dos conflitos entre trabalhadores e empregadores, que deverá ser buscada em caso de frustradas outras tentativas – talvez como uma forma residual ou subsidiária.

equilíbrio econômico na relação entre capital e trabalho, além de não precisar a sua natureza.[278]

Fala-se que a greve representaria um direito instrumental, por envolver uma metodologia de pressão, com objetivo de satisfazer as reivindicações coletivas dos empregados. Note-se que a greve seria um mecanismo de solucionar os conflitos, por meio de outras formas autônomas ou heterônomas. Sobre isso, Maurício Godinho Delgado comenta:

> [...] a noção é insuficiente, até mesmo tímida, para traduzir o conjunto complexo de atos, condutas e efeitos concentrados em um movimento paredista. O caráter instrumental da greve é inegável (assim como instrumentais são o processo judicial, o trabalho e inúmeros atos praticados pelos indivíduos na vida pessoal e social, sem que isso explique toda a natureza de tais institutos e condutas). Assim, reconhecer-se o caráter instrumental da greve não significa que se deva reduzir sua natureza jurídica a esse exclusivo aspecto.[279]

Com base na ideia de que a greve seja um direito potestativo, o seu exercício coloca o empregador em posição de sujeitado, sem a menor opção de antagonizar-se. Contudo, é perceptível que esta corrente é ultrapassada, porque não mais se admite no mundo jurídico que a atuação coletiva permaneça em uma condição incontrastável. Existem limitações impostas pelo ordenamento jurídico – e porque não pensar que o empregador tem ao seu dispor os próprios interditos proibitórios, como medida de prevenção a turbações em sua propriedade –, o que já demonstra ser falível a tese envolvendo o direito potestativo.

Encontra-se também a teoria de que a greve seja um superdireito, traduzindo-se como "exercício privado e grupal de coerção, prevalecendo, em certa medida, sobre outros direitos tradicionais do empregador e, até mesmo, da própria comunidade".[280] Qualifica-se, a partir deste ponto de vista, a greve como um direito natural, valorizando-se o justo acima do legal, permitindo o seu regular exercício como forma de resistência contra as injustiças nas relações de trabalho. É inequívoco, no entanto, observar que, ao se admitir a greve com um objetivo específico, de cunho social, que é o atendimento de interesses categoriais, "essa arma não pode ser posta a serviço, a não desses interesses, sob pena de converter-se em um instrumento perigoso nas mãos daqueles que o usam a ponto de comprometer a estabilidade do sistema jurídico".[281] Em outras palavras, considerar a greve como um direito sagrado, que levaria em si mesma a sua justificação é um erro, visto que existem limites ao seu exercício, até por uma questão de civilidade na ordem jurídica e social.

---

[278] NASCIMENTO, 2005, op. cit., p. 452. DELGADO, 2008b, op. cit., p. 193.

[279] DELGADO, 2008b, op. cit., p. 193.

[280] Ibid., p. 194.

[281] NASCIMENTO, 2005, op. cit., p. 445.

Por fim, como última teoria diferenciada, surge a ideia de que a greve é sinônimo de autodefesa ou autotutela. Pedro Paulo Teixeira Manus observa que aquela deve ser entendida como "um momento num processo de negociação, porque ela não é um fim em si mesma, mas um meio de tentar demover a parte contrária da posição em que se encontra no processo de negociação coletiva".[282] Assim, o movimento paredista só poderia ser deflagrado a seguir do início da negociação coletiva de trabalho, na hipótese de recusa do empregador em instaurá-la, ou a partir da apresentação de propostas vis ou inócuas. Contudo, verifica-se que esta teoria não prospera, já que a Lei de Greve, em momento algum, faz menção acerca das situações em que a negociação coletiva pode ser considerada frustrada ou quando as propostas serão vis.

Por esta razão, a greve é reconhecida, nos dias de hoje, como um direito social fundamental, conforme o que já se disse anteriormente. É imprescindível que se refira que o exercício do direito de greve ganhou prestígio considerável, estando aprumado em âmbito internacional. E aqui, faz-se referência à Organização Internacional do Trabalho. Embora o direito de greve não esteja expressamente previsto na Convenção n. 87, de 1948, que aborda a liberdade sindical e a proteção ao direito de sindicalização, no seu artigo 3º, há previsão implícita, porquanto prevê que:

as organizações de trabalhadores e de entidades patronais têm o direito de elaborar os seus estatutos e regulamentos administrativos, de eleger livremente os seus representantes, organizar a sua gestão e a sua actividade e formular o seu programa de acção. As autoridades públicas devem abster-se de qualquer intervenção susceptível de limitar esse direito ou de entravar o seu exercício legal.

Além disso, a Convenção n. 98, de 1949 (cujo objeto foi o direito à sindicalização e à negociação coletiva, e que foi ratificada pelo Brasil em 18 de novembro de 1952, por meio do Decreto n. 49), assegura, também de forma implícita, o direito de greve ao garantir aos trabalhadores proteção contra medidas atentatórias à liberdade sindical. Na verdade, a Recomendação n. 92 da OIT, de 1951, estabelece em seu artigo 7º que os procedimentos de arbitragem e de conciliação não podem ser aplicados de forma a prejudicar o exercício do direito de greve. O próprio Comitê de Liberdade Sindical da OIT,[283] ao editar inúmeras ementas, elevou este último à condição de garantia fundamental da categoria profissional:

---

[282] TEIXEIRA MANUS, Pedro Paulo. *Direito do Trabalho*. 3. ed. São Paulo: Atlas, 1993, p. 175.

[283] Organização Internacional do Trabalho. Disponível em: <www.oitbrasil.org.br/libsind_negcol.php>. Acesso em: 12 mai. 2009. Além destas, merecem destaque as Ementas 520, 526, 527, 528 e 529. Explica Leandro do Amaral D. Dorneles: "Conclui-se que a finalidade precípua da greve é a obtenção de melhores condições de trabalho, ou a tutela de pretensões coletivas de ordem profissional. Greves de caráter puramente político ou decididas sistematicamente muito tempo antes de que as negociações se perfaçam não estão amparadas pelo princípio da liberdade associativa. No entanto, greves de protesto, versando sobre questões políticas, sociais ou econômicas com repercussão direta para os

EMENTA 363 – O direito de greve dos trabalhadores e suas organizações constitui um dos meios essenciais de que dispõem para promover e defender seus interesses profissionais.

EMENTA 364 – O comitê sempre estimou que o direito de greve é um dos direitos fundamentais dos trabalhadores e de suas organizações, unicamente na medida em que constitui meio de defesa de seus interesses.

Sendo assim, é notável que o artigo 9º da Carta Política assegura o direito de greve, competindo aos trabalhadores determinar o momento de exercê-lo e sobre quais os interesses que deverão ser defendidos. Não é demais sublinhar também que o referido dispositivo está, topograficamente, inserido no Título II da Constituição, que arrola os direitos e as garantias fundamentais dos cidadãos, dentre eles – e porque não afirmar – o cidadão-trabalhador.

Aliás, isso é tão fundamental, que o Tribunal Superior do Trabalho entendeu tratar-se de um direito irrenunciável e de não poder ser objeto de negociação coletiva. Mantendo a decisão do Tribunal Regional do Trabalho da 15ª Região, proferida pela Seção de Dissídios Coletivos, o primeiro Tribunal citado, no julgamento de recurso ordinário interposto, confirmou a exclusão de cláusula de acordo coletivo que impedia greve dos trabalhadores nas indústrias de construção, mobiliário e montagem industrial de São José dos Campos. A cláusula trata a greve "como um delito, e não como um direito, considerando-a como falta grave e ainda passível de multa". Além disso, segunda a cláusula, o Sindicato dos Trabalhadores comprometia-se, por si e por terceiros, a não realizar reivindicações econômicas, nem greves. Para a Relatora do Processo, Ministra Kátia Arruda, "a greve é direito, e não poderia haver negativa desse direito através de acordo ou convenção coletiva [...] sob pena de a intenção do legislador constituinte perder o real sentido, que é o de proteger os interesses da coletividade e proporcionar o bem-estar social".[284]

Agora, ainda que a greve seja considerada um direito social fundamental, é preciso elucidar que o seu exercício não é absoluto, devendo desencadear-se a partir de uma circunstância própria que o justifique, estando o grevista obrigado a atender às necessidades inadiáveis da comunidade, sujeitando-se às penas da lei quanto aos abusos cometidos.

No que se refere à circunstância que legitima o seu exercício, vale frisar que a greve, no plano jurídico, deve estimular a negociação coletiva, principalmente, segundo o que diz o artigo 3º da Lei 7.783/89, cujo con-

---

trabalhadores, participantes do movimento ou em geral, são legítimas e devem ser respaldadas pelo princípio da liberdade associativa (ou sindical)". Ver: DORNELLES DE DORNELLES. A greve no Brasil e no Direito Internacional (OIT): uma abordagem comparativa. *Revista Justiça do Trabalho* n. 296, p. 38, 2008.

[284] TST, RODC – 833/2008-000-15-00.4. Data de Julgamento: 08/06/2009. Relatora Ministra Kátia Arruda, SDC.

teúdo determina que "frustrada a negociação ou verificada a impossibilidade de recurso via arbitral, é facultada a cessação coletiva do trabalho". Portanto, conclui-se que a greve é um direito de natureza fundamental, que visa, em uma perspectiva mais ampla, à exequibilidade de outro direito dos trabalhadores, representado pela negociação coletiva.

2.1.3. A greve nos serviços ou nas atividades essenciais

Nos termos da definição de Alfredo Ruprecht, "a greve é um fenômeno típico de nossa época, uma consequência de desequilíbrios econômicos e de seus déficits de Justiça. Principia a ser um fato cada vez mais frequente e perturbador, depois de duas revoluções: a política e a industrial".[285] Certamente, uma Constituição que discrimine os direitos individuais dos trabalhadores, por natureza, tende a enfraquecer o espaço da luta política e, ao mesmo tempo, a estimular a luta jurídica, pois todos os direitos estão lá, e, em tese, o Poder Judiciário está devidamente instrumentalizado para concretizá-los mediante a correta provocação.

Aliás, é o que se tem observado nas ações judiciais que buscam a proteção dos direitos identificados com o mínimo existencial, como saúde e educação, pois as normas programáticas do passado são agora consideradas direitos subjetivos de acesso imediato. Dito de outro modo, progressivamente, o Poder Judiciário tem assumido um papel de protagonista na definição dos direitos prioritários ou das políticas públicas que não podem ser negligenciadas. Insiste-se: uma Constituição Analítica, naturalmente, tende a aprofundar os espaços de luta jurídica, pois os direitos já estão todos assegurados no Texto Constitucional.

Sendo assim, a greve é uma manifestação de exceção, pois os trabalhadores mobilizam-se para a luta política, protegem-na – se necessário, no ambiente jurídico –, porém tentam afirmar os seus direitos ou reconstruí-los no espaço da Política. Nesse caso, a tensão se estabelece entre o Poder Executivo, o Poder Legislativo e os trabalhadores, com a mediação – entretanto, com relativa distância – do Poder Judiciário. A judicialização desses conflitos, a desistência da luta política, o enfraquecimento do instituto da greve e a diminuição desse direito modificarão os protagonistas nas inevitáveis disputas que se estabelecem para afirmar a força da própria Constituição.

O poder constituinte originário, no artigo 175 da Constituição da República, atribuiu ao Estado, ou seja, à Administração Pública em sentido formal (ou subjetivo), a responsabilidade de prestar serviço público,

---

[285] RUPRECHT, Alfredo J. *Relações coletivas de Trabalho*. Trad. de Edilson Alkmin Cunha. São Paulo: LTr, 1995, p. 713.

o que pode ocorrer na forma direta (por seus órgãos, por seus entes e por suas entidades administrativas) ou indireta (por particulares em regime de colaboração), no último caso, as concessionárias e permissionárias.

A prestação direta de serviço público pressupõe as atuações da Administração Direta e dos seus órgãos públicos, pertencentes, em sua maioria, a um dos três Poderes, além das entidades da Administração Indireta (ou descentralizada), ou seja, as autarquias, as fundações, as associações públicas, as empresas públicas e sociedades de economia mista, que, por sua natureza, são responsáveis pela titularidade, pela execução do que pode ser considerado serviço público. Em realidade, no Brasil, o que pode ser classificado como serviço público depende menos do objeto, da atividade desempenhada, pois o dado principal é identificar o regime jurídico e os legitimados para o efetivo exercício. Sendo assim, nos termos do artigo 175 da Constituição Federal, além do Poder Público, da Administração Pública em sentido formal, o serviço público também envolve pessoas jurídicas de Direito Privado, quais sejam, as concessionárias e as permissionárias.[286]

A forma indireta, por sua vez, corresponde ao processo de descentralização por delegação (ou colaboração), que confere às concessionárias e às permissionárias, entidades privadas com finalidade lucrativa, a competência para executar um conjunto de tarefas que também estão abrangidas pelo conceito de serviço público. Em outros termos, é incumbência do Estado prestar serviço público, o que pode ser delegado aos particulares, com a assinatura de contratos de concessão ou de permissão, sempre depois de licitação.

Como já se disse, no Brasil, o que pode ser considerado serviço público decorre menos da própria atividade, mas sim, e principalmente, a partir de quem a está desempenhando, e, naturalmente, o regime jurídico orientador. O ensino, por exemplo, quando oferecido por autarquia, como uma Universidade Pública Federal, é prestação típica de serviço público. Igual desempenho, por uma Universidade Privada, não merece

---

[286] Sobre o tema, manifesta-se Aloísio Zimmer Junior: "[...] a concessão é um exemplo de contrato administrativo que tanto pode envolver a prestação exclusiva de serviço público quanto a prestação de serviços públicos precedida de execução de obra pública (Lei 8.987/95, artigo 2º, I e II). A construção de uma estrada ou o seu melhoramento, e a posterior ou concomitante cobrança de pedágio representa um exemplo de contrato de concessão que pressupõe a execução de uma obra. A permissão, por sua vez, não envolve realização anterior ou concomitante de obra pública, visto que compreende apenas a prestação do serviço público – e, com contestação, o exemplo é o transporte coletivo urbano (CF, art. 30)". ZIMMER JR., 2009, op. cit, p. 339-340. Na verdade, o contrato de permissão, por envolver, tão-somente, a prestação de serviço público pode mesmo ser utilizado para a delegação da responsabilidade de prestar o serviço público de transporte coletivo. Todavia, o caráter precário desse vínculo, que é revogável a qualquer tempo, nos termos do artigo 40 da Lei 8.789/95, empresta instabilidade que não é adequada para esse tipo de contratação.

essa classificação, pois não estará sendo executado pelo Estado, nem mesmo por particulares, a saber, as concessionárias ou permissionárias.

A Constituição de 1988, no artigo 209, considera o ensino livre à iniciativa privada, desde que se obtenha uma autorização, o que, como já se disse, não se enquadra na terminologia utilizada no artigo 175, da Constituição Federal, nem mesmo na Lei Geral dos Serviços Públicos (Lei n. 8.987/95, art. 2º), ou na Lei que regulamenta as parcerias entre o Poder Público e a iniciativa privada (Lei n. 11.079/04, art. 2º), que, no caso, consideram apenas os contratos de concessão (na forma de concessão comum, patrocinada ou administrativa) ou permissão. Sendo assim, o desempenho das autorizatárias não pode ser considerado serviço público, mas sim atividade de interesse público relevante, o que justifica, inclusive, a necessidade de uma delegação do Poder Público, isto é, a autorização.

Desta maneira, conclui-se que o conceito de serviço público é mais restrito do que a noção de serviço essencial, utilizada na Lei n. 7.783/89, pois o que envolve parte da produção de energia elétrica (Lei n. 9.074/95, arts. 7º e 8º), a assistência médica e hospitalar por entidades privadas, a distribuição e a comercialização de medicamentos e de alimentos e a compensação bancária, para exemplificar, tudo isso é indispensável na perspectiva da comunidade, porém não são, a rigor, circunstâncias abrangidas pela expressão *serviço público*.

De qualquer forma, a Lei n. 7.783/89 é, de fato, referência para os empregados privados e também para os agentes públicos, porque se estabelece uma dimensão de prestação mínima, e necessária, mesmo diante de movimentos que podem ser considerados legítimos, nos termos dos artigos 11 e 12 da referida Lei, quando relacionadas com as atividades abrangidas pelos conceitos de serviço público e de atividade essencial. A respeito disso, o Supremo Tribunal Federal, no Mandado de Injunção n. 712, e, principalmente, o Ministro Gilmar Mendes, sugerem que a omissão legislativa decorrente do artigo 37, inciso VII, da Constituição da República, possa ser suprida pelo próprio Tribunal, a partir da utilização da Lei n. 7.783/89. Da mesma forma, empregados privados e servidores públicos, celetistas ou estatutários têm uma obrigação permanente de garantir, por diferentes fundamentos, a continuidade da prestação dos seus serviços (ou atividades essenciais).

Essa era uma posição já manifestada no Mandado de Injunção n. 631, pelo Ministro Carlos Velloso. Deve ser protegido o serviço público em suas diversas competências e possibilidades e, ao mesmo tempo, o catálogo de serviços essenciais, preservando-se os elementos comuns, os pontos de encontro entre os dois conceitos. Contudo, ao mesmo tempo, deve dar-se importância ao que pode ser diferente, na combinação entre os vetores serviço público e atividade essencial, já que, em realidade, a soma dos dois elementos aponta a existência de uma espécie de mínimo indispensável ou mínimo existencial, núcleo intangível de direitos que o Estado e os seus delegados devem propiciar à população.[287]

Verificou-se que existem limitações à greve, impostas em razão da preservação e do cultivo do interesse coletivo, e que, pelo contexto, parecem mesmo necessárias. Essas limitações, no entanto, não se embaraçam com as ressalvas ao exercício do direito, que dizem com as condições e com os requisitos para a sua realização.[288] Em realidade, tem-se aqui um encontro de necessidade, uma colisão de interesses que a legislação precisa harmonizar, porque direitos de igual valor parecem entrar em conflito; por isso, tem-se a necessidade de uma indispensável ponderação, que deve ser mediada, de preferência, pela lei. Realmente, estão do mesmo lado os trabalhadores e a população, pertencem ao mesmo estamento – neste sentido, os direitos de ambos são também garantias de todos.

Não se pode diminuir o direito de greve, nem desproteger os demais cidadãos, quando necessitam das atuações positivas do Estado. São direitos em colisão, harmonizados no seu limite, conformados no caso concreto, pois toda a greve precisa ser do tamanho das necessidades dos trabalhadores, porém não pode ser mais do que as necessidades das populações mais carentes, as mais diretamente atingidas pelos movimentos paredistas.

Deste modo, a violação às limitações previstas na legislação, que devem ser estas dimensionadas para o caso concreto, gera a ilegalidade da greve, ou, ainda, quando visualizados os abusos, implicando a sujeição dos infratores às penalidades legais.

Estas são as primeiras conclusões retiradas a partir de uma análise da teoria do instituto de greve. Além disso, imprescindível memorar que se falou em limitações ao seu exercício, sendo importante, portanto, discorrer acerca dessas variáveis que podem culminar em sua ilegalidade ou em sua abusividade.

Reconstruindo-se o argumento, pelo Direito Positivo, o parágrafo único do artigo 7º da Lei n. 7.783/89 afirma que "é vedada a rescisão de contrato de trabalho durante a greve, bem como a contratação de trabalhadores substitutos, exceto na ocorrência das hipóteses previstas nos artigos 9º e 14". O artigo 9º refere que:

---

[287] STF, RE 439.966, INF 410.

[288] IRIGOYEN PEDUZZI, Maria Cristina. A greve nos serviços essenciais e nos serviços inadiáveis. In: FRANCO FILHO, Georgenor de Souza (coord.). *Curso de Direito Coletivo do Trabalho*: estudos em homenagem ao Ministro Orlando Teixeira da Costa. São Paulo: LTr, 1998, p. 484.

durante a greve, o sindicato, mediante acordo com a entidade patronal ou diretamente com o empregador, manterá em atividade equipes de empregados com o propósito de assegurar os serviços cuja paralisação resulte em prejuízo irreparável, pela deterioração irreversível de bens, máquinas e equipamentos, bem como a manutenção daqueles essenciais à retomada das atividades da empresa quando da cessação do movimento.

E, no seu parágrafo único, destaca que, se não houver acordo, o empregador está autorizado a contratar diretamente os serviços necessários a que se refere o artigo, enquanto perdurar o movimento paredista.

Na sequência, o artigo 10 da Lei de Greve arrola quais são as atividades ou os serviços essenciais.[289] Já o artigo 11 garante que os sindicatos, os empregadores e os trabalhadores ficam obrigados de comum acordo a garantir durante a greve a prestação dos serviços indispensáveis ao atendimento das necessidades inadiáveis da comunidade. Ainda, o parágrafo único do citado dispositivo caracteriza as necessidades inadiáveis da comunidade como aquelas que, se não atendidas, colocam em perigo iminente a sobrevivência, a saúde ou a segurança da população. O artigo 12 da legislação impõe que, em caso de inobservância dos preceitos inseridos no artigo anterior, o Poder Público deverá assegurar a prestação dos respectivos serviços indispensáveis, além do artigo 14 que atribuiu abusividade à greve que inobservar as regras contidas no ordenamento, ou que for mantida mesmo após a celebração de acordos, de convenções ou de decisões provenientes da Justiça do Trabalho.

Desta maneira, não resta dúvida de que importa a compreensão entre o que sejam as atividades essenciais e as necessidades inadiáveis, sendo esta última noção uma das grandes inovações arroladas pela legislação a respeito do direito de greve. Sobre o assunto, Arion Sayão Romita discorre sobre o avanço da legislação em conformidade com o que autoriza a Constituição Federal de 1988:

> Autoriza a greve nas atividades essenciais, mas não consente a paralisação total dos serviços. As necessidades inadiáveis da comunidade devem ser atendidas: os chamados serviços mínimos devem continuar a ser prestados, de acordo com as disposições da legislação ordinária, ou pelos próprios grevistas ou por iniciativa da autoridade pública. Eis aí uma visão moderna e consentânea com os fatos. Muito mais eficaz é esta normatividade do que a pura e simples proibição da greve. E mais: se há proibição e esta é ignorada, o prejuízo

---

[289] Lei n. 7.783/89, art. 10: São considerados serviços ou atividades essenciais:

I) tratamento e abastecimento de água, produção e distribuição de energia elétrica, gás e combustíveis; II) assistência médica e hospitalar; III) distribuição e comercialização de medicamentos e alimentos; IV) funerários; V) transporte coletivo; VI) captação e tratamento de esgoto e lixo; VII) telecomunicações; VIII) guarda, uso e controle de substâncias radioativas, equipamentos e materiais nucleares; IX) processamento de dados ligados a serviços essenciais; X) controle de tráfego aéreo; XI) compensação bancária.

para a comunidade é irrecuperável, já que não há meio legal de garantir execução dos serviços mínimos.[290]

A Lei de Greve faz menção aos chamados desempenhos essenciais e inadiáveis; pelo que se pode constatar, ambos podem ser prestados pelo Poder Público ou pela iniciativa privada. Alfredo Ruprecht, neste contexto, considera:

> Quer se trate de um serviço público atendido pelo Estado ou por particulares, sua paralisação afeta serviços essenciais, imprescindíveis à comunidade ou a um grande segmento dela, cujo cumprimento deve ser bem assegurado. O interesse da comunidade é nitidamente superior ao dos grevistas e se pode dizer com todo fundamento que mais do que uma questão jurídica é de interdependência social, de viver em comunidade e até de bom senso.[291]

No tocante à efetivação do movimento paredista, determina-se, como já se ressaltou, que se obedeçam às necessidades inadiáveis da coletividade, vedando-se a paralisação total das atividades laborais.[292] Nesse caso, é possível reconhecer como necessidade inadiável a prestação de serviço público em sentido estrito (CF, art. 175) e suas manifestações; ainda, o catálogo de atividades essenciais discriminadas pela Lei n. 7.783/89, em especial, no artigo 10. Nesse caso, significa todos os que puderem ser considerados de suma importância para a coletividade, porquanto atingem diretamente a saúde, a liberdade ou a vida da população, mesmo que possuindo natureza jurídica diversa. Igual argumento é utilizado pelo Superior Tribunal da Justiça para justificar a impossibilidade da interrupção do serviço de energia elétrica do Poder Público, quando isso afetar unidades provedoras de necessidades inadiáveis da comunidade, até mesmo em razão da cláusula de solidariedade prevista na Constituição Federal, artigo 3º, inciso I.[293]

A Lei n. 8.987/95, no artigo 6º, § 3º, considera não ferir o princípio da continuidade, mediante prévio aviso, e comprovado o inadimplemento do usuário, interromper a prestação do serviço considerado o interesse

---

[290] ROMITA, 1997, op. cit., p. 121.

[291] RUPRECHT, 1995, op. cit., p. 752.

[292] Importa citar o verbete de n. 394, editado pelo Comitê de Liberdade Sindical da OIT, cujo conteúdo dispõe que: "O direito de greve só pode ser objeto de restrições, inclusive proibição, na função pública, sendo funcionários públicos aqueles que atuam como órgãos de poder público, ou nos serviços essenciais no sentido estrito do termo, isto é, aqueles serviços cuja interrupção possa pôr em perigo a vida, a segurança ou a saúde da pessoa, no todo ou em parte da população". O Comitê não enfatizou como essenciais a Casa da Moeda, a imprensa do Estado, os monopólios estatais de álcool, o sal e o tabaco e desqualificou dessa condição os trabalhos portuários, os serviços de reparação de aeronaves, os serviços de transporte, bancos, atividades agrícolas, metalurgia, ensino, estabelecimentos de petróleo, abastecimento e distribuição de produtos alimentícios. Denominou como essenciais os serviços de abastecimento de água e eletricidade, telefônicos, prestados pelo setor hospitalar e os controladores de tráfego aéreo. Ver: IRIGOYEN PEDUZZI, 1998, op. cit., p. 490-491.

[293] STJ, Resp 460.271 e Resp 845.593.

da coletividade. Parece evidente que esse conceito jurídico indeterminado preserva, na exceção, o serviço público, mesmo quando não ocorrer o pagamento. As circunstâncias do caso, ou seja, a demonstração da essencialidade do serviço, podem impedir o corte da luz para o usuário-Estado e para o usuário-particular, pois o que é mesmo essencial, por óbvio, é indispensável – por isso, são direitos que não podem ser negligenciados ou minimizados, mesmo diante do conflito com outros direitos igualmente relevantes.[294]

É importante observar que a Lei n. 7.783/89, em seu artigo 13, determina que, em caso de greve em serviços ou em atividades essenciais, ficam as entidades sindicais ou os empregados, conforme o caso, a comunicar a decisão aos empregadores e aos usuários com antecedência mínima de 72 (setenta e duas) horas da paralisação. Portanto, é indubitável que as atividades essenciais configuram-se como aqueles serviços cuja paralisação é capaz de gerar danos irremediáveis à população. A Lei não proíbe a greve nessas atividades, todavia reconhece que, em caso de interrupção, é plenamente justificável a manutenção dos serviços. Isto porque as atividades essenciais fundamentam-se "na necessidade coletiva de continuidade desses serviços, que necessita ser permanentemente atendida, não podendo ceder a interesses de grupos de trabalhadores, por mais legítimos que sejam".[295] Entretanto, repita-se, não está vedado que os trabalhadores exerçam o seu direito, ainda mais se for a única forma de se evitar injustiças praticadas pelos empregadores.

2.1.4. A greve e o Ministério Público do Trabalho

Ao se empregar a expressão *Ministério Público*, denotam-se dois sentidos: um, genérico; outro, restrito. No primeiro caso, vincula-se à ideia de exercício da função pública. Por sua vez, em seu sentido mais restrito, "a expressão *ministere public* passou a ser usada nos provimentos legislativos do século XVIII, ora se referindo a funções próprias do ofício, ora a um magistrado específico, incumbido do poder-dever de exercitá-lo".[296]

A denominação *Ministério Público* passou a ser utilizada, no Brasil, em maio de 1847, no artigo 18 do Regimento das Relações do Império. No que concerne à análise constitucional acerca do tema, é importante salientar que a Carta Política de 1934 desvinculou o Ministério Público do Poder Judiciário, inserindo-o no Capítulo reservado aos "órgãos de

---

[294] STJ, Resp 684.442.
[295] IRIGOYEN PEDUZZI, 1998, op. cit., p. 501.
[296] BEZERRA LEITE, 2006, op. cit., p. 32.

cooperação nas atividades governamentais",[297] fixando temas como a sua organização federal e estadual, a nomeação do Procurador-Geral da República, concurso público, estabilidade e outros.

De outro lado, o órgão sofreu revés com a Constituição de 1937, visto que perdeu o seu caráter de órgão autônomo de cooperação, dedicando alguns institutos para a chefia do Ministério Público Federal, "exercida pelo Procurador-Geral da República, mediante livre nomeação e exoneração pelo Presidente da República".[298]

Com base na Carta de 1946, mais uma vez, o Ministério Público alcança o *status* constitucional, tornando-se órgão autônomo, sem vinculação ao Poder Legislativo, Executivo e Judiciário. Volta-se a reconhecer aos seus membros o direito à estabilidade, bem como a nomeação do Procurador-Geral da República que depende de aprovação do Senado Federal.[299]

No que diz respeito à Constituição de 1967, o Ministério Público passa a integrar o Capítulo destinado ao Poder Judiciário, sendo este elemento alterado com a Emenda de 1969, que o reposicionou no Capítulo referente ao Poder Executivo. Em termos de legislação infraconstitucional, verifica-se que o Código de Processo Penal, em vigência a partir de 1941, atribuiu ao referido Ministério o poder de requisitar inquéritos policiais, passando a ser o titular da chamada ação penal. O Código de Processo Civil designou que o citado Ministério é considerado *custos legis*, ou seja, fiscal da lei.[300]

Por sua vez, a Lei n. 1.341/51 institui o chamado Ministério Público da União, sendo integrados pelos Ministérios Públicos Federal, do Trabalho, Eleitoral e Militar. Além disso, a Lei Complementar n. 40/81 criou garantias, atribuições e proibições aos membros do MP; em contrapartida, e a Lei da Ação Civil Pública, de 1985, nomeou o referido Ministério como titular na defesa dos interesses difusos no que tange ao meio ambiente, ao consumidor, dentre outros.

A Carta Magna de 1988 foi a responsável pelo maior crescimento do *Parquet*, já que lhe conferiu independência, autonomia e ativa atuação na busca dos direitos humanos e coletivos. Passa, pois, a ser considerado órgão desvinculado do Poder Executivo, Legislativo e Judiciário, possuidor de características específicas, com essencial atenção à promoção da Justiça.[301]

---

[297] Ibid., p. 37.
[298] Artigo 99 da CF/37.
[299] BEZERRA LEITE, 2006, op. cit., p. 38.
[300] Artigo 499 do CPC.
[301] CF/88, artigos 127 a 130.

Nos termos do artigo 127 da CF/88, o Ministério Público "é uma instituição permanente, essencial à função jurisdicional do Estado, incumbindo-lhe a defesa da ordem jurídica, do regime democrático e dos interesses sociais e individuais indisponíveis". Não se pode afirmar que o *Parquet* é um Quarto Poder, mas tão somente um órgão do Estado, "de natureza constitucional, a serviço da sociedade e do interesse público".[302]

Celso Ribeiro Bastos caracteriza o Ministério Público:

> O Ministério Público tem a sua razão de ser na necessidade de ativar o Poder Judiciário, em pontos em que este remanesceria inerte porque o interesse agredido não diz respeito a pessoas determinadas, mas a toda coletividade. Mesmo com relação aos indivíduos, é notório o fato de que a ordem jurídica, por vezes, lhe confere direitos sobre os quais não podem dispor. Surge daí a clara necessidade de um órgão que zele tanto pelos interesses da coletividade quanto pelos dos indivíduos, estes apenas quando indisponíveis. Trata-se, portanto, de instituição voltada ao patrocínio desinteressado de interesses públicos, assim como de privados, quando merecem especial tratamento do ordenamento jurídico.[303]

Além disso, o artigo 128, § 5°, da Constituição, assevera que lei complementar estabelecerá a organização, as atribuições e o estatuto do Ministério Público. Com isso, nasce a Lei Complementar n. 75/93, destinada, por exemplo, ao Ministério Público da União.

O artigo 128 da Carta, em seus incisos I e II, arrola a organização do Ministério Público em dois "grupos": o primeiro, ligado ao Ministério Público da União, compreendido pelo Ministério Público Federal, o Ministério Público do Trabalho, o Ministério Público Militar e o Ministério Público do Distrito Federal e Territórios e o segundo, englobando os Ministérios Públicos dos Estados. Importante lembrar que, for força da Emenda Constitucional n. 45/2004, surgiu o Conselho Nacional do Ministério Público, com atribuições de controle administrativo e financeiro, aproximando o *Parquet* e a sociedade.

Frise-se que o presente estudo tem por objetivo a análise, tão somente, do Ministério Público do Trabalho. Em poucas palavras, é o ramo do *Parquet* que atua, diretamente, nas causas de competência da Justiça do Trabalho. Os artigos 83 a 115 da Lei Complementar n. 75/1993 dispõem acerca do MPT. Em uma breve exposição, a lei aduz que o Chefe do Ministério Público do Trabalho é o Procurador-Geral do Trabalho, nomeado pelo Procurador-Geral da República, dentre membros da Instituição, com mais de trinta e cinco anos de idade e com mais de cinco anos na carreira, que compõem a lista tríplice escolhida pelo Colegiado de Procuradores,

---

[302] BEZERRA LEITE, 2006, op. cit., p. 41.

[303] BASTOS, Celso Ribeiro. *Curso de Direito Constitucional*. 18. ed. São Paulo: Saraiva, 1997, p. 412.

para exercer um mandato de dois anos, autorizada uma recondução, mediante o mesmo processo.[304]

Analisando-se a História do Ministério Público do Trabalho, cumpre observar que, desde o ano de 1939, por meio do Decreto-lei n. 1.237, a Procuradoria do Trabalho responde pelas seguintes funções: encaminhar reclamação trabalhista às Juntas de Conciliação e Julgamento, ajuizar dissídio coletivo em caso de greve, emitir parecer em sessão, após o relatório e sustentação oral, nos casos de dissídios coletivos, recorrer das decisões proferidas em dissídio coletivo contrárias às empresas de serviço público, dentre outras.[305]

A Consolidação das Leis do Trabalho, de 1º de maio de 1943, dedicou o seu Título IX ao Ministério Público do Trabalho, legislando em seu artigo 736 ser "constituído por agentes diretos do Poder Executivo, tendo por função zelar pela exata observância da Constituição Federal, das leis e demais atos emanados dos poderes públicos, na esfera de suas atribuições". Verifica-se, no entanto, que, a partir da Constituição Federal de 1988, não houve recepção deste artigo, porque o Ministério Público não pertence a quaisquer dos três Poderes. Valentim Carrion justifica a não recepção da seguinte forma:

> O Ministério Público é instituição incumbida da defesa da ordem jurídica, do regime democrático e dos interesses sociais e individuais indisponíveis, como que a Constituição. A independência que a Carta Magna lhe concedeu leva a considerar superada a expressão que qualificou seus membros como "agentes diretos do Poder Executivo.[306]

Com a Constituição Federal, hoje em vigência, o MPT compõe forte papel no exercício de proteção à sociedade. Isto porque, com a ideia do "quinto constitucional", o Ministério Público do Trabalho passa a compor tanto o Tribunal Superior do Trabalho, nos termos do artigo 111-A, bem como os Tribunais Regionais do Trabalho, segundo o artigo 115, I.

Além disso, outra grande questão foi levantada, a partir da Emenda Constitucional n. 45/2004, no que diz respeito aos dissídios coletivos envolvendo a greve em atividade essencial, nos termos do § 3º do artigo 114 da CF/88,[307] ponto este a ser oportunamente debatido.

Como já se disse, o Ministério Público do Trabalho é órgão vinculado ao Ministério Público da União, motivo pelo qual goza de todas as

---

[304] Lei Complementar n. 75/1993, artigos 87/88.

[305] BEZERRA LEITE, 2006, op. cit., p. 109.

[306] CARRION, Valentim. *Comentários à Consolidação das Leis do Trabalho*. 34. ed. São Paulo: Saraiva, 2009, p. 566.

[307] CF/88, artigo 114, § 3º: Em caso de greve em atividade essencial, com possibilidade de lesão do interesse público, o Ministério Público do Trabalho poderá ajuizar dissídio coletivo, competindo à Justiça do Trabalho decidir o conflito.

garantias, prerrogativas e vedações previstas no ordenamento constitucional e nas legislações esparsas.

A Lei Complementar n. 75/93, lida em conjunto com os artigos 127 a 129 da Carta Política, permite que se fixem as alçadas judiciais do Ministério Público do Trabalho. O artigo 83 da Lei Complementar, exemplificativamente, destaca que são deveres dos Procuradores promover as ações que lhe sejam atribuídas pela CF e pelas leis trabalhistas; promover ação civil pública no âmbito da Justiça do Trabalho para a defesa dos interesses coletivos, quando desrespeitados os direitos sociais constitucionalmente garantidos; propor ações cabíveis para declaração de nulidade de cláusula de contrato, de acordo coletivo ou de convenção coletiva que viole as liberdades individuais ou coletivas ou os direitos individuais indispensáveis dos trabalhadores; propor as ações necessárias à defesa dos direitos e dos interesses dos menores, incapazes e índios, decorrentes das relações de trabalho; instaurar instâncias em caso de greve, quando a defesa da ordem jurídica ou o interesse público assim o exigirem.

Dentre outras atribuições, também importa referir, nos termos do artigo citado acima, que o Ministério Público do Trabalho deve promover ou participar da instrução e da conciliação em dissídios decorrentes de paralisação de serviços de qualquer natureza, oficiando obrigatoriamente nos processos, manifestando a sua concordância ou a sua discordância, em eventuais acordos firmados antes da homologação, resguardado o direito de recorrer em caso de violação à lei e à Constituição Federal.

Não é demais referir que o Ministério Público do Trabalho pode atuar como parte ou como fiscal da lei (*custos legis*). Na primeira circunstância, a atuação mais forte do *Parquet* se dá na ação civil pública, na ação civil coletiva, nas ações anulatórias e nos dissídios coletivos em caso de greve em atividade essencial. Já, no que diz respeito à sua atuação como fiscal da lei, poder-se-iam elencar os casos em que se manifesta em qualquer fase do Processo Trabalhista, acolhendo solicitação do juiz ou por sua iniciativa, quando entender existente interesse público que justifique a intervenção, ou quando promove, ou quando participa da instrução e da conciliação em dissídios decorrentes da paralisação de serviços de qualquer natureza, dentre outras.[308]

Cândido Rangel Dinamarco destaca que "ser fiscal da lei ou ser parte são conceitos ligados à causa legitimadora do Ministério Público. Estando no processo, ele é sempre parte, qualquer que seja a situação e se

---

[308] O artigo 83, nos incisos II, IV, VII, IX e XII, da Lei Complementar n. 75/93 arrolam as participações do MPT nos processos como *custos legis*.

importar qual a específica condição assumida em cada caso".[309] E, neste sentido, concorda Carlos Henrique Bezerra Leite, pois afirma que a atuação do Ministério Público é de cunho constitucional, na defesa do regime democrático, da ordem jurídica e dos interesses sociais e individuais indisponíveis, além do meio ambiente, do patrimônio público e de outros interesses difusos e coletivos no âmbito laboral.[310] Neste contexto, segue jurisprudência do Tribunal Regional do Trabalho da IV Região:

> AÇÃO CIVIL PÚBLICA. DANO MORAL COLETIVO. CARACTERIZAÇÃO. VALOR ARBITRADO. O respeito ao patrimônio moral de uma coletividade é direito fundamental, cuja violação, nos termos do art. 5º, incisos V e X, da Constituição Federal, assegura o direito à reparação. Hipótese na qual restou configurado o dano moral coletivo apto a ensejar a indenização pertinente que, todavia, deve ser elevada. Nega-se provimento ao apelo dos réus e dá-se provimento ao recurso do autor. [...] A Lei Complementar n. 75/93 conferiu ao Ministério Público do Trabalho legitimidade para o ajuizamento de ação civil pública. Dispõe, em seu art. 83, inciso III, *in verbis*: *Compete ao Ministério Público do Trabalho o exercício das seguintes atribuições junto aos órgãos da Justiça do Trabalho.*
>
> III – *promover a ação civil pública no âmbito da Justiça do Trabalho, para defesa de interesses coletivos, quando desrespeitados os direitos sociais constitucionalmente garantidos* (grifo nosso).
>
> Por sua vez, o art. 129, inciso III, da Constituição Federal, estabelece, como função institucional do Ministério Público, a promoção de ação civil pública *para a proteção do patrimônio público e social, do meio ambiente e de outros interesses difusos e coletivos* (grifo nosso). Observe-se que aquele texto se refere exclusivamente aos *interesses coletivos*, enquanto este distingue os *difusos* dos *coletivos*, sem, contudo, afastar a defesa dos últimos como atribuição do Ministério Público. *E tanto os direitos difusos, quanto os coletivos, são transindividuais, de natureza indivisível, divergindo apenas quanto aos titulares do direito posto em juízo. Enquanto na tutela dos interesses difusos são titulares pessoas indeterminadas e ligadas por circunstâncias de fato, os interesses coletivos são adstritos a um conjunto de pessoas ligadas entre si ou com a parte contrária por uma relação jurídica.* (grifo nosso)
>
> Não há justificativa legal, portanto, para se ter pela ilegitimidade ativa do Ministério Público do Trabalho, porquanto pretende, com a presente ação, coibir procedimento genérico, lesivo à coletividade de empregados, não se tratando de proteção de interesses individuais.
>
> Sublinha-se que a existência ou não do dano coletivo acarreta a procedência ou improcedência da ação, e não a carência de ação por ilegitimidade ativa do Ministério Público do Trabalho. (Processo: 02050-2007-403-04-00-6 RO. Data do Julgamento: 25/03/2009, Relatora Vanda Krindges Marques, 7ª Turma, Data da Publicação: 02/04/2009).

A título exemplificativo, importa referir o artigo 92 do Código de Defesa do Consumidor, cujo conteúdo dispõe que, nos casos de ação coletiva para a defesa de interesses metaindividuais, "o MP, se não ajuizar a ação, atuará sempre como fiscal da lei", bem como o artigo 5º, § 3º, da Lei da Ação Civil Pública, o qual preceitua que "em caso de desistência

---

[309] DINAMARCO, Cândido Rangel. *Fundamentos do Processo Civil moderno*. 3. ed. São Paulo: Malheiros, 2000, p. 1153.

[310] BEZERRA LEITE, 2006, op. cit., p.134.

infundada ou abandono da ação por associação legitimada, o Ministério Público ou outro legitimado assumirá a titularidade ativa".

Além das atuações como parte ou como fiscal da lei, existe a possibilidade de atuação extrajudicial do Ministério Público. Tal atribuição vem designada no artigo 84 da LC n. 75/93, que arrola, dentre outras, a possibilidade de instauração de inquérito civil e de outros procedimentos administrativos, sempre que cabíveis, para assegurar a observância dos direitos sociais dos trabalhadores, a requisição à autoridade administrativa federal competente, dos órgãos de proteção ao trabalho, a instauração de procedimentos administrativos, podendo acompanhá-los e produzir provas, etc.

Diante dos elementos gerais acerca da figura do Ministério Público do Trabalho, é imperioso abordar a sua atuação nos casos de greve, porquanto a Constituição Federal, no artigo 114, § 3º, atribuiu ao referido Ministério a promoção da ação coletiva – neste caso, o dissídio coletivo de greve, junto à Justiça do Trabalho, quando a paralisação envolver atividade essencial, com possibilidade de lesão do interesse público. Questiona-se, afinal de contas, qual foi o objetivo do legislador constituinte derivado. Em outras palavras, restringir àquele Ministério a possibilidade de suscitar dissídio coletivo em caso de greve em atividade essencial? Ou a atuação do aludido Ministério é que está adstrita aos dissídios coletivos de greve?

Sabe-se que a legitimação do Ministério Público do Trabalho para suscitar dissídios coletivos de greve já tinha previsão legal no artigo 856 da CLT.[311] Carlos Henrique Bezerra Leite, no entanto, entende que parte do artigo 856 não foi recepcionada pela Carta Política – quando permite aos Presidentes dos Tribunais a iniciativa de instauração de instância –, que "somente faculta ao sindicato a legitimação *ad causam* da ação coletiva em estudo".[312] Deste modo, nos dissídios coletivos de greve, teriam legitimidade ativa os sindicatos patronais ou empresas, e atualmente, também, os sindicatos profissionais, porquanto o Tribunal Superior do Trabalho, em 26 de abril de 2010, cancelou a Orientação Jurisprudencial n. 12 da SDC, cujo conteúdo definia que o sindicato profissional era parte ilegítima *ad causam* para requerer judicialmente a qualificação legal do movimento que ele próprio fomentou.

---

[311] CLT, artigo 856: A instância será instaurada mediante representação escrita ao Presidente do Tribunal. Poderá ser também instaurada por iniciativa do Presidente, ou, ainda, a requerimento da Procuradoria da Justiça do Trabalho, sempre que houver a suspensão do trabalho.

[312] BEZERRA LEITE, 2006, op. cit., p. 341.

Na verdade, no ano de 2007, o Ministro João Oreste Dalazen já se manifestava no sentido contrário à OJ, à época vigente, conforme se verifica em trecho do acórdão prolatado no RODC-20072/2005-000-02-00.5:

> Resta examinar a legitimidade ativa *ad causam* do Sindicato profissional Suscitante para pleitear a declaração de não abusividade da greve por ele deflagrada. A Constituição Federal, art. 114, § 2º, na sistemática anterior à promulgação da EC nº 45/2004, *não* limitava a legitimação a qualquer das partes para a instauração da instância. De outro lado, a Lei nº 7.783/89 (art. 8º) atribuiu ao MPT e a *qualquer das partes* legitimidade para suscitar dissídio coletivo em caso de greve, independentemente de ser em atividade essencial ou não. A bem de ver, não há por que, em boa hermenêutica, restringir onde a norma não o faz. Ademais, o art. 857 da CLT, que trata genericamente da legitimação para instaurar a instância em dissídio coletivo, não é restritivo com relação a qualquer dos sindicatos.
> [...] *Data maxima venia*, tenho por superada a Orientação Jurisprudencial nº 12 da SDC. A exigência não está na lei. *Na espécie* [...] não há por que se negar legitimidade ativa ao sindicato profissional que desencadeia o movimento, para instaurar dissídio coletivo de greve, inclusive para pleitear a declaração de não-abusividade. Imperativa tal conclusão, seja em face de disposição expressa da Lei de Greve (art. 8º da Lei nº 7783/89), que assegura a "qualquer das partes" iniciativa do dissídio, seja em face da necessidade de equacionar-se a responsabilidade pelo pagamento dos salários dos dias de paralisação (art. 7º). Ademais, o art. 8º inciso III da CF/88 garante ao sindicato a defesa judicial dos "interesses coletivos", indistintamente. Nítida a motivação para a realização de greve, retirar a legitimidade do sindicato profissional significaria, em derradeira análise, a premiação das Empresas Suscitadas. Afinal, seria uma quimera aguardar que as Empresas ajuizassem dissídio coletivo requerendo a declaração de abusividade da greve, pois o provimento não lhes seria desfavorável. A Eg. Seção de Dissídios Coletivos, contudo, em recente deliberação entendeu por manter a Orientação Jurisprudencial nº 12/SDC, daí por que resulta decretar a ilegitimidade ativa *ad causam* no tocante ao pleito de declaração de não abusividade da greve. *Ressalvo meu entendimento, pois.*

Deve-se ressaltar também que, quanto a esta ação coletiva, o sindicato é parte legítima, não figurando como mero substituto processual, já que "os integrantes da categoria, individualmente considerados, não têm legitimidade para a ação dissidial coletiva".[313]

Contudo, no que concerne ao MPT, a própria Lei n. 7.783/89 fez menção expressa, em seu artigo 8º, acerca da legitimidade para ajuizar dissídio coletivo: "A Justiça do Trabalho, por iniciativa de qualquer das partes ou do Ministério Público do Trabalho, decidirá sobre a procedência, total ou parcial, ou improcedência das reivindicações, cumprindo ao Tribunal publicar, de imediato, o competente acórdão".

Mais adiante, em 1993, com a Lei Complementar n. 75, o artigo 83, conforme já citado, em seu inciso VIII, destacou que o MPT pode instaurar instância em caso de greve, quando a defesa da ordem jurídica ou interesse público assim o exigir.

---

[313] BEZERRA LEITE, 2006, op. cit., p. 342.

Quaisquer dessas normas não se antagonizavam com o que dispunha a original redação do § 2º do artigo 114 da Constituição de 1988. Isto porque o interesse do Ministério Público do Trabalho é social e público, não se vinculando, diretamente, à categoria adepta do movimento grevista. E esta interpretação também é decorrente do próprio ordenamento constitucional, no momento em que, no artigo 127, *caput*, destaca que o Ministério Público tem poderes para abrigar a ordem jurídica e os interesses sociais e individuais indisponíveis.

Sendo assim, mesmo antes da Emenda Constitucional n. 45/2004, o MPT já estava legitimado a suscitar dissídio coletivo de greve, nos casos de paralisação em atividades essenciais, colocando-se em risco a saúde, a segurança e a higiene da sociedade.

A grande questão, entretanto, envolve descobrir o que objetivou o legislador constituinte derivado ao explicitar, no § 3º do artigo 114 da CF/88, a capacidade postulatória do MPT nos dissídio coletivos de greve. Para a concepção de alguns doutrinadores, como o Ministro José Luciano de Castilho Pereira, "a Constituição regulou integralmente a legitimidade do MPT, no caso de greve. Ela ficou restrita à greve ocorrida em serviço essencial".[314] Justifica-se, ainda, que, se não fosse este o objetivo, o ordenamento constitucional ficaria omisso, nos termos do artigo 8º da Lei n. 7.783/89.

Com todo o respeito que a posição merece, entende-se diversamente disso. A interpretação do § 3º do artigo 114 da CF/88 deve ser feita, sistematicamente, levando-se em consideração o que dispõem também os artigos 127 e 129, IX, da Carta, pois os dispositivos constitucionais não são excludentes. E é imprescindível que se faça essa análise a partir do estudo dos princípios constitucionais. De fato, a elaboração de um catálogo de tópicos relevantes para a interpretação constitucional está relacionada com a viabilidade de se encontrar princípios tópicos auxiliares da tarefa interpretativa. Celso Ribeiro Bastos conota-os como postulados constitucionais:

> [...] essa série de elementos são realmente pressupostos do sistema constitucional, a serem devidamente preservados e respeitados pela interpretação, e que se passa a analisar sob essa designação genérica de *postulados* [grifo do autor]. A interpretação, portanto, deverá, para se considerar como atividade válida, respeitá-los no seu todo, não podendo proceder à escolha de um ou outro.[315]

Os princípios constitucionais, segundo Luís Roberto Barroso:

---

[314] CASTILHO PEREIRA, José Luciano de. A Reforma do Poder Judiciário – o dissídio coletivo e o direito de greve. In: COUTINHO, Grijalbo Fernandes; FAVA, Marcos Neves (coords.). *Justiça do Trabalho*: competência ampliada. São Paulo: LTr, 2005, p. 253.

[315] BASTOS, Celso Ribeiro. *Hermenêutica e interpretação constitucional*. São Paulo: Celso Bastos Editor, 1997, p. 100.

> (...) são o conjunto de normas que espelham a ideologia da Constituição, seus postulados básicos e seus fins. Dito de forma sumária, os princípios constitucionais são as normas eleitas pelo constituinte como fundamentos ou qualificações essenciais da ordem jurídica que institui.[316]

Os princípios de interpretação constitucional têm por objetivo viabilizar ao intérprete o entendimento e o significado das normas constitucionais, a partir de sete técnicas de interpretação constitucional, a saber, a unidade da Constituição, a concordância prática ou harmonização, a força normativa da Constituição, a conformidade funcional ou justeza, a máxima efetividade ou eficiência, o efeito integrador e, por último, a interpretação conforme a Constituição.

No presente trabalho, abordar-se-ão, tão somente, os princípios da unidade da Constituição e da concordância prática ou harmonização. No que diz respeito ao primeiro princípio, verifica-se que as normas constitucionais devem ser examinadas como um conjunto e não de maneira isolada, com intuito de se evitar contradições aparentes.

Obriga-se o intérprete a contemplar a Constituição em sua visão global, buscando-se deste modo a harmonização entre os espaços de tensão existentes entre as normas constitucionais a serem concretizadas.[317] Esta é a posição de Luis Roberto Barroso, para quem:

> O princípio da unidade da Constituição tem amplo curso na doutrina e na jurisprudência alemãs. Em julgado que Klaus Stern refere como primeira grande decisão do Tribunal Constitucional Federal, lavrou aquela Corte que "uma disposição constitucional não pode ser considerada de forma isolada nem pode ser interpretada exclusivamente a partir de si mesma. Ela está em uma conexão de sentido com os demais preceitos da Constituição, a qual representa uma unidade interna". Invocando tal acórdão, Konrad Hesse assinalou que a relação e interdependência existentes entre os distintos elementos da Constituição exigem que se tenha sempre em conta o conjunto em que se situa a norma. [...] Em decisão posterior, o Tribunal Constitucional Federal alemão voltou a remarcar o princípio, conferindo-lhe, inclusive, distinção especial e primazia: "o princípio mais importante de interpretação é o da unidade da Constituição enquanto unidade de um conjunto com sentido teleológico já que a essência da Constituição consiste em ser uma ordem unitária da vida política e social da comunidade estatal".[318]

Quando se interpreta a Constituição, o estudo sistêmico do Texto é cogente, a partir da supremacia constitucional na hierarquia da pirâmide jurídica. É imprescindível, portanto, que o intérprete procure as correlatas implicações tanto dos preceitos como dos princípios, até se chegar a uma vontade unitária do ordenamento constitucional. Com efeito, a ideia

---

[316] BARROSO, Luís Roberto. *Interpretação e aplicação da Constituição*: fundamentos de uma dogmática constitucional transformadora. São Paulo: Saraiva, 1999, p. 147

[317] GOMES CANOTINHO, José Joaquim. *Direito Constitucional*. 5. ed. Coimbra: Livraria Almedina, 1992, p. 232.

[318] BARROSO, 1999, op. cit., p. 182.

de unidade da ordem jurídica se irradia a partir da Constituição e sobre ela também se projeta. É precisamente por existir pluralidade de concepções que se torna indispensável a unidade na interpretação. Neste sentido, é dever do intérprete apaziguar as possíveis tensões e contradições existentes entre as normas.

No tocante ao princípio da concordância prática ou harmonização, idealizado por Konrad Hesse, incute-se que, na interpretação da Constituição, "os bens constitucionalmente protegidos, em caso de conflito ou concorrência, devem ser tratados de maneira que a afirmação de um não implique o sacrifício do outro, o que só se alcança na aplicação ou na prática do texto".[319]

O referido princípio é comumente utilizado para resolver problemas referentes à colisão de direitos fundamentais. De acordo com Ingo Wolfgang Sarlet:

> Em rigor, cuida-se de processo de ponderação no qual não se trata da atribuição de uma prevalência absoluta de um valor sobre outro, mas, sim, na tentativa de aplicação simultânea e compatibilizada de normas, ainda que no caso concreto se torne necessária a atenuação de uma delas.[320]

Este princípio consiste em uma espécie de diretriz: ao se deparar com uma concorrência de bens constitucionalmente protegidos, o operador legitima a solução que possibilita a realização de todos estes, porém, ao mesmo tempo, não acarrete a negação de qualquer um deles. Humberto Ávila comenta:

> Neste contexto, também aparece a concordância prática como a finalidade que deve direcionar a ponderação: o dever de realização máxima de valores que se imbricam. Esse postulado surge da coexistência de valores que apontam total ou parcialmente para sentidos contrários. Daí se falar em dever de harmonizar os valores de modo que eles sejam protegidos ao máximo. Como existe uma relação de tensão entre os princípios e as regras constitucionais, especialmente entre aqueles que protegem os cidadãos e aqueles que atribuem poderes ao Estado, deve ser buscado um equilíbrio entre eles.[321]

Sendo assim, por meio do princípio da concordância, é inafastável o dever de harmonização entre as normas ou entre os valores do texto constitucional. Bem mais do que proporcionar a máxima efetividade possível, tal princípio vincula-se, diretamente, ao princípio da unidade, à medida que não se toleram contradições constitucionais. Assim explica Celso Ribeiro Bastos:

---

[319] HESSE, Konrad. *A força normativa da Constituição*. Trad. de Gilmar Ferreira Mendes. Porto Alegre: Sergio Antonio Fabris Editor, 1991, p. 22.

[320] SARLET, Ingo Wolfgang. Valor de alçada e limitação do acesso ao duplo grau de jurisdição. *Revista da AJURIS*, Porto Alegre, n. 66, p. 121, 1996.

[321] ÁVILA, Humberto. *Teoria dos princípios*. 6. ed. São Paulo: Malheiros, 2006, p. 133.

O postulado da harmonização impõe que a um princípio ou regra constitucional não se deva atribuir um significado tal que resulte ser contraditório com outros princípios ou regras pertencentes à Constituição. Também não se lhe deve atribuir um significado tal que reste incoerente com os demais princípios ou regras.[322]

José Joaquim Gomes Canotilho preceitua que:

> [...] o princípio da concordância prática impõe a coordenação e combinação dos bens jurídicos em conflito ou em concorrência de forma a evitar o sacrifício (total) de uns em relação aos outros. O campo de eleição do princípio da concordância prática tem sido até agora o dos direitos fundamentais (colisão entre direitos fundamentais ou entre direitos fundamentais e bens jurídicos constitucionalmente protegidos). Subjacente a este princípio está a idéia do igual valor dos bens constitucionais [...].[323]

A partir destes entendimentos destacados, é correto aduzir que, por inexistir hierarquização entre os bens constitucionalmente protegidos, vedados estarão os sacrifícios de uns para com os outros, sendo relevante uma ponderação recíproca, a fim de se alcançar a sua concordância prática e harmônica.

No caso da polêmica acerca das atribuições do Ministério Público do Trabalho, é indiscutível que se faz necessária a concordância prática entre duas regras inseridas na Constituição Federal. Por esta razão, entende-se que não merece prosperar a posição que defende ter havido restrição à atuação do MPT apenas nos dissídios coletivos de greve em atividade essencial. E impressiona o fato de que aqueles que são favoráveis à tese da adstrição conotam a expressão *apenas* no Texto Constitucional, quando o legislador sequer cunhou a palavra no § 3º.[324] Isso porque são inúmeras as hipóteses de atuação do órgão ministerial, sempre buscando a tutela dos interesses coletivos e difusos, com enfoque, inclusive, "no combate aos atos antissindicais ou violadores dos direitos e garantias fundamentais".[325] Assim também entende Carlos Henrique Bezerra Leite:

> [...] poderão surgir situações dramáticas decorrentes de greves em atividades, de *lege data*, não consideradas essenciais, mas que esteja presente o interesse público primário a justificar o ajuizamento do DC de greve pelo MPT. É o que pode ocorrer, por exemplo, em greves em atividades não essenciais que coloquem em risco a incolumidade física, moral ou psíquica de trabalhadores adolescentes de uma determinada empresa.[326]

Além da polêmica acerca da limitação da atuação ministerial aos dissídios coletivos de greve em atividades essenciais, tão somente, outro

---

[322] BASTOS, 1997, op. cit., p. 106-107.

[323] GOMES CANOTILHO, 1992, op. cit., p. 234.

[324] Este é o entendimento, por exemplo, de Wagner Giglio. Ver: GIGLIO; VELTRI CORRÊA, 2007, op. cit., p. 418.

[325] LOPES, Otavio Brito. A Emenda Constitucional n. 45 e o Ministério Público do Trabalho. In: COUTINHO, Grijalbo Fernandes; FAVA, Marcos Neves (coords.). *Justiça do Trabalho*: competência ampliada. São Paulo: Ltr, 2005, p. 380.

[326] BEZERRA LEITE, 2006, op. cit., p. 344.

debate, também, acalenta os operadores do Direito. A dúvida, supostamente, deixada pelo legislador constituinte derivado gira em torno do saber se apenas o MPT pode ajuizar dissídio coletivo de greve nas atividades elencadas no artigo 10 da Lei n. 7.783/89, estando, deste modo, revogado o artigo 8º da referida Lei. E, novamente, duas correntes se apresentam para elucidar o caso.

A primeira, defendida por autores, como, por exemplo, Otavio Brito Lopes, assevera que o MPT é o único legitimado para, "isoladamente, pleitear uma solução pelos órgãos jurisdicionais para pôr fim ao conflito".[327] Para estes doutrinadores, não se admite o ajuizamento do dissídio coletivo de greve em atividade essencial pelos atores sociais. Convergindo com esse ideal, pode-se observar o posicionamento de Luiz Alberto Vargas e Ricardo Carvalho Fraga, para quem a intervenção do MPT apenas ocorre nos casos de greve em atividade essencial e com lesão ao interesse público. Além disso, alegam que o inciso VIII do artigo 83 da Lei Complementar n. 75/93 deve ser interpretado conforme a Constituição, portanto "fica revogado parcialmente o artigo 8º da Lei n. 7.783/89, que previa a possibilidade das partes também ingressarem com dissídio coletivo em caso de greve".[328]

Todavia, não parece ser essa a interpretação mais correta. Com todo o respeito que a argumentação merece, novamente, deve ser feita uma interpretação sistemática das normas que compõem o corpo jurídico. O primeiro elemento é que o legislador constituinte derivado expressa, claramente, no § 3º do artigo 114 da CF/88, que o MPT "poderá ajuizar dissídio coletivo", sendo plenamente compreensível o porquê dessa previsão – conforme já foi discorrido anteriormente, devido aos artigos 127 e 129 do ordenamento constitucional.

E, exatamente, com base no termo *poderá*, é que se verifica como é correto o entendimento de que a titularidade para ajuizamento do dissídio coletivo, no caso previsto pela Carta Política, acaba por ser concorrente com o disposto no artigo 8º da Lei de Greve. Em outras palavras, se o Ministério Público do Trabalho ficar inerte, nada impede, por exemplo, que os atores sociais ajam.[329]

Apenas como curiosidade, alguns estudiosos chegaram ao ponto de interpretar a norma insculpida no § 3º do artigo 114 da Carta da seguinte

---

[327] LOPES, 2005, op. cit., p. 379.

[328] VARGAS, Luiz Alberto; FRAGA, Ricardo Carvalho. Relações coletivas e sindicais – novas competências após a EC n. 45. In: ARAÚJO, Francisco Rossal (coord.). *Jurisdição e competência da Justiça do Trabalho*. São Paulo: LTr, 2006, p. 170.

[329] São defensores desta ideia José Eduardo Duarte Saad, José Luciano de Castilho Pereira, Carlos Henrique Bezerra Leite, dentre outros.

forma: a intenção do legislador constituinte derivado foi permitir o dissídio coletivo de greve apenas para as atividades essenciais, ou seja, caso uma empresa não exerça quaisquer das atividades elencadas no artigo 10 da Lei 7.783/89, àquela não está garantida a respectiva ação. Aqui se discorda, pois, incisivamente desta posição. O artigo 114, II, da CF/88, pós--Emenda n. 45/2004, autoriza a Justiça do Trabalho a processar e a julgar "as ações que envolvam o exercício do direito de greve". Sem sombra de dúvida, não se visualiza qualquer ponderação no respectivo inciso. Resta visível que a esfera laboral tem atribuição para julgar as pretensões decorrentes do movimento paredista. Sobre isso, é acertada a observação de Arnaldo Süssekind:

> Afigura-se-nos ser este o procedimento faculdade a qualquer das partes envolvidas no conflito coletivo, quando o prosseguimento da greve estiver lesando ou ameaçando violar o legítimo direito da categoria representada. Até porque seria desarrazoado que a Carta Magna se limitasse a proteger o interesse público no suporte fático da greve e deixasse sem solução a lesão de interesse privado, muitas vezes com repercussão na comunidade, ferindo, portanto interesses públicos.[330]

Além disso, o próprio inciso II também justifica o porquê do equivocado entendimento da corrente que defende ser o MPT o único legitimado a suscitar Dissídio Coletivo em caso de greve em atividade essencial. Não é possível deixar de lado a possibilidade de ajuizamento da ação nos moldes da lei ordinária regulamentadora da matéria, no caso de paralisação parcial ou total de empresas que exerçam ou não atividades essenciais.

Sendo assim, parece ser mais correta, com base nos princípios de interpretação constitucional discorridos anteriormente, a compreensão doutrinária no sentido de reconhecer todas as possibilidades legitimadas tanto na Constituição Federal quanto na legislação infraconstitucional de ajuizamento dos dissídios coletivos de greve. O legislador constituinte derivado, ao arrolar, no § 3º do artigo 114, a competência do MPT, em momento algum, quis atribuir-lhe exclusividade, haja vista a redação pontual utilizar o termo *poderá* e não *deverá*. Todos os cidadãos são solidariamente responsáveis pela garantia da supremacia do interesse público e coletivo – seria, pois, um retrocesso limitar o exercício de ação nesta constante busca.

2.1.5. O *lock out*

A Língua Portuguesa recepcionou, com facilidade, o termo *greve*, o que não ocorreu, facilmente, com a expressão *lock out*. Não existe um

---
[330] SÜSSEKIND, 2005, op. cit., p. 29.

exato equivalente no idioma pátrio; entretanto, a partir de uma livre tradução, pode-se dizer que se trata do fechamento da empresa, a fim de impedir a atividade profissional.

Conforme narra Mozart Victor Russomano, "essa *parede patrona* [grifo do autor], de origem recente, foi usada, pela primeira vez, como instrumento de pressão, no final do século XIX, mais precisamente em 1890, contra os trabalhadores portuários de Hamburgo, logo após os festejos tradicionais de 1º de maio".[331]

O *lock out* caracteriza-se como a paralisação provisória das atividades da empresa, estabelecimento ou setor, por iniciativa patronal, com intuito de pressionar os trabalhadores, malogrando a negociação coletiva ou criando dificuldades para atender o que é reivindicado pela classe operária.[332]

Para que se tipifique o *lock out*, é necessária a presença de quatro elementos combinados: a paralisação empresarial; a vontade do empregador; o tempo de paralisação; as finalidades da paralisação. Isso pode englobar a empresa, um setor específico ou determinado estabelecimento. Além disso, efetivamente, deve decorrer de ato de vontade unilateral do empregador, sob pena de descaracterizar a interrupção nas atividades.[333] Igualmente, o movimento deve ser temporário, em regra, lembrando-se de que não seria absurdo imaginar uma falsa paralisação definitiva, como forma de pressionar, ainda mais, a categoria profissional, haja vista que a finalidade precípua do *lock out* é enfraquecer ou frustrar as exigências dos trabalhadores e a própria negociação coletiva.[334] A Recomendação n. 92 da Organização Internacional do Trabalho permite o *lock out* nos termos de seus artigos 4º e 6º.[335]

---

[331] RUSSOMANO, 1998, op. cit., p. 253.

[332] Artigo 17 da Lei n. 7.883/89: "Fica vedada a paralisação das atividades, por iniciativa do empregador, com o objetivo de frustrar negociação coletiva ou dificultar o atendimento de reivindicações dos respectivos empregados".

[333] Maurício Godinho Delgado faz interessante observação, neste sentido: "Não se confunde, por exemplo, com o fechamento da empresa por falência (art. 449 da CLT) ou em virtude de *factum principis* (art. 486 da CLT). Nestes casos, a paralisação tende a ser definitiva (embora não necessariamente) – o que a distancia, regra geral do locaute. Porém, mais importante do que isso, a paralisação deriva de causa própria, muito diversa daquela inerente ao locaute: ela não é, em síntese, atada ao intuito malicioso do empregador se provocar pressão arrefecedora de reivindicações operárias". Ver: DELGADO, 2008b, op. cit., p. 167.

[334] DELGADO, 2008b, op. cit., p. 166.

[335] 4. *If a dispute has been submitted to conciliation procedure with the consent of all the parties concerned, the latter should be encouraged to abstain from strikes and lockouts while conciliation is in progress...* 6. *If a dispute has been submitted to arbitration for final settlement with the consent of all parties concerned, the latter should be encouraged to abstain from strikes and lockouts while the arbitration is in progress and to accept the arbitration award.* Disponível em: <http://www.ilo.org/ilolex/cgi-lex/convde.pl?R092>. Acesso em: 11 jun. 2009.

A Lei n. 7.783/89 veda a prática do *lock out* no Brasil, ficando assegurados os salários dos empregados,[336] caso o empregador venha a assumir tal postura. Embora alguns digam que o *lock out* representa a greve dos empresários, é sabido que as terminologias não se confundem. Há, em verdade, algumas intimidades e semelhanças, eis que, como ocorre na greve, o *lock out* gera a cessação transitória da atividade econômica, além ter caráter geral (categoria) ou apenas parcial (empresa). Além disso, o objetivo está ligado, diretamente, à consecução de novas condições de serviço, por meio da coação exercida contra os trabalhadores.[337]

Contudo, as distinções apontadas são evidentes. O primeiro ponto certeiro de diferenciação entre os institutos está na legitimação para provocar o movimento. No caso da greve, obrigatoriamente, a reação deve ser coletiva, enquanto que, no *lock out*, a iniciativa poderá ser individual, destinada a todos os empregados ou apenas a um grupo determinado na estrutura empresarial.

Além disso, sob o ponto de vista político-sociológico, é relevante frisar que o trabalhador, ao buscar o movimento grevista, abandona o seu posto de trabalho, visando à tutela e à conquista de interesses que não são meramente individuais, mas sim coletivos, abrindo mão do seu próprio sustento. Já, no viés empresarial, o *lock out* representa um fechamento precário, apenas com preocupação econômica, a ser compensada "pelas vantagens que constituem o objetivo do seu comportamento",[338] privando-se o empresário de momentânea lucratividade.

A linha de raciocínio é objetiva: na greve, o empregado recusa-se a trabalhar, no período de insatisfação; já, no *lock out*, o empregador inibe o trabalhador de exercer as suas funções. Por esta razão, é que a maioria das legislações admite o exercício do direito de greve, porém veda o *lock out*, até porque, admiti-lo, significaria ir de encontro a todos os princípios de Direito de Trabalho, que garantem uma proteção ao trabalhador, parte hipossuficiente na relação jurídica de emprego.

---

[336] O respectivo período de afastamento do trabalhador será considerado como interrupção do contrato de trabalho, de modo que todas as parcelas salariais deverão ser adimplidas pelo empregador no período do *lock out*.

[337] RUSSOMANO, 1998, op. cit., p. 253. O referido autor aponta outras semelhanças: "O fim do *lock out*, como o fim da greve, sendo o mesmo, dá-lhe traço mais característico. Define-o. De modo a não se poder confundir, na prática, o *lock out* – desencadeado para manter ou revisar condições de trabalho – com outras interrupções da atividade empresarial, ditadas por motivo de força maior (crise econômica, falta de energia elétrica, escassez de matéria-prima), nas quais não se vislumbra entre o instituto patronal e as condições de trabalho. [...] A greve e o *lock out* se assemelham, também, em outro ponto fundamental: ambos constituem atitude *voluntária e transitória* [grifo do autor]. No fundo das intenções em conflito, perdura, sempre, o desejo de retornar à normalidade da execução do trabalho". Ibid., p. 254. Alguns autores denominam ambos os fenômenos de reações coletivas. Ver: BARASSI, Lodovico. *Tratado de Derecho del Trabajo*. Buenos Aires: Alfa, 1953.

[338] RUSSOMANO, 1998, op. cit., p. 255.

Embora se afirme que o *lock out* seria um movimento muito mais de ataque ao Poder Público, objetivando vantagens e benefícios, é inquestionável que um terceiro acaba sofrendo os prejuízos advindos desta insatisfação. No entanto, como explica Maurício Godinho Delgado:

> É que este mecanismo de autotutela empresarial é considerado uma maximização de poder, um instrumento desmensurado, desproporcional a uma razoável defesa dos interesses empresariais. Afinal, os empregadores já têm a seu favor, cotidianamente, inúmeras prerrogativas de caráter coletivo asseguradas pela ordem jurídica (poder empregatício, poder resilitário contratual, etc.), o que os coloca, do ponto de vista de potência e pressão, em perspectiva de franca vantagem perante os empregados. Além disso, eles contam, ainda, com poderoso instrumento de pressão ofertado pelo próprio mercado de trabalho, com sua concorrência acirrada e crises de emprego e de empregabilidade. Por tudo isso, o locaute é considerado um instrumento de autotutela de interesses empresariais socialmente injusto.[339]

Sem sombra de dúvida, o exercício do *lock out* não é proibido apenas porque a Lei de Greve assim o determina. Em uma análise cuidadosa de todos os institutos que permeiam os direitos sociais, dir-se-ia que o "movimento paredista patronal" é ilícito e injusto – sob a ótica da dignidade da pessoa humana, da igualdade, do valor social do trabalho, da solidariedade, etc., além de o *lock out* chocar-se, frontalmente, com a própria ordem econômica do país, nos termos do artigo 170 da Carta Política. Admitir-se-ia, inclusive, hipótese de falta grave do empregador, inserida no artigo 483, *d*, da CLT – descumprimento das obrigações contratuais –, legitimando os empregados a requererem a rescisão indireta dos contratos de trabalho.

Deste modo, não resta dúvida de que o suposto movimento empresarial deve ser evitado e reprimido pelos sistemas legais, principalmente sob a ótica social, a fim de se evitar um colapso e um aumento desmedido do desemprego nesta sociedade globalizada. E, de fato, se os empregadores incidirem nessa conduta, a Justiça do Trabalho é quem será competente para a apreciação da lide.

2.1.6. O exercício do direito de greve e a EC 45/2004

De acordo com o que já se demonstrou até o presente momento, importa analisar a disposição inserta no inciso II do artigo 114 da Constituição Federal, em virtude da Emenda Constitucional n. 45/2004. Explicou-se que o direito de greve passou a ser direito plenamente assegurado aos trabalhadores, independentemente da atividade, seja essencial ou não, em razão do que aduz os artigos 9º e 37, VII, ambos da Carta Política.

---

[339] DELGADO, 2008b, op. cit., p. 168.

A Lei n. 7.783/89 é a responsável por regulamentar o pleno exercício do direito de greve, autorizado pelo ordenamento, porém, observando-se a paralisação nas atividades privadas. Neste contexto, cabe destacar o procedimento de greve, que encontra respaldo nos artigos 3°, 4°, 5° e 13 da referida Lei.

A OJ n. 11 da SDC do TST[340] discorre acerca da importância da negociação prévia e pacífica de solução do conflito antes de deflagrar o movimento grevista, sob pena de ser considerado abusivo. Caso verificada a impossibilidade de negociação coletiva ou a inviabilidade da esfera arbitral, poderá admitir-se a cessação coletiva do trabalho. No entanto, o sindicato patronal ou os empregadores atingidos por esta paralisação deverão ser notificados, com antecedência mínima de 48 horas, da cessação. Portanto, verifica-se que está vedada a greve surpresa. O empregador tem o direito de saber, antecipadamente, que as atividades laborais serão paralisadas. Justifica-se a necessidade de "aviso prévio", haja vista, e porque não assim referir, a função social da empresa, que tem os seus compromissos a serem desempenhados, necessitando de tempo para tomar as providências cabíveis.

Quanto aos aspectos formais do movimento paredista, cumpre salientar que a entidade sindical preverá os requisitos de convocação e o quórum para a deliberação, em caso de deflagração da greve e de cessação das atividades. Em caso de inexistência de entidade sindical, a assembleia será realizada entre os trabalhadores adeptos ao movimento, cujo foco é constituir comissões para representá-los, até mesmo na Justiça do Trabalho.

Em se tratando de greve em atividade essencial, ficam as entidades sindicais ou os trabalhadores obrigados a comunicar a decisão aos empregadores e aos usuários com antecedência mínima de 72 horas da paralisação. Desta maneira, qualquer inobservância dos preceitos contidos na Lei n. 7.783/89 constituiu abuso do direito de greve. Além disso, o artigo 14 determina que também se configura o abuso do movimento, quando, mesmo após a celebração de acordo coletivo ou de convenção coletiva ou de decisão da Justiça do Trabalho, permanecer a cessação da atividade, ressalvados os casos de descumprimento de cláusulas ou de condições instituídas ou motivados pela "superveniência de fato novo ou acontecimento imprevisto que modifique substancialmente a relação de

---

[340] SDC-TST. OJ n. 11: Greve. Imprescindibilidade de tentativa direta e pacífica da solução do conflito. Etapa negocial prévia. É abusiva a greve levada a efeito sem que as partes hajam tentado, direta e pacificamente, solucionar o conflito que lhe constitui o objeto.

trabalho".[341] Esse é, pois, o entendimento adotado pelo Tribunal Superior do Trabalho:

> RECURSO ORDINÁRIO. GREVE NA VIGÊNCIA DE ACORDO COLETIVO DE TRABALHO. ABUSIVIDADE DA PARALISAÇÃO.
> Constitui abuso do direito de greve a paralisação da prestação pessoal de serviços ao empregador na vigência de Acordo Coletivo de Trabalho, quando o movimento não tem por objetivo o cumprimento de cláusula ou condição, nem é motivado pela superveniência de fato novo ou acontecimento imprevisto que modifique substancialmente a relação de trabalho, conforme a interpretação do disposto nos arts. 3º e 14 da Lei n. 7.783/1989. A discussão em torno da validade formal do instrumento coletivo, não-registrado pela Delegacia Regional do Trabalho, porque não-anexada cópia autenticada da ata da assembléia, não invalida o conteúdo da negociação coletiva, mormente se o Sindicato da categoria profissional não argúi o descumprimento de quaisquer das cláusulas acordadas, nem ajuizou ação própria à desconstituição do ajuste, preferindo o recurso extremo à greve, a pretexto de que a categoria não aceitara os termos do acordo coletivo vigente.
> Recurso ordinário a que se nega provimento. (TST-RODC-390/2004-000-05-00.2. Data de Julgamento: 10/11/2008. Relator Ministro Walmir Oliveira da Costa, SDC. Data de Publicação: 13/02/2009).

No que diz respeito aos aspectos processuais, ao ser deflagrado o movimento grevista, é facultado o ajuizamento do dissídio coletivo, com intuito principal de conciliação ou de declaração de legalidade acerca da paralisação.[342] Visualiza-se, após o ajuizamento do dissídio, a pronta marcação de audiência na tentativa de conciliar os empregados grevistas e empregadores, havendo a participação do Ministério Público do Trabalho, caso não seja ele o autor da ação.

Em caso de conciliação exitosa, o acordo será homologado pela Seção de Dissídios Coletivos ou pelo Tribunal Pleno, se não existir a seção especializada. O Regimento Interno do Tribunal Superior do Trabalho, em seu artigo 223, dispõe que o acordo homologado em dissídio coletivo, abrangendo totalidade ou parte das pretensões, tem força de decisão irrecorrível para as partes – critério, este, que, aliás, é adotado pelos Tribunais Regionais do Trabalho. Caso não produza êxito a conciliação entre as partes, a ação será submetida a julgamento pela seção especializada ou pelo Pleno, manifestando-se acerca da legalidade, da legitimidade, da abusividade da greve. Os trabalhadores adeptos ao movimento, também, podem requerer o acolhimento de reivindicações, que municiaram a greve. Nessa situação, não se falaria apenas em efeitos declaratórios mas também econômicos, uma vez que o Tribunal fixaria as condições de trabalho, no exercício do poder normativo da Justiça do Trabalho.[343]

---

[341] Lei n. 7.783/89, artigo 14, parágrafo único, II.

[342] Regimento Interno do Tribunal Superior do Trabalho, artigo 220, V.

[343] Exemplo dessa possibilidade de o Tribunal fixar condições encontra-se no caso da paralisação do TRENSURB, no Rio Grande do Sul. Depois de duas semanas do início da greve na linha que

Merece relevo um exemplo recente ocorrido no Estado de São Paulo, envolvendo mais precisamente a categoria dos metroviários em agosto de 2006. Foi suscitado dissídio coletivo de greve pela Companhia do Metropolitano de São Paulo.[344] Importa referir o caso concreto. Narra a Companhia suscitante que, em 10 de agosto de 2006, os empregados, representados pelo Sindicato dos Trabalhadores em Empresas de Transportes Metroviários de São Paulo, decidiram deflagrar greve de 24 horas, a partir da meia-noite do dia 15 de agosto de 2006, protestando contra a continuidade do processo de implementação da parceria público-privada, na Linha 04 do metrô de São Paulo. Como o transporte público é considerado atividade essencial nos termos do artigo 10 da Lei n. 7.783/89, a Companhia ajuizou medida cautelar inominada, com pedido de liminar, para que fossem mantidos os serviços, decidindo o TRT da 2ª Região pelo acolhimento da pretensão, ao ordenar que, nos horários de pico, os trabalhadores deveriam manter 100% da frota e, nos demais horários, pelo menos, 80%, sob pena de multa equivalente a R$ 100.000,00 em favor de entidades filantrópicas.[345]

Embora fosse pesada a liminar concedida, houve desrespeito à decisão do Tribunal, sendo paralisadas todas as atividades. A greve foi, efetivamente, deflagrada em 15 de agosto de 2006, em inobservância à ordem judicial, causando inúmeros transtornos à população e aos usuários dos serviços. Não restou dúvida de que a atitude do referido Sindicato foi

---

liga a capital à região metropolitana, iniciada em 02 de junho de 2009, – os trens circulavam apenas nos horários de pico, das 5h30min às 8h30min e das 17h30min às 20h30min –, os trabalhadores decidiram, no dia 16 de junho de 2009, em assembleia, suspender a greve até a votação, pelo Tribunal Regional do Trabalho da 4ª Região, das propostas apresentadas pela empresa e pelo sindicato da categoria (SINDIMETRO – Sindicato dos Trabalhadores em Empresas de Transportes Metroviários do Estado do Rio Grande do Sul). Primeiramente, houve um acordo parcial, que manteve as condições estabelecidas no acordo coletivo anterior, à exceção de quatro pontos: índice de reajuste salarial, adicional noturno, tempo de vigência do acordo e a cláusula que distingue trabalhadores novos e trabalhadores antigos. No dia 15 de junho de 2009, ocorrera audiência de conciliação e de instrução do dissídio coletivo de greve suscitado pelo Ministério Público do Trabalho (Processo n. 02314-2009-000-0400-1). Em 22 de junho de 2009, a Seção de Dissídios Coletivos do Tribunal Regional do Trabalho da 4ª Região acordou, por unanimidade, conceder reajuste salarial e abono, por arbitramento, aos integrantes da categoria profissional, a partir de 1º de maio de 2009, de 8,45%, a incidir sobre os salários praticados em 1º de maio de 2007. Por maioria, acordaram por indeferir quaisquer pretensões relativas ao pagamento do adicional noturno nesta ação e considerar prejudicada a cláusula que distinguia trabalhadores novos e trabalhadores antigos no que concerne à percepção do adicional noturno, visto que a diferença decorre de Resolução proveniente da Administração Pública Federal (Ministério do Planejamento e Orçamento). Quanto ao tempo de vigência, fixaram-no da presente decisão a partir de 1º de maio de 2009. O Relator foi o Desembargador Denis Molarinho e o acórdão foi publicado em 03 de julho de 2009. Foram opostos embargos de declaração contra esta decisão e, posteriormente, Recurso Ordinário em face da decisão. No dia 26 de outubro de 2010, publicou-se despacho homologando o pedido de desistência da ação formulado pelas partes.

[344] PROCESSO TRT/SP N. 20258.2006.00002005. Data de Julgamento: 01/03/2007. Relator Juiz Nelson Nazar, SDC, Data de Publicação: 02/04/2007.

[345] PROCESSO TRT/SP N. 20236.2006.00002005.

considerada abusiva, gerando, portanto, a declaração de abusividade do movimento paredista.

Designada audiência de conciliação e de instrução, o Sindicato suscitado juntou defesa, alegando, em síntese, que a greve não poderia ser considerada abusiva, eis que observou os ditames do artigo 9º da Constituição Federal. Além disso, diz ter recebido um fax com a ordem concedida na cautelar, no dia 14 de agosto de 2006, às 13 horas, e, às 19 horas, notificou todos os trabalhadores. A notícia, porém, alcançou, tão somente, mil empregados presentes na Assembleia, de um total de oito mil. Logo, não poderia ser o Sindicato responsabilizado por não conseguir avisar 100% dos trabalhadores, porque a informação da medida liminar chegou tardiamente. Alegou, ainda, a ilegitimidade ativa da Companhia, por tratar-se de ação de legitimidade exclusiva do Ministério Público do Trabalho, pois envolve greve em atividade essencial.

O Relator do Processo, Juiz Nelson Nazar, afastou a preliminar, sob o argumento de que a Carta Política não atribuiu, em momento algum, legitimidade exclusiva ao MPT para ajuizamento do dissídio coletivo em caso de greve em atividade essencial – trata-se, pois, de legitimidade concorrente. No mérito, entendeu "que a greve dos metroviários teve como única motivação a defesa de posição política, adotada pelo sindicato profissional, contrária à adoção de Parceria Público-Privada para a operação da Linha 04 do Metrô, tendo o próprio suscitado reconhecido isso em sua defesa".[346] Também, que a greve não pode servir como instrumento de manobras políticas para a defesa de posições ideológicas. Frisou que, se o Sindicato suscitado sentira-se prejudicado, deveria ter alertado ao juízo competente, não sendo viável reconhecer como legal um movimento deflagrado por "frágil motivo", em prejuízo à população como um todo. Como dispositivo, o Relator declarou a greve como abusiva, autorizando o desconto salarial pelo dia parado.

Por fim, quanto ao descumprimento da ordem emanada, em liminar, na medida cautelar preparatória, o Relator entendeu pela manutenção da multa imposta pela paralisação. A decisão do Relator foi acompanhada pelos demais membros da SDC. O Sindicato suscitado interpôs Recurso Ordinário para o TST, que se encontra pendente de julgamento.

---

[346] A grande polêmica envolveu processo licitatório para exploração da Linha 04 do metrô em regime de parceria público-privada. Supostamente, por uma série de irregularidades no edital, foi ajuizada ação popular pelo Presidente do Sindicato suscitado com a finalidade de suspender a licitação. Em liminar, o Juiz da 11ª Vara da Fazenda Pública de São Paulo/SP, indeferiu o pedido, decisão que foi reformada pelo Tribunal de Justiça, no julgamento de agravo de instrumento, para determinar o efeito suspensivo à abertura das propostas até o julgamento do agravo. No entanto, a Companhia desrespeitara a ordem, marcando data para abertura das propostas, o que teria motivado a insurgência do Sindicato dos Trabalhadores. (acórdão PROCESSO TRT/SP N. 20258200600002005).

Condizente com o que se discorreu anteriormente, e com base no Mandado de Injunção n. 670, julgado pelo Supremo Tribunal Federal, a Justiça do Trabalho não é competente para apreciar a greve dos servidores públicos estatutários, ainda que se lhes tenha reconhecido a aplicação da Lei n. 7.783/89. É o que se visualiza, por exemplo, na greve promovida pelos servidores do INSS, que está sendo analisada pelo Superior Tribunal de Justiça, conforme a notícia abaixo:

> O Ministro Og Fernandes, do Superior Tribunal de Justiça (STJ), concedeu a liminar requerida pelo Instituto Nacional do Seguro Social (INSS) para suspender a greve dos servidores marcada para começar nesta terça-feira (16). Se a greve for mantida, a Federação Nacional dos Sindicatos de Trabalhadores em Saúde, Previdência e Assistência Social (Fenasps) receberá multa diária de R$ 100 mil.
>
> Em análise imediata do pedido urgente, o Ministro Og Fernandes constatou que, a teor dos documentos fornecidos pela parte autora, a federação não teria cumprido os requisitos legais para a realização do movimento grevista. Consta nos autos cópia do ofício da Fenasps em que a entidade informa à Presidência do INSS a decisão de deflagrar, de imediato, estado de greve por tempo indeterminado, a partir de 16 de junho de 2009. Contudo, não há referências no ofício quanto à prévia existência de negociação frustrada, o que viola o disposto no artigo 3º da Lei n. 7.783/89 (Lei de Greve).
>
> Os servidores querem a redução da jornada de trabalho para 30 horas semanais sem redução da remuneração. Ao analisar o caso, o Ministro Og Fernandes acatou o argumento do INSS de que a redução da jornada com redução proporcional do salário estava prevista em acordo assinado pelo representante da Fenasps.[347]

Além da própria análise da legalidade ou não do movimento grevista, o disposto no inciso II do artigo 114 da Carta Política, após a Reforma do Poder Judiciário, autorizou uma interpretação mais ampla no que se refere à atração de novas ações para a competência material da Justiça do Trabalho.

E esse foi o ponto central da discussão entre doutrinadores e aplicadores do Direito, tão logo sobreveio a Emenda Constitucional n. 45/2004. Qual é a extensão da expressão "ações que envolvam o exercício do direito de greve"? Até então, o Tribunal Superior do Trabalho havia pacificado o posicionamento, por meio da Súmula n. 189, para dizer que "a Justiça do Trabalho é competente para declarar a abusividade, ou não, da greve". No entanto, não examinava as inferências civis decorrentes da paralisação referidas, por exemplo, no artigo 15 da Lei n. 7.783/89. Segundo os ensinamentos de Estêvão Mallet:

> Ações de responsabilização propostas por terceiros em face de dirigentes sindicais, grevistas ou entidades sindicais, em virtude de prejuízos causados pela paralisação ou por descumprimento da obrigação imposta pelo artigo 11 da Lei n. 7.783/89 – ações essas que não ofendem, por si só, a garantia de liberdade sindical, como já deixou claro o Comitê de

---
[347] STJ. Disponível em: <http://www.stj.gov.br>. Acesso em: 16 jun. 2009.

Liberdade Sindical da Organização Internacional do Trabalho – ficavam sujeitas à Justiça Comum, estadual ou federal, conforme o caso.[348]

Parece que o objetivo foi trazer para a esfera laboral ações possessórias, cujo intuito é a proteção da propriedade ou da posse em caso de movimento paredista, e acabar, supostamente, com a polêmica acerca de quais dos juízos seria competente para apreciar a demanda. Mais precisamente, refere-se o interdito proibitório, cuja previsão legal encontra respaldo nos artigos 932 e 933 do CPC. Sobre isso, João Oreste Dalazen explica:

> Como se sabe, a lei brasileira autoriza a defesa judicial da posse, fundamentalmente, mediante três ações: a ação de manutenção da posse, em caso de turbação; a ação de reintegração de posse, em caso de esbulho; e interdito proibitório, em caso de justo receio de violência iminente que possa molestar ou esbulhar a posse. Em qualquer dessas situações, se a turbação, o esbulho ou a violência iminente à posse deriva do exercício do direito de greve, a competência para equacionar a lide vem de ser deslocada da Justiça Estadual para a Justiça do Trabalho. [...] seria ilógico e inexplicável que à Justiça do Trabalho fosse dado conhecer e julgar o dissídio coletivo para pacificar a greve; que igualmente lhe fosse dado equacionar dissídios individuais para a caracterização de justa causa por excesso deste ou daquele empregado no movimento paredista e não se lhe reconhecesse competência para examinar um outro aspecto do mesmo fato social: a turbação, o esbulho ou a violência à posse do empregador em virtude da greve.[349]

É necessário observar que o interdito proibitório é a proteção preventiva da posse diante da ameaça de turbação ou de esbulho proposta pelo possuidor direto ou indireto, atemorizado de sofrer consequências decorrentes dos referidos atos. Como prevenção, ele busca uma ordem judicial, com a finalidade de proteger-se contra a violência iminente. No âmbito das relações de trabalho, os precursores em relação à discussão sobre a competência para o julgamento dessas ações foram os bancos, que vieram a sofrer greves por parte de seus empregados.

Inicialmente, o Superior Tribunal de Justiça, em inúmeros julgados, destacava que a ação de natureza possessória envolvia matéria de Direito Privado e não Trabalhista, ainda que decorrente da realização de greve. Isso porque a causa de pedir e o pedido do interdito proibitório não adentram indagações de cunho trabalhista, fixando-se a competência da Justiça Comum Estadual para processar e para julgar os feitos.[350]

Ocorre que essa posição vinha sendo contestada pelos órgãos trabalhistas bem como pelos estudiosos, eis que é ultrapassada frente à nova disposição constante no artigo 114, inciso II, da Constituição Federal. E o

---

[348] MALLET, 2005, op. cit., p. 76.

[349] DALAZEN, João Oreste. A Reforma do Judiciário e os novos marcos da competência material da Justiça do Trabalho no Brasil. *Revista LTr*, n. 3, v. 69, p. 274-275, mar. 2005a.

[350] STJ. AgRg no AI n. 190435; AgRg no CC 34050; CC 46577; CC 89300; CC 92507; AgRg no AI 801.134.

Supremo Tribunal Federal acabou sendo instado a manifestar-se acerca da controvérsia. A pacificação da altercação foi possível por causa do Recurso Extraordinário n. 579.648-5, de Minas Gerais, interposto pelo Sindicato dos Empregados em Estabelecimentos Bancários de Belo Horizonte e Região em face do HSBC S/A.

Em resumo, o Banco recorrido ajuizara ação de interdito proibitório, com pedido de liminar, contra o Sindicato na 1ª Vara Cível da Comarca de São José Del Rei, em outubro de 2005, porque sentira receio de sofrer turbações na posse dessas agências, em razão de movimento do sindicato, que além de paralisar as atividades, estaria bloqueando a passagem de quem pretendesse entrar nos estabelecimentos bancários. Em contestação, o Sindicato alegou, preliminarmente, a incompetência da Justiça Comum, que acabou sendo acolhida pelo magistrado *a quo*, declinando-se a competência para a Justiça do Trabalho, motivo pelo qual o Banco interpôs Agravo de Instrumento. O Relator do recurso, em despacho monocrático, cassou a decisão do Juiz da Vara. Houve interposição de agravo contra esse despacho monocrático, julgado então pela Décima Quarta Câmara Cível do Tribunal de Justiça de Minas Gerais. O resultado não foi outro, senão o de confirmação da competência da Justiça Comum Estadual, com base nos precedentes, anteriormente apresentados, do STJ.

Sendo assim, o Sindicato interpôs o Recurso Extraordinário, alegando a existência de repercussão geral, pela necessidade de se definir a competência para o julgamento dessas ações e, no mérito, a tese de violação absoluta ao disposto no inciso II do artigo 114 da Carta Política, ou mesmo ao inciso III, que ainda não foi objeto de análise, porque se trata de lide que envolve sindicato e empregador.

O Relator Originário, Ministro Menezes Direito, com respaldo nas decisões do STJ, ratificou o posicionamento de que, nos interditos proibitórios, o pedido e a causa de pedir não guardam ligação direta com a relação de emprego ou mesmo com o contrato de trabalho. Além do que, não se estaria discutindo o exercício do direito de greve, mas sim o receio de turbação da posse. Interessante, ainda, que o Ministro menciona haver diferença entre ações em que se discute o direito de greve pelo movimento grevista e ações que antecedem a própria greve – no caso da proteção do patrimônio contra qualquer violência praticada, por exemplo, por entidade sindical. O interdito é, tão somente, uma medida cautelar destinada a proteger a posse e a propriedade, independentemente da existência ou não de movimento paredista. E por esta razão, conheceu e negou provimento ao Recurso interposto.[351]

---

[351] STF. REXT n. 579.648/MG. Data de Julgamento: 10/09/2008. Relator Ministro Menezes Direito. Tribunal Pleno. Data de Publicação: 06/03/2009

Entretanto, os demais Ministros Julgadores não acompanharam o voto do Relator. A começar pela Ministra Carmen Lúcia Antunes Rocha, cujo voto discorreu que a lide versava acerca de um piquete, ato relativo ao exercício do direito de greve e, por esta razão, entendia que a competência, efetivamente, para apreciar o interdito proibitório é da Justiça do Trabalho. O Ministro Ricardo Lewandowski, reiterando julgamento anterior do próprio Supremo Tribunal Federal, no Agravo de Instrumento n. 598.457,[352] referiu a própria Lei de Greve, a qual, em seu artigo 6°, §§ 1° e 3°, dispõe, claramente, que os empregados e empregadores, em nenhuma hipótese, poderão violar ou constranger os direitos e as garantias fundamentais de outrem bem como que as manifestações e os atos de persuasão utilizados pelos grevistas não poderão impedir o acesso ao trabalho nem causar ameaça ou dano à propriedade ou pessoa. Por esta razão, convenceu de que quem tem a melhor aptidão para apreciar essas lides é a Justiça do Trabalho.

Os Ministros Eros Roberto Grau, Carlos Britto, Cezar Peluso,[353] Marco Aurélio e Gilmar Mendes, também, acompanharam a Ministra Carmen Lúcia, a fim de determinar que a Justiça do Trabalho é competente para apreciar ações possessórias que decorram do exercício do direito de greve. Esse julgamento fez com o que o próprio Superior Tribunal de Justiça alterasse a sua posição, como se verifica no julgamento do Agravo Regimental no Conflito de Competência n. 101.574/SP:

CONFLITO DE COMPETÊNCIA. GREVE. INTERDITO PROIBITÓRIO. AGÊNCIAS BANCÁRIAS. LIVRE FUNCIONAMENTO. ACESSO DE FUNCIONÁRIOS E CLIENTES. COMPETÊNCIA DA JUSTIÇA DO TRABALHO.

---

[352] STF. AI n. 598.457/SP. Data do Julgamento: 30/10/2006. Relator Ministro Sepúlveda Pertence. Decisão Monocrática. Data de Publicação: 10/11/2006. Esse agravo foi interposto contra decisão que inadmitiu Recurso Extraordinário, contra acórdão do Tribunal de Justiça do Estado de São Paulo que declarou a Justiça do Trabalho como competente para apreciar interdito proibitório ajuizado pelo Banco Itaú S/A em face do Sindicato dos Empregados em Estabelecimentos Bancários de Santos e Região, decorrente de campanha salarial que estaria turbando a posse das agências bancárias locais. O Ministro Relator, em decisão monocrática, desproveu o agravo sob o argumento de que a lide origina-se de relação de emprego, não importando a circunstância de fundar-se o pedido em regra do direito comum.

[353] O Ministro Cezar Peluso, de forma precisa, caracterizou: "[...] o remédio processual é absolutamente irrelevante para efeito de competência. O remédio processual é apenas meio jurídico de que se vale o interessado para, no caso concreto, tentar inibir o que lhe parece a conseqüência danosa ao exercício abusivo do direito de greve. Ele poderia ter escolhido outra demanda, mas preferiu o interdito proibitório, com caráter preventivo. Mas, se, por exemplo, tivesse, de algum modo, perdido a posse, podia ter-se valido de outra ação possessória, sem que a competência se alterasse em razão desse dado. Agora, é evidente, se há abuso teórico, nos termos em que a pretensão foi posta, tal abuso pode atingir qualquer espécie de direito e, pois, também a posse. Se, no caso, o bem jurídico sob ameaça de dano seria a posse, o fato de ter lançado mão do remédio possessório adequado para a tutela preventiva contra o abuso não descaracteriza o fato de que se trata de ação que versa sobre o direito de greve". STF. REXT n. 579.648-5, p. 1560-1561.

1. É da competência da Justiça do Trabalho o julgamento de interdito proibitório em que se busca garantir o livre acesso de funcionários e de clientes a agências bancárias sob o risco de serem interditadas em decorrência de movimento grevista. Precedente do STF.
2. Agravo regimental provido para declarar competente o JUÍZO DA 1ª VARA DO TRABALHO DE TABOÃO DA SERRA – SP, suscitante. (STJ. Segunda Seção. Data do Julgamento: 25/03/2009. Ministro Relator Fernando Gonçalves. Data de Publicação: 01/04/2009).

Por essa razão, em realidade, o mérito da Emenda Constitucional, no que diz respeito à greve, foi propagar a atribuição da Justiça Laboral de forma evidente e clara, para atuar em outras demandas, que não se limitam apenas à declaração de abusividade ou não do movimento, estando apta a decidir sobre conflitos de natureza civil que decorram do seu exercício. Sem esquecer-se de que os crimes ocorridos em decorrência da greve não serão apreciados pela Justiça Especializada. Quanto ao aspecto da competência funcional, parece claro que a ação deverá ser proposta perante o juízo da Vara.

2.2. A EMENDA CONSTITUCIONAL 45/2004 E AS AÇÕES SOBRE REPRESENTAÇÃO SINDICAL

A Emenda Constitucional n. 45/2004 não gerou reflexos apenas nas questões atinentes à greve. Outro tema que mereceu a atenção do legislador constituinte derivado foi a resolução de questões que envolvam sindicatos, quer por sua representatividade, quer por ações próprias. A título exemplificativo, poder-se-ia elencar a cobrança de contribuições, as discussões acerca da legitimidade das eleições, dentre outros conflitos.

O inciso III do artigo 114 da Constituição Federal assevera que compete à Justiça do Trabalho processar e julgar "as ações sobre representação sindical, entre sindicatos, entre sindicatos e trabalhadores, e entre sindicatos e empregadores". Inicialmente, surgiram alguns questionamentos acerca dos parâmetros da nova competência aferida aos Juízes do Trabalho, ou seja, se houve limitação para o julgamento apenas das ações efetivamente sobre a representação sindical, ou se a competência foi efetivamente ampliada – isto é, a Justiça do Trabalho apreciará, além das ações sobre representação sindical, as demandas envolvendo sindicatos bem como aquelas entre sindicatos e trabalhadores e sindicatos e empregadores (intrasindical e intersindical).

Na concepção majoritária, não pairam controvérsias de que preponderá o segundo entendimento, até porque a esfera laboral é a mais apta a apreciar e a julgar litígios envolvendo as mais variadas matérias sindicais.[354] E seria retrógrado aclamar a incompetência da Justiça do Tra-

---
[354] Sobre o assunto, ver: VARGAS; FRAGA, 2006, op. cit., p. 166; DALAZEN, 2005b, op. cit., p. 271.

balho no que concerne aos demais conflitos emergentes da área sindical, restringindo-a, tão somente, às disputas intersindicais de representatividade.

Na visão de João Oreste Dalazen, "o novel art. 114, III, da CF/88 atribuiu uma competência material genérica à Justiça do Trabalho para quaisquer dissídios intrasindicais, intersindicais, ou entre sindicatos e empregador, que envolvam a aplicação de direito sindical".[355]

Observe-se que, embora o legislador constituinte derivado tenha utilizado a expressão *sindicatos*, englobam-se, na nova competência, as lides envolvendo Federações e Confederações, além das Centrais Sindicais.[356] Além disso, as próprias ações em que figurem as Comissões Internas de Prevenção de Acidentes e as Comissões de Conciliação Prévia, até mesmo no que se refere a suas constituições e à eleição dos membros, serão julgadas pela Justiça Especializada.

2.2.1. A representação sindical

Ao se falar em representação sindical, é possível englobar as lides que decorram de legitimação sindical, principalmente, no que diz respeito à fusão ou ao desmembramento territorial ou categorial de sindicatos já subsistentes. É sabido que o artigo 8º, II, da Constituição proíbe a criação de mais de uma organização sindical, em qualquer grau, representativa de categoria profissional ou econômica, em uma mesma base territorial, que não pode ser inferior à área de um Município. Sendo assim, comumente, o Poder Judiciário julga litígios, com finalidade precípua de declaração de legitimidade para representar determinada categoria.

Antes da Emenda Constitucional n. 45/2004, em decorrência da Orientação Jurisprudencial n. 04 da Seção de Dissídios Coletivos, a competência para examinar controvérsias relativas a entidades sindicais e a eleições de dirigentes era da Justiça Comum.[357] Como explica Estêvão Mallet, "a Justiça do Trabalho deles conhecia tão somente de modo inci-

---

[355] DALAZEN, loc. cit. Convém salientar posição exarada por Luiz Alberto Vargas e Ricardo Carvalho Fraga: "Aqui há de se fazer clara distinção entre ações que digam respeito essencialmente à atuação sindical e outras que, embora envolvam sindicatos, não dizem respeito à tal atuação – e, assim, não são de competência da Justiça Laboral. Não cabe pensar que a extensão da competência alcance, por exemplo, uma ação de despejo movida pelo proprietário do imóvel alugado ao sindicato. Como a competência não se fixa, neste caso, em razão da pessoa, mesmo que o referido proprietário fosse eventualmente associado ao sindicato, tal fato seria irrelevante para determinar a competência da Justiça do Trabalho". Ver: VARGAS; FRAGA, 2006, op. cit., p. 166.

[356] A Lei n. 11.648/2008 dispôs sobre o reconhecimento formal das centrais sindicais, alterando os artigos 589, 590, 591 e 593 da CLT.

[357] TST. Seção de Dissídios Coletivos. OJ n. 4: A disputa intersindical pela representatividade de certa categoria refoge ao âmbito da competência material da Justiça do Trabalho.

dental, sem que seu pronunciamento ficasse revestido da eficácia de coisa julgada (CPC, art. 469, inciso III, combinado com o art. 470)".[358]

Todavia, atribuir à Justiça Comum o julgamento desses conflitos não parece ser decisão mais acertada, ainda mais por envolver questão diretamente vinculada à esfera laboral. E, por essa razão, a Reforma do Poder Judiciário foi eficiente ao corrigir o equívoco.

Apontam-se como exemplos do que pretendeu o legislador constituinte derivado os mandados de segurança para obtenção do código na Caixa Econômica Federal para contribuição sindical, a ação declaratória de representação sindical, a ação para delimitação territorial sindical, as relativas à filiação ao sistema confederativo, à criação de entidades, à realização de atos constitutivos, à assembleia geral e ao registro da entidade, a ação declaratória de vínculo associativo com determinada entidade sindical, dentre outras.[359] O Superior Tribunal de Justiça já se posicionou no sentido de atribuir competência à Justiça do Trabalho para apreciar demanda, envolvendo processo eleitoral sindical:

CONFLITO DE COMPETÊNCIA – REPRESENTAÇÃO SINDICAL – IMPUGNAÇÃO DE PROCESSO ELEITORAL – COMPETÊNCIA DA JUSTIÇA DO TRABALHO.
1. Após a edição da EC 45/2004, as questões relacionadas ao processo eleitoral sindical, ainda que esbarrem na esfera do direito civil, estão afetas à competência da Justiça do Trabalho, pois se trata de matéria que tem reflexo na representação sindical. Precedentes.
2. Conflito de competência conhecido para declarar competente o Juízo da 2ª Vara do Trabalho de Santo André – SP, o suscitante. (STJ. CC 62736/SP. Data de Julgamento: 14/02/2007. Ministra Relatora Eliana Calmon. Primeira Seção. Data de Publicação: 05/03/2007).

Agora, é relevante ressaltar que o STJ aplicou o entendimento pacificado na Súmula n. 367, também para os processos relativos à representação sindical, no julgamento de conflitos de competência:

CONFLITO DE COMPETÊNCIA. ELEIÇÃO SINDICAL. APLICAÇÃO DA EC 45/2004 ÀS DEMANDAS EM QUE AINDA NÃO HOUVE JULGAMENTO DO MÉRITO. ENTENDIMENTO DO PRETÓRIO EXCELSO, CORROBORADO POR ESTA CORTE SUPERIOR. COMPETÊNCIA DA JUSTIÇA TRABALHISTA.
1. A Emenda Constitucional 45/2004, ao dar nova redação ao art. 114 da Carta Magna, aumentou de maneira expressiva a competência da Justiça Laboral, passando a estabelecer, no inciso III do citado dispositivo, que compete à Justiça do Trabalho processar e julgar "as ações sobre representação sindical, entre sindicatos, entre sindicatos e trabalhadores, e entre sindicatos e empregadores". Assim, depreende-se que a competência para processar e julgar as ações em que se discutam questões referentes à representação sindical, dentre as quais as relativas ao processo eleitoral da categoria, passou para a Justiça do

---

[358] MALLET, 2005, op. cit., p. 77.

[359] VARGAS; FRAGA, 2006, op. cit., p. 167.

Trabalho (CC 53.126/SP, 1ª Seção, Rel. Min. João Otávio de Noronha, DJ de 23.10.2006; CC 51.633/SP, 1ª Seção, Rel. Min. José Delgado, DJ de 17.10.2005).

2. Conforme a jurisprudência do Pretório Excelso e desta Corte Superior, as modificações promovidas pela EC 45/2004 devem ser aplicadas imediatamente às hipóteses em que esteja pendente o julgamento do mérito.

3. Conflito conhecido para declarar a competência do Juízo da 5ª Vara do Trabalho de Santos/SP, o suscitante, para apreciar o feito. (STJ. CC 52055/SP. Data de Julgamento: 28/03/2007. Ministra Relatora Denise Arruda. Primeira Seção. Data de Publicação: 30/04/2007).

CONFLITO NEGATIVO DE COMPETÊNCIA. AGRAVO REGIMENTAL. REPRESENTAÇÃO SINDICAL. ART. 114, INCISO III, DA CONSTITUIÇÃO FEDERAL. SENTENÇA PROFERIDA. EXECUÇÃO DO JULGADO. ART. 575, II, DO CPC. COMPETÊNCIA DA JUSTIÇA COMUM. PRECEDENTES.

1. Agravo regimental interposto pelo Sindicato dos Trabalhadores nas Indústrias Metalúrgicas, Mecânicas e de Material Elétrico de Porto Alegre/RS em face de decisão que reconheceu a competência do Juízo de Direito da 2ª Vara Cível de Gravataí/RS para processar e julgar feito em que se discute representação sindical.

2. A partir da vigência da EC 45/2004, a Justiça laboral é a competente para processar e julgar os feitos atinentes à representação sindical (art. 114, III, da CF de 1988).

3. Entendimento da Primeira Seção deste Tribunal, na linha de pensar adotada pelo egrégio STF, de que: "A alteração superveniente de competência, ainda que ditada por norma constitucional, não afeta a validade da sentença anteriormente proferida. Válida a sentença anterior à eliminação da competência do juiz que a prolatou, subsiste a competência recursal do tribunal respectivo." (CC 6.967-7, Rel. Min. Sepúlveda Pertence, DJ de 26/09/1997).

4. De igual modo: "- A execução de acórdão já transitado em julgado é de competência do juízo que prolatou a decisão de mérito, nos termos do art. 575, II do CPC e do art. 98, § 2º, II do CDC, ainda que, no curso da execução, sobrevenha Súmula do STF disciplinando a competência de forma diversa. Precedentes." (CC 48107/SP, Relª. Minª. Nancy Andrighi, DJ de 05/12/2005).

5. Agravo regimental não-provido. (STJ. AgRg no CC 79500/RS. Data de Julgamento: 13/06/2007. Ministro Relator José Delgado. Primeira Seção. Data de Publicação: 29/06/2007).

Por essa razão, é pacífico que, quando os sindicatos demandarem na tutela de pretensões jurídicas próprias, como nos casos de representação legal de categoria profissional ou econômica, a competência para apreciar as controvérsias será da Justiça do Trabalho. Conforme observa João Oreste Dalazen, "nada justificava excluir da órbita do Judiciário Trabalhista tais dissídios porquanto são solucionados por normas e princípios de Direito do Trabalho".[360] Igualmente, pode-se afirmar acerca das elei-

---

[360] DALAZEN, 2005b, op. cit., p. 271. O referido autor subdivide os dissídios sindicais em algumas espécies. O primeiro, os dissídios declaratórios de vínculo jurídico-sindical (aqueles travados entre sindicato e entidade sindical de grau superior, objetivando um pronunciamento declaratório de vínculo jurídico-sindical, de maneira a que o primeiro possa filiar-se à segunda); o segundo, os dissídios intrasindicais (aqueles em se digladiam um sindicato atuando na tutela de direito pessoal da entidade e um associado, ou membro da categoria profissional, ou da categoria econômica. Aponta,

ções sindicais, que são o retrato das relações entre sindicatos, ou sindicatos e trabalhadores e sindicatos e empregadores.

2.2.2. As lides decorrentes das contribuições

É sabido que os sindicatos têm como funções específicas a negociação, a representação, a assistência, a arrecadação, dentre outras. As atribuições negocial e de representação estão insculpidas na Constituição Federal, mais precisamente nos artigos 7º, XXVI, ao reconhecer os acordos e as convenções coletivas, 8º, III, dispondo acerca do compromisso sindical para com a defesa dos direitos e dos interesses coletivos ou individuais da categoria, inclusive em questões judiciais ou administrativas,[361] VI, obrigando o sindicato a participar das negociações coletivas e, no próprio artigo 114, § 2º, ao salientar a necessidade de negociação antes de buscar outra via de solução do conflito coletivo. A CLT também disciplinou esta função nos termos dos artigos 611 e 616.[362]

---

como exemplos, os litígios envolvendo direitos trabalhistas de dirigente sindical licenciado – o tempo que o empregado afasta-se do trabalho para o desempenho de cargo de administração sindical é considerado suspensão do contrato individual de trabalho. No entanto, pode o sindicato arbitrar uma gratificação nunca excedente da importância de sua remuneração na profissão respectiva, quando o empregado, para o exercício do mandato, tiver de ausentar-se ao trabalho –, anulação de eleição sindical ou assembleia geral sindical, cobrança de contribuições sindicais). Ibid., p. 272.

[361] Neste contexto, ainda que tenha alterado sua posição, Gilberto Stürmer, em sua obra, salienta: "Importante aqui referir que, contrariamente a algumas vozes que interpretam o dispositivo de forma extensiva, no sentido de que a representação e a substituição processual estão ilimitadas, este autor continua adotando a posição de que não é esta a intenção do Constituinte. Ainda que a Resolução n. 119/2003, do Tribunal Superior do Trabalho, tenha cancelado o Enunciado n. 310, entende-se que as razões foram outras, ou seja, a defasagem em relação às já inaplicáveis leis que tratavam de reajustes salariais [...] As regras para representação (legitimação ordinária) e substituição processual (legitimação extraordinária) permanecem as mesmas. O referido inciso III do artigo 8º da Constituição Federal de 1988 contempla apenas, e tão-somente, a representação das categorias profissionais e econômicas. A substituição processual permanece sendo regulada pela regra geral prevista no artigo 6º do Código de Processo Civil, que dispõe: 'ninguém poderá pleitear, em nome próprio, direito alheio, salvo quando autorizado por lei'. Considerando-se que, desde a implementação do 'Plano Real', em 1994, pela Lei n. 9.069, de 29 de junho de 1995, todas as leis que tratavam de aumentos e reajustes salariais foram revogadas, as únicas hipóteses de substituição processual ou legitimação extraordinária autorizadas pela legislação trabalhista, hoje, são: a) ação de cumprimento de norma coletiva [...]; b) a postulação judicial de adicionais de insalubridade e periculosidade; c) a postulação judicial de recolhimento do Fundo de Garantia do Tempo de Serviço; d) o mandado de segurança coletivo". Ver: STÜMER, 2007a, op. cit., p. 85-87.

[362] CLT. art. 611: Convenção Coletiva de Trabalho é o acordo de caráter normativo pelo qual dois ou mais sindicatos representativos de categorias econômicas e profissionais estipulam condições de trabalho aplicáveis, no âmbito das respectivas representações, às relações individuais de trabalho. § 1º: É facultado aos sindicatos representativos de categorias profissionais celebrar Acordos Coletivos com uma ou mais empresas da correspondente categoria econômica, que estipulem condições de trabalho, aplicáveis no âmbito da empresa ou das empresas acordantes às respectivas relações de trabalho. § 2º: As Federações e, na falta destas, as Confederações representativas de categorias econômicas ou profissionais poderão celebrar convenções coletivas de trabalho, para reger as relações das categorias a elas vinculadas, inorganizadas em sindicatos, no âmbito de suas representações.

Por sua vez, a função assistencial surge explícita no artigo 514, alíneas *b* e *d*, da CLT, ao dispor que são deveres dos sindicatos manter serviços de assistência judiciária para os associados bem como disponibilizar em favor dos trabalhadores um assistente social com as atribuições específicas de promover a cooperação operacional na empresa e a integração profissional na Classe.

A fim de custear todas as obrigações que lhe são incumbidas, dispõe o sindicato de receitas enumeradas no artigo 548 da CLT, resultando, mais precisamente, das contribuições, dos bens e dos valores adquiridos e as rendas produzidas pelos mesmos, derivadas de doações e os legados, multas, dentre outros. Preocupa-se a presente dissertação, até pelas novidades trazidas pela Emenda Constitucional n. 45/2004, com o estudo das contribuições, que se dividem em quatro espécies: sindical, confederativa, assistencial e associativa.

A contribuição sindical, inicialmente chamada de imposto sindical, foi instituída pelo Decreto 2.377 de 1940. Como explica Eduardo Sabbag, "é considerada uma contribuição parafiscal (ou especial), na subespécie 'corporativa ou profissional' – um tributo federal, de competência exclusiva da União".[363] Atualmente, nos termos do artigo 579 da CLT, constitui-se como contribuição efetiva e indiscutivelmente obrigatória a todos os membros das categorias profissionais, econômicas, ou de uma profissão liberal, em favor do sindicato representativo da mesma categoria ou profissão, porquanto decorrente da lei, visando à manutenção dos sindicatos para a defesa dos interesses da categoria. Logo, trata-se de uma prestação pecuniária compulsória, cujo objetivo central é o custeio das atividades sindicais. Sua regulamentação encontra-se, pois, insculpida nos artigos 578 a 610 da Consolidação.

Esta receita é recolhida, anualmente, em única vez, conforme o que dispõe o artigo 580 da CLT, como, por exemplo, no caso dos empregados, que sofrerão o respectivo desconto, na folha de pagamento do mês de março, na importância de um dia de trabalho (artigo 582, *caput* e § 1º, da CLT). O artigo 589 da CLT[364] estabelece os rateios realizados com os valo-

---

CLT. art. 616: Os Sindicatos representativos de categorias econômicas ou profissionais e as empresas, inclusive as que não tenham representação sindical, quando provocados, não podem recusar-se à negociação coletiva.

[363] SABBAG, Eduardo. *Manual de Direito Tributário*. São Paulo: Saraiva, 2009, p. 458.

[364] Art. 589. Da importância da arrecadação da contribuição sindical serão feitos os seguintes créditos pela Caixa Econômica Federal, na forma das instruções que forem expedidas pelo Ministro do Trabalho: I – para os empregadores: a) 5% (cinco por cento) para a confederação correspondente; b) 15% (quinze por cento) para a federação; c) 60% (sessenta por cento) para o sindicato respectivo; d) 20% (vinte por cento) para a 'Conta Especial Emprego e Salário'; II – para os trabalhadores: a) 5% (cinco por cento) para a confederação correspondente; b) 10% (dez por cento) para a central sindical; c) 15% (quinze por cento) para a federação; d) 60% (sessenta por cento) para o sindicato respectivo; e

res arrecadados, e os objetivos da contribuição sindical estão previstos no artigo 592 da Consolidação. A partir de uma leitura conjunta dos artigos 8º, inciso IV,[365] e 149[366] da Constituição, bem como do artigo 217, inciso I,[367] do Código Tributário Nacional, é indubitável que a contribuição sindical possui natureza jurídica de tributo, ainda mais por ser obrigatória.

Embora não seja objeto específico desta pesquisa, é indispensável que se refira à Ação Direta de Inconstitucionalidade n. 4.067/DF proposta perante o Supremo Tribunal Federal pelo Partido Democratas, contra os artigos 1º, II, e 3º da Lei n. 11.648/08, bem como os artigos 589, II, *b* e seus parágrafos 1º e 2º e 593 da CLT. Essa Lei dispôs sobre o reconhecimento formal das centrais sindicais na estrutura brasileira. O Ministro Relator Joaquim Barbosa, em voto acompanhado pelos Ministros Ricardo Lewandowski e Cezar Peluso, julgou parcialmente procedente a ação, afirmando que a Constituição Federal, embora assegure autonomia sindical, teria fixado forma peculiar de unicidade e monopólio de representação de categoria (artigo 8º, I e II). Porque o monismo sindical é incompatível com a organização que abrangesse diversos órgãos de cúpula, as centrais sindicais não teriam sido contempladas no sistema de representação sindical dos trabalhadores pelo Texto Constitucional.[368]

Ainda explicitou que, apesar de as centrais não poderem substituir quaisquer entidades de base ou de grau superior na representação sindical dos interesses dos trabalhadores, a Constituição não vedaria que, como entidades civis, participassem, de forma auxiliar, nos processos de composição das expectativas de trabalhadores e empregadores. Decidiu, portanto,

---

e) 10% (dez por cento) para a 'Conta Especial Emprego e Salário'; III – (revogado); IV – (revogado). § 1º: O sindicato de trabalhadores indicará ao Ministério do Trabalho e Emprego a central sindical a que estiver filiado como beneficiária da respectiva contribuição sindical, para fins de destinação dos créditos previstos neste artigo. § 2º A central sindical a que se refere a alínea *b* do inciso II do *caput* deste artigo deverá atender aos requisitos de representatividade previstos na legislação específica sobre a matéria.

[365] Art. 8º É livre a associação profissional ou sindical, observado o seguinte: IV: a assembleia geral fixará a contribuição que, em se tratando de categoria profissional, será descontada em folha, para custeio do sistema confederativo da representação sindical respectiva, independentemente da contribuição prevista em lei.

[366] Art. 149. Complete exclusivamente à União instituir contribuições sociais, de intervenção no domínio econômico e de interesses das categorias profissionais ou economias, como instrumento de sua atuação nas respectivas áreas, observado o disposto nos artigos 146, III e 150, I e III, e sem prejuízo do previsto no artigo 195, § 6º, relativamente às contribuições a que alude o dispositivo.

[367] Art. 217. As disposições desta Lei, notadamente as dos arts. 17, 74, § 2º, e 77, parágrafo único, bem como a do art. 54 da Lei n. 5.025, de 10 de junho de 1966, não excluem a incidência e a exigibilidade: I – da contribuição sindical, denominação que passa a ter o Imposto Sindical de que tratam os artigos 578 e segs da Consolidação das Leis do Trabalho, sem prejuízo do disposto no art. 16 da Lei n. 4.589, de 11 de dezembro de 1964.

[368] STF. ADI 4.067/DF. Data do Julgamento: 24/06/2009. Tribunal Pleno. Ministro-Relator Joaquim Barbosa. Data da Publicação: 05/08/2009. Informativo n. 552.

o Relator interpretar o *caput* do artigo 1º e o respectivo inciso II, bem como o artigo 3º[369] da Lei n. 11.648/08, de modo a fixar que a representação geral dos trabalhadores e a participação nas negociações em fóruns, colegiados de órgãos públicos e demais espaços de diálogo social que possuam composição tripartite, nos quais estejam em discussão assuntos de interesse geral dos trabalhadores, não prejudicam a competência outorgada pela Constituição às entidades sindicais de base ou de grau superior, ou seja, os sindicatos, as federações e as confederações. Assim, as entidades sindicais não poderiam ser substituídas pelas centrais sindicais.[370]

Com base nesse posicionamento, declarou a inconstitucionalidade das modificações efetuadas pela Lei n. 11.648/08 nos artigos 589 e 591[371] da CLT, da expressão "ou central sindical", contida no § 3º e do § 4º do artigo 590,[372] bem como "e às centrais sindicais", constante no *caput* do artigo 593[373] e de seu parágrafo único, que destinavam percentual de contribuição sindical às centrais sindicais. Justificou a decisão, aduzindo que, se elas não fazem parte da estrutura sindical, é impossível que sejam sujeitos ativos ou destinatárias da receita arrecadada com tributo destinado a custear atividades nas quais as entidades sindicais não poderiam ser substituídas. É importante salientar, ainda, que o debate na ADI não diz respeito à possibilidade de as centrais sindicais poderem ou não ser sujeitos ativos ou destinatárias de produto arrecadado com tributos, mas sim de poderem ser sujeitos ativos ou destinatárias de arrecadação de tributo

---

[369] Lei n. 11.648/08. art. 3º A indicação pela central sindical de representantes nos fóruns tripartites, conselhos e colegiados de órgãos públicos a que se refere o inciso II do *caput* do art. 1º desta Lei será em número proporcional ao índice de representatividade previsto no inciso IV do caput do art. 2º desta Lei, salvo acordo entre centrais sindicais. § 1º O critério de proporcionalidade, bem como a possibilidade de acordo entre as centrais, previsto no *caput* deste artigo não poderá prejudicar a participação de outras centrais sindicais que atenderem aos requisitos estabelecidos no art. 2º desta Lei. § 2º A aplicação do disposto no *caput* deste artigo deverá preservar a paridade de representação de trabalhadores e empregadores em qualquer organismo mediante o qual sejam levadas a cabo as consultas.

[370] STF. ADI 4.067/DF. Informativo n. 552.

[371] CLT. Artigo 591. Inexistindo sindicato, os percentuais previstos na alínea *c* do inciso I e na alínea *d* do inciso II do *caput* do art. 589 desta Consolidação serão creditados à federação correspondente à mesma categoria econômica ou profissional. Parágrafo único. Na hipótese do *caput* deste artigo, os percentuais previstos nas alíneas *a* e *b* do inciso I e nas alíneas *a* e *c* do inciso II do *caput* do art. 589 desta Consolidação caberão à confederação.

[372] CLT. Art. 590. Inexistindo confederação, o percentual previsto no art. 589 desta Consolidação caberá à federação representativa do grupo. § 3º Não havendo sindicato, nem entidade sindical de grau superior ou central sindical, a contribuição sindical será creditada, integralmente, à 'Conta Especial Emprego e Salário'. § 4º Não havendo indicação de central sindical, na forma do § 1º do art. 589 desta Consolidação, os percentuais que lhe caberiam serão destinados à 'Conta Especial Emprego e Salário'".

[373] CLT. Art. 593. As percentagens atribuídas às entidades sindicais de grau superior e às centrais sindicais serão aplicadas de conformidade com o que dispuserem os respectivos conselhos de representantes ou estatutos. Parágrafo único. Os recursos destinados às centrais sindicais deverão ser utilizados no custeio das atividades de representação geral dos trabalhadores decorrentes de suas atribuições legais.

destinado especificamente a custear entidades pertencentes ao sistema sindical.[374]

O Ministro Marco Aurélio abriu divergência, ao dizer que destinar a contribuição às centrais sindicais "foi uma opção político-legislativa dos nossos representantes, deputados federais e senadores, quanto à distribuição do valor arrecadado". Em seu entendimento, esse valor está ligado ao sistema sindical. Para o Ministro, a ação proposta não discute a inserção, pelo legislador ordinário, de entidade no sistema sindical. Além disso, acrescentou que a representação das centrais sindicais é efetiva. O Ministro citou números para sustentar o seu ponto de vista. Segundo ele, a Central Geral de Trabalhadores do Brasil tem e congrega 253 sindicatos; a Central dos Trabalhadores do Brasil, 307; a Central Única dos Trabalhadores (CUT), 1.670; a Força Sindical, 1.077; a Nova Central Sindical de Trabalhadores tem 670 sindicatos, e a União Geral dos Trabalhadores possui 558 filiados.[375]

Afirmou não se impressionar com a nomenclatura "contribuição sindical", porquanto não direciona que aquilo que foi arrecadado fique no âmbito das entidades sindicais. E concluiu que não se pode glosar a lei, considerando-se o ângulo da simples conveniência, da simples percepção ideológica que se tenha a respeito da matéria. O que se aponta é um conflito, não vislumbrado, dessa Lei, opção político-legislativa válida, com a Constituição Federal. A Ministra Cármen Lúcia Antunes Rocha também votou pela constitucionalidade do repasse de 10% do imposto sindical às centrais sindicais. A ação não teve julgamento final, porque o Ministro Eros Grau pediu vista.[376]

É necessário frisar agora que existem, por parte da doutrina, críticas quanto ao instituto da contribuição sindical, tendo em vista a "agressão que propiciaria aos princípios da liberdade associativa e da autonomia dos sindicatos".[377] No entanto, demonstrando contradição, a própria Constituição respaldou a sua existência nos termos do já referido artigo 8º, IV. Gilberto Stürmer, ao referir que a existência de uma contribuição compulsória viola o princípio da liberdade sindical, discorre:

> [...] a contribuição sindical compulsória ofende a liberdade de associação e mantém "vivas" entidades sindicais que não representam a categoria que dizem representar. [...] Para uma melhor compreensão do sistema de liberdade sindical, foram feitas considerações sobre as receitas dos sindicatos e sobre o direito de greve. No primeiro caso, conclui-se que, apesar

---

[374] STF. ADI 4.067/DF. Informativo n. 552.

[375] STF. ADI 4.067/DF. Informativo n.552. Notícia publicada em: <http://www.stf.jus.br/portal/cms/verNotíciaDetalhe.asp?idConteudo=110489>.

[376] STF. ADI 4.067/DF. Informativo n. 552.

[377] DELGADO, 2008b, op. cit., p. 91.

de existirem quatro tipos de contribuições (sindical, assistencial, confederativa e associativa), a única obrigatória a todos os representados das categorias é a contribuição sindical e, mesmo sendo uma só, é contrária à liberdade sindical.[378]

Todavia, é imperioso destacar a posição do Supremo Tribunal Federal, no que concerne à obrigatoriedade da contribuição sindical e à sua relação com a liberdade sindical:

> A recepção pela ordem constitucional vigente da contribuição sindical compulsória, prevista no art. 578 CLT e exigível de todos os integrantes da categoria, independentemente de sua filiação ao sindicato, resulta do art. 8º, IV, *in fine*, da Constituição; não obsta à recepção a proclamação, no *caput* do art. 8º, do princípio da liberdade sindical, que há de ser compreendido a partir dos termos em que a Lei Fundamental a positivou, nos quais a unicidade (art. 8º, II) e a própria contribuição sindical de natureza tributária (art. 8º, IV) – marcas características do modelo corporativista resistente –, dão a medida da sua relatividade (cf. MI 144, Pertence, *RTJ* 147/868, 874); nem impede a recepção questionada a falta da lei complementar prevista no art. 146, III, CF, à qual alude o art. 149, à vista do disposto no art. 34, §§ 3º e 4º, das Disposições Transitórias (cf. RE 146.733, Moreira Alves, *RTJ* 146/684, 694). (RE 180.745, Rel. Min. Sepúlveda Pertence, julgamento em 24-3-98, *DJ* de 8-5-98).

Além disso, o estudo das receitas sindicais deve passar, também, pela contribuição confederativa que encontra base no já referido artigo 8º, IV, da Constituição Federal. Segundo a literalidade do inciso em discussão, a contribuição confederativa somente é exigida da categoria profissional, além de ser criada pela via da assembleia geral sindical. A questão é que a Constituição Federal não só manteve a contribuição sindical como também criou uma nova modalidade de aporte, direcionada ao custeio da "cúpula do sistema"[379] confederativo (confederação e federações).

De fato, a contribuição confederativa não possui natureza tributária. Aliás, raciocínio jurídico diverso encontra-se superado, visto que não se amolda com o que dispõe o artigo 149 da Carta Política, que atribui exclusivamente à União instituir contribuições sociais de interesse das categorias profissionais e econômicas. Além disso, o artigo 146, inciso III, do referido ordenamento considera que o nascimento das contribuições dar-se-á na forma de lei complementar. Porquanto a contribuição confederativa é criada pela assembleia geral do sindicato, é notável a inexistência de cunho tributário em sua cobrança. Neste sentido, posiciona-se Sacha Calmon Navarro Coêlho:

> Pois bem, qual o sentido jurídico do art. 8º, IV, da CF? Estaremos em face de uma contribuição corporativa pró-sistema confederativo sindical ao lado da contribuição sindical, cujo quantum é fixado em lei, conforme o princípio da legalidade tributário? Em caso afirmativo,

---

[378] STÜRMER, 2007a, op. cit., p. 152.

[379] DELGADO, 2008b, op. cit., p. 92.

uma assembléia sindical estaria legislando sobre o quantum devido do tributo, contra o princípio da legalidade, substituindo-se ao Poder Legislativo. E, o que é pior, sem limites ou condições prévias, fato perigoso e impensável às luzes dos grandes princípios vetores da tributação que se desprendem do texto constitucional e dos fundamentos de um Estado Democrático de Direito (art. 1º da CF). Até porque pela compulsoriedade da paga se estaria obrigando os sindicalizados e os não-sindicalizados a um vero tributo, na modalidade denominada "contribuição corporativa", em prol das confederações. Estas razões bastam para rejeitar a natureza tributária dessa "contribuição" [...].[380]

Sobre a natureza não tributária da contribuição confederativa, já se manifestou o STF, conforme as ementas de julgamento abaixo transcritas:

Contribuição confederativa. Trata-se de encargo que, por despido de caráter tributário, não sujeita senão os filiados da entidade de representação profissional. Interpretação que, de resto, está em consonância com o princípio da liberdade sindical consagrado na Carta da República." (RE 173.869, Rel. Min. Ilmar Galvão, julg. em 22-4-97, *DJ* de 19-9-97). No mesmo sentido: RE 189.443, Rel. Min. Ilmar Galvão, julg. em 19-12-96, *DJ* de 11-4-97.

A contribuição confederativa, instituída pela assembléia geral – CF, art. 8º, IV – distingue-se da contribuição sindical, instituída por lei, com caráter tributário – CF, art. 149 – assim compulsória. A primeira é compulsória apenas para os filiados do sindicato. (RE 198.092, Rel. Min. Carlos Velloso, julgamento em 27-8-96, *DJ* de 11-10-96). No mesmo sentido: RE 302.513-AgR, Rel. Min. Carlos Velloso, julg. em 24-9-02, *DJ* de 31-10-02.

Exatamente por ser desprovida de natureza tributária, a contribuição confederativa é devida, tão somente, pelos filiados à respectiva entidade sindical. Motiva-se a afirmação pelo fato de que, se a cobrança fosse compulsória a todos os membros da categoria, indistintamente, haveria a violação clara e expressa aos princípios da liberdade de associação e da sindicalização, insculpidos nos artigos 5º, XX e 8º, V, da Carta Política, respectivamente. Esse posicionamento está resguardado no precedente normativo n. 119 da Seção de Dissídios Coletivos do TST[381] bem como na Súmula de n. 666 do STF.[382]

---

[380] NAVARRO COÊLHO, Sacha Calmon. *Comentários à Constituição de 1988* – sistema tributário. 2. ed. Rio de Janeiro: Forense, 1990, p. 183.

[381] TST. SDC. Precedente Normativo n. 119: CONTRIBUIÇÕES SINDICAIS – INOBSERVÂNCIA DE PRECEITOS CONSTITUCIONAIS – (nova redação dada pela SDC em sessão de 02.06.1998 – homologação Res. 82/1998, DJ 20.08.1998): A Constituição da República, em seus arts. 5º, XX e 8º, V, assegura o direito de livre associação e sindicalização. É ofensiva a essa modalidade de liberdade cláusula constante de acordo, convenção coletiva ou sentença normativa estabelecendo contribuição em favor de entidade sindical a título de taxa para custeio do sistema confederativo, assistencial, revigoramento ou fortalecimento sindical e outras da mesma espécie, obrigando trabalhadores não-sindicalizados. Sendo nulas as estipulações que inobservem tal restrição, tornam-se passíveis de devolução os valores irregularmente descontados.

[382] STF. Súmula n. 666: A contribuição confederativa de que trata o art. 8º, IV, da Constituição, só é exigível dos filiados ao sindicato respectivo.

Ainda, cumpre salientar que o Supremo Tribunal Federal pacificou as controvérsias no tocante ao artigo 8º, IV, da Constituição, afirmando tratar-se de norma autoaplicável, não dependendo de regulamentação por lei ordinária:

Contribuição confederativa. Art. 8º, IV, da Constituição. Auto-aplicabilidade. Consolidou--se o entendimento, nesta Primeira Turma, de que a contribuição prevista no art. 8º, IV, da Constituição, não depende, para ser cobrada, de lei integrativa. Precedentes: RREE 191.022, 198.092 e 189.443." (RE 199.019, Rel. Min. Octavio Gallotti, julgamento em 31-3-98, *DJ* de 16-10-98).

Contribuição para custeio do sistema confederativo da representação sindical de categoria profissional. Norma cuja eficácia não depende de lei integrativa, havendo estabelecido, de pronto, a competência para fixação da contribuição, a destinação desta e a forma do respectivo recolhimento." (RE 191.022, Rel. Min. Ilmar Galvão, julgamento em 3-12-96, *DJ* de 14-2-97).

Sindicato: contribuição confederativa instituída pela assembléia geral: eficácia plena e aplicabilidade imediata da regra constitucional que a previu (CF, art. 8º, IV). Coerente com a sua jurisprudência no sentido do caráter não tributário da contribuição confederativa, o STF tem afirmado a eficácia plena e imediata da norma constitucional que a previu (CF, art. 8º, IV): se se limita o recurso extraordinário – porque parte da natureza tributária da mesma contribuição – a afirmar a necessidade de lei que a regulamente, impossível o seu provimento." (RE 161.547, Rel. Min. Sepúlveda Pertence, julgamento em 24-3-98, *DJ* de 8-5-98).

Em termos de comparação, a contribuição sindical, além de ter essência tributária, advém da lei e é exigida de todos os trabalhadores, filiados ou não ao sindicato correspondente. Por sua vez, a contribuição confederativa emana da Assembleia Geral do sindicato, decorrente do contrato e da vontade das partes, portanto é despida de natureza tributária, é compulsória aos filiados da entidade sindical, com finalidade precípua de custear o sistema confederativo.

É indispensável analisar, ainda, a contribuição assistencial. Comumente denominada de taxa de reversão, taxa assistencial ou desconto assistencial, esta modalidade é uma forma de prestação pecuniária, não tributária, por parte dos membros das categorias profissional e econômica aos seus respectivos sindicatos, cuja função é financiar sua participação nas negociações coletivas, na busca de melhores condições de trabalho e de melhores salários. Possui previsão genérica no artigo 513, "e", da CLT, que arrola, como uma das prerrogativas do sindicato, impor contribuições a todos aqueles que participam das categorias econômicas ou profissionais ou das profissões liberais representadas.

Enquadra-se, aqui, o preceito contido no já citado precedente normativo n. 119 da SDC do TST, isto é, a contribuição assistencial só é devida pelos associados. Em relação ao trabalhador não sindicalizado, considera-se indispensável a sua autorização. Na verdade, a posição adotada pelo Tribunal Superior destaca-se pela restrição de qualquer cobrança compulsória que tenha por objetivo o financiamento da entidade sindical a todos os membros da categoria indistintamente. Pelo que já se referiu, somente a contribuição sindical pode ser cobrada de todos, sejam ou não associados.

A título de curiosidade, são emblemáticas as Portarias n°s 160[383] e 180,[384] editadas pelo Ministério do Trabalho e Emprego. A primeira, editada em 13 de abril de 2004, definiu que a contribuição associativa e a confederativa eram devidas tão somente pelos sócios do sindicato. Entretanto, 17 dias depois, editou-se a segunda Portaria, não para revogar, mas sim para suspender a determinação contida na anterior. Saliente-se a atuação do Supremo Tribunal Federal, no julgamento da ADI n. 3.206,[385] proveniente do Distrito Federal, julgada em 14 de abril de 2005. Declarou-se, por unanimidade, a inconstitucionalidade formal da Portaria n. 160/04, uma vez que o Ministro do Trabalho e do Emprego não apresenta competência para normatizar matérias referentes às contribuições da entidade sindical. Enfatizou o Ministro-Relator, Marco Aurélio, que a competência dos Ministros de Estado de expedir instruções para a execução de leis, de decretos e de regulamentos há de ser tomada de forma estrita, direcionada ao funcionamento do Ministério propriamente dito.

É imperioso salientar que o objetivo do Supremo Tribunal Federal não foi declarar inconstitucional a Portaria, a fim de autorizar a cobrança das contribuições assistencial e confederativa de todos os integrantes da categoria. O vício é meramente formal e, durante a exposição do voto, o próprio Ministro-Relator ressalta que o artigo 545 da CLT é claro, ao dispor que "os empregadores ficam obrigados a descontar na folha de pagamento dos seus empregados, desde que por eles devidamente autorizados, as contribuições devidas ao Sindicato, quando estes notificados, salvo quanto à contribuição sindical, cujo desconto independe destas formalidades". Gilberto Stürmer comenta:

> Deve-se registrar que a melhor interpretação do artigo 545 da CLT, acima citado é, à luz do princípio protetor ao hipossuficiente, a de que as contribuições assistencial e confederativa não podem ser descontadas do salário, salvo expressa autorização para tal, e não o contrário, como seguida e equivocadamente preconizado (descontos efetuados à revelia do empregado que, ao examinar o seu contracheque, o identifica, discordando do mesmo e, por isso mesmo, tendo que "correr atrás" da devolução).[386]

---

[383] Portaria n. 160, de 13 de abril de 2004. Publicada no DOU de 16 de abril de 2004, seção 1, p. 89.

[384] Portaria n. 180, de 30 de abril de 2004. Publicada no DOU de 3 de maio de 2004, seção 1, p. 112.

[385] STF. ADI 3.206/DF. Tribunal Pleno. Ministro Relator Marco Aurélio. Data do Julgamento: 14/04/2005. Data da Publicação: 29/04/2005.

[386] STÜRMER, 2007a, op. cit., p. 93.

O Tribunal Superior do Trabalho, conforme a sua jurisprudência, entende que não pode haver a cobrança compulsória de contribuição assistencial daqueles que não são sindicalizados:

> AGRAVO DE INSTRUMENTO. RECURSO DE REVISTA. CONTRIBUIÇÃO ASSISTENCIAL POR EMPREGADO NÃO-SINDICALIZADO. Inadmissível a imposição da contribuição assistencial com suporte em norma coletiva a empregado não-associado, em favor do sindicato da categoria profissional respectiva. Liberdade de associação que se resguarda, nos termos dos arts. 5º, XX, e 8º, V, da Lei Maior. Decisão em conformidade com o Precedente Normativo n. 119 e com a OJ 17, ambos da SDC/TST, óbice da Súmula n. 333/TST e do art. 896, § 4º da CLT. Agravo de instrumento conhecido e não-provido. (AIRR – 74/2005-075-02-40.5, Relatora Ministra: Rosa Maria Weber Candiota da Rosa, Data de Julgamento: 03/09/2008, 3ª Turma, Data de Publicação: 03/10/2008).
>
> AGRAVO DE INSTRUMENTO. RECURSO DE REVISTA. CONTRIBUIÇÃO ASSISTENCIAL. EXIGIBILIDADE DE EMPREGADO NÃO-ASSOCIADO. PERTINÊNCIA DO PRECEDENTE NORMATIVO N. 119 DO TST. O Regional entendeu em manter a sentença exarada pelo Juízo de Primeiro Grau no sentido de julgar improcedente o pedido de condenação da reclamada no pagamento do valor das contribuições assistenciais que deixou de recolher, sob o fundamento de que o desconto das referidas contribuições de empregados não-filiados ao sindicato afronta o princípio da liberdade de filiação sindical. Outrossim, o acórdão recorrido também aplicou o Precedente Normativo n. 119 do TST. [...] Por outro lado, também não há ofensa aos artigos 8º, III e IV, e 7º, XXVI, da CRFB. Com efeito, a Constituição da República, em seus arts. 5º, XX, e 8º, V, assegura o direito de livre associação e sindicalização. Não obstante isso, revela-se ofensiva e ilegítima a essa modalidade de liberdade cláusula constante de acordo, convenção coletiva ou sentença normativa estabelecendo contribuição em favor de entidade sindical a título de taxa assistencial, obrigando trabalhadores não-sindicalizados. Portanto, diante do Precedente Normativo n. 119 do TST, não há que se falar em violação aos artigos 8º, III e IV, e 7º, XXVI, da CRFB. (AIRR – 944/2000-069-02-40.0, Relator Juiz Convocado: Cláudio Armando Couce de Menezes, Data de Julgamento: 19/05/2004, 3ª Turma, Data de Publicação: 18/06/2004).

Embora seja este o entendimento do TST, o Tribunal Regional do Trabalho da 4ª Região vem aplicando interpretação divergente no que concerne à matéria acerca da contribuição assistencial. E a motivação para esta posição se dá em razão de que as contribuições assistenciais têm por finalidade o financiamento das despesas do sindicato, para que possa desempenhar os seus poderes de representação e, especialmente, de negociação coletiva. Além disso, a negociação coletiva traz benefícios a todos os que compõem a categoria representada pelo sindicato, inclusive os não sindicalizados, inexistindo fundamento legal para isentar parte da categoria desta contribuição. Assim vem decidindo a 3ª Turma, conforme jurisprudência abaixo colacionada:

> Contribuição assistencial. O entendimento majoritário da 3ª Turma é no sentido de que a contribuição assistencial é devida por todos os empregados que compõe a categoria, ainda que não sindicalizados. (TRT4. Processo 01081-2008-024-04-00-9 RO. Relator Juiz Con-

vocado: Francisco Rossal de Araújo. Data de Julgamento: 29/04/2009, 3ª Turma, Data de Publicação: 11/05/2009).

Na verdade, a conduta dos julgadores demonstra-se corajosa; no entanto, preocupa o fato de que a decisão vai de encontro ao que já definiu o Tribunal Superior do Trabalho e o próprio Supremo Tribunal Federal, razão pela qual inúmeros recursos acabam por serem interpostos em face dos precedentes existentes nas Cortes Superiores. Não se pode afirmar que seja este o posicionamento unânime do Tribunal Regional do Trabalho da 4ª Região, porém é uma forte tendência no que se refere aos julgados a respeito do assunto.

Por último, aborda-se a chamada contribuição associativa, insculpida no artigo 548, *b*, da CLT.[387] Recebe, também, a nomenclatura de mensalidade sindical, definindo-se como a "prestação pecuniária, voluntária, paga pelo associado ao sindicato em virtude de sua filiação à agremiação".[388]

Verifica-se que a fonte formal de exigibilidade da contribuição associativa encontra-se nos estatutos ou nas atas de assembleia geral das entidades sindicais, sendo voluntária, isto é, adimplida apenas pelos associados.[389] Por esta razão, despe-se do caráter de tributo, em virtude de não ser fundada em lei.

Não existem polêmicas em torno da contribuição associativa, visto que é proveniente de uma opção do interessado em filiar-se à entidade sindical representativa. Afirma-se, pois, que "se insere nos limites e padrões da verdadeira liberdade sindical".[390]

2.2.3. A nova competência da Justiça do Trabalho em face das contribuições

As já mencionadas contribuições, seguidamente, são objetos de conflitos em relação às entidades sindicais. E, logicamente, a discussão em torno da competência se prolifera, a fim de se determinar o órgão julgador dessas recorrentes demandas.

Até a promulgação da Emenda Constitucional n. 45/2004, pode-se afirmar que havia falta de sintonia, no tocante ao julgamento das lides

---

[387] CLT. Art. 548: Constituem patrimônio das associações sindicais: b) as contribuições dos associados, na forma estabelecida nos estatutos ou pelas Assembleias Gerais.

[388] MARTINS, Sérgio Pinto. *Contribuições sindicais*: Direito Comparado e Internacional; contribuições assistencial, confederativa e sindical. 3. ed. São Paulo: Atlas, 2001, p. 141.

[389] BARROS, Alice Monteiro de. *Curso de Direito do Trabalho*. 5. ed. São Paulo: LTr, 2009, p. 1243.

[390] STÜRMER, 2007a, op. cit., p. 94.

que envolvessem as contribuições em matéria sindical. Explica-se: a Lei n. 8.984/1995, em seu artigo 1º, estabelecia que:

> Compete à Justiça do Trabalho conciliar e julgar os dissídios que tenham origem no cumprimento das convenções coletivas de trabalho ou acordos coletivos de trabalho, mesmo quando ocorram entre sindicatos ou entre sindicatos de trabalhadores e empregador.

Ocorre que, por força deste dispositivo, a jurisprudência e a doutrina entendiam que a Justiça do Trabalho seria competente para apreciar, tão somente, demandas que versassem sobre a contribuição assistencial e a confederativa, em virtude de serem provenientes das normas coletivas.[391]

No entanto, em relação ao que descrevia esse dispositivo legal, nasceu nova divergência. O Tribunal Superior do Trabalho editou a orientação jurisprudencial n. 290 da SDI-I,[392] excetuando da competência da Justiça do Trabalho os conflitos decorrentes da cobrança de contribuição assistencial entre sindicato patronal e a categoria econômica, porquanto a Lei n. 8.984/1995 não contemplou o litígio entre sindicato patronal e a respectiva categoria econômica.[393] Incrivelmente, a posição do Tribunal

---

[391] Neste sentido, ver: BARROS, 2009, op. cit., p. 1247 e BEZERRA LEITE, 2008, op. cit., p. 245.

[392] TST. SDI-I. OJ n. 290: Contribuição sindical patronal. Ação de cumprimento. Incompetência da Justiça do Trabalho. É incompetente a Justiça do Trabalho para apreciar lide entre sindicato patronal e a respectiva categoria econômica, objetivando cobrar a contribuição assistencial.

[393] "AÇÃO DE CUMPRIMENTO PROPOSTA PELO SINDICATO DA CATEGORIA ECONÔMICA E A EMPRESA POR ELE REPRESENTADA – INCOMPETÊNCIA DA JUSTIÇA DO TRABALHO. I – O art. 114 da Constituição Federal é peremptório ao fixar a competência material da Justiça do Trabalho exclusivamente para julgar os dissídios individuais entre trabalhadores e empregadores, bem como os litígios que tenham origem no cumprimento de suas próprias sentenças, inclusive coletivas. II – No caso concreto, a lide se estabelece entre o sindicato da categoria econômica e a empresa por ele representada, objetivando o cumprimento do estabelecido na convenção coletiva de trabalho do ano de 2000, quanto ao pagamento pelas empresas representadas – associadas ou não – da contribuição assistencial. Nessa circunstância, não está em litígio controvérsia entre empregado e empregador ou entre o sindicato profissional e a respectiva categoria econômica, a atrair a competência material da Justiça do Trabalho, dado que não se postula o cumprimento de condições de trabalho estabelecidas no acordo coletivo, mas o cumprimento da contribuição assistencial patronal criada na convenção coletiva devida pela respectiva categoria econômica. III – O e. STJ, por meio da Súmula n. 222, já firmou entendimento de que: 'Compete a Justiça Comum processar e julgar ações relativas à contribuição sindical prevista no art. 578 da CLT.' IV – Nem se argumente com a aplicação analógica do artigo 1º da Lei n. 8.984/95. A aplicação de preceito de lei por analogia somente se admite na hipótese de omissão no texto da lei, consoante preceitua o art. 4º da LICC. Em se tratando de questão de competência, não se admite, sob nenhum pretexto, aplicação por analogia, porque expressamente definida na Constituição Federal e legislação extravagante. O artigo 1º da Lei n. 8.984/95 não contempla o litígio entre sindicato patronal e a respectiva categoria econômica. Na realidade, tão-somente ampliou a competência material da Justiça do Trabalho para apreciar e julgar litígios entre sindicatos ou entre sindicatos de trabalhadores e empregador, porque nessas circunstâncias a controvérsia tem por fato gerador a própria relação de trabalho, e, por isso, justificável a sua inserção no âmbito da competência que lhe confere a parte final do artigo 114 da CF. Ao contrário, a lide estabelecida entre o sindicato patronal e a respectiva categoria econômica, objetivando o cumprimento da cláusula que prevê o pagamento da contribuição assistencial, se desenvolve à margem da relação de trabalho, daí por que escapa do âmbito de aplicação do artigo 114 da Constituição Federal. Recurso de embargos

do Trabalho estava absolutamente em desconformidade com os precedentes do Superior Tribunal de Justiça:

CONFLITO DE COMPETÊNCIA. AÇÃO DE CUMPRIMENTO. CONTRIBUIÇÃO ASSISTENCIAL PREVISTA EM CONVENÇÃO COLETIVA DE TRABALHO. SINDICATO PATRONAL.
1. A Justiça do Trabalho é competente para julgar as ações de cumprimento relativas à cobrança de contribuição assistencial prevista em convenção coletiva de trabalho firmada entre Sindicato Patronal e empresas, a teor do que preceitua o art. 1º da Lei n. 8.984/95. Precedentes da Corte.
2. Conflito conhecido para declarar competente o Juízo da Vara do Trabalho de Uruguaiana/RS, o suscitado. (STJ. Processo: CC 41.501-RS. Primeira Seção. Data do Julgamento: 14/04/2004. Ministro Relator Castro Meira. Data de Publicação: 21/06/2004).

CONFLITO DE COMPETÊNCIA. AÇÃO DE CUMPRIMENTO PROPOSTA POR SINDICATO PATRONAL CONTRA EMPRESA. CONTRIBUIÇÃO ASSISTENCIAL PATRONAL PREVISTA EM CONVENÇÃO COLETIVA.
1. Compete à Justiça do Trabalho processar e julgar ação judicial proposta por sindicato patronal contra empregador, na qual se discute sobre a exigibilidade, ou não, de contribuição destinada ao custeio das atividades daquele, prevista em convenção coletiva.
2. Aplicação literal do art. 1º da Lei n. 8.984, de 07.02.95.
3. Conflito conhecido para declarar a competência da Justiça do Trabalho (STJ. Processo: CC n. 22.572/SP. Segunda Seção. Data de Julgamento: 14/10/1998. Ministro-Relator Carlos Alberto Menezes Direito. Data da Publicação 30.11.1998).

Parece que, desde a edição da referida Lei, mais acertado é o ponto de vista do Superior Tribunal de Justiça, porque a orientação jurisprudencial acabou por criar uma celeuma, pois trouxe uma exceção não abarcada pela legislação específica. E não existia peculiar razão a justificar que, no caso das contribuições assistenciais, relativamente ao sindicato patronal, o juízo competente fosse o cível.

Quanto aos dissídios decorrentes das contribuições sindicais compulsórias, era pacífico o entendimento de que aqueles seriam dirimidos pela Justiça Comum, com base no disposto na Súmula de n. 222 do STJ.[394] Sendo assim, as ações de consignação em pagamento, as monitórias ou mesmo as ações de cobrança relativas ao "imposto sindical" eram apreciadas pela Justiça Comum.

Era este o cenário até a entrada em vigência da Reforma do Poder Judiciário. Entretanto, nos termos da nova redação do artigo 114, inciso III, da Constituição Federal, conforme já se destacou anteriormente, a situação mudou, e as ações referentes "à contribuição sindical a que aludem os arts. 548 e 578 da CLT, as que versem sobre mensalidade sindical e ainda

---

que se nega provimento". (TST-E-RR-44.406/2002-900-04-00.6, rel. Min. Milton de Moura França, jul. 19/05/2003).

[394] STJ. Súmula n. 222: Compete à Justiça Comum processar e julgar as ações relativas à contribuição sindical prevista no artigo 578 da CLT.

entre sindicatos e empregadores situam-se no âmbito da competência da Justiça do Trabalho".[395]

Portanto, uniformizando a competência em relação aos conflitos sindicais, a Emenda Constitucional definiu que a Justiça Especializada é a mais apta a analisá-los. Esse marco referencial histórico fez com que o Tribunal Superior do Trabalho cancelasse, em julho de 2005, a OJ n. 290 da SDI-I. Sobre o tema, consta precedente do STF:

> Ante o disposto no artigo 1º da Lei n. 8.984/95, à Justiça do Trabalho já competia julgar ação de sindicato de categoria econômica contra empregador, visando à contribuição assistencial estabelecida em contrato coletivo. [...] A competência da Justiça do Trabalho para processar e julgar ações sobre representação sindical, entre sindicatos, entre sindicatos e trabalhadores e entre sindicatos e empregadores – inciso III do artigo 114 da Constituição Federal, com a redação da Emenda n. 45, de 2004 –, abrange demandas propostas por sindicato de categoria econômica contra empregador, objetivando o reconhecimento do direito à contribuição assistencial. (STF. Processo: CC 7.221. Tribunal Pleno. Data do Julgamento: 1º/07/2006. Ministro Relator Marco Aurélio. Data da Publicação: 25/8/2006).

Além disso, o Supremo Tribunal Federal definiu que, também as controvérsias acerca da contribuição sindical, estavam abrangidas pela nova competência, salientando, no entanto, que os processos já sentenciados não são atingidos pela Emenda Constitucional n. 45/2004:

> Conflito negativo de competência. Superior Tribunal de Justiça. Tribunal Superior do Trabalho. Contribuição sindical. Emenda Constitucional n. 45/04. A discussão relativa à legitimidade do sindicato para receber a contribuição sindical representa matéria funcional à atuação sindical, enquadrando-se, diante da nova redação dada pela Emenda Constitucional n. 45/04 ao artigo 114, III, da Constituição Federal, na competência da Justiça do Trabalho. Tratando-se de competência absoluta, em razão da matéria, produz efeitos imediatos, a partir da publicação da referida emenda, atingindo os processos em curso, incidindo o teor do artigo 87 do Código de Processo Civil. Aplica-se, portanto, o posicionamento adotado no CC n. 7.204-1/MG, Pleno, Relator o Ministro Carlos Britto, DJ de 9-12-05, que definiu a existência de sentença de mérito na Justiça Comum estadual, proferida antes da vigência da EC n. 45/04, como fator determinante para fixar a competência da Justiça Comum, daí a razão pela qual se mantém a competência do Superior Tribunal de Justiça [...]. (STF. Processo: CC 7.456. Tribunal Pleno. Data de Julgamento: 07/04/2008. Ministro-Relator Menezes Direito. Data da Publicação: 20/06/2008).

Transformaram-se, igualmente, as decisões do Superior Tribunal de Justiça, inclusive, no sentido de não mais aplicar o exposto na Súmula de n. 222, reconhecendo-se a competência da Justiça do Trabalho para as demandas que versem sobre o "imposto sindical":

> DIREITO SINDICAL. RECURSO ESPECIAL. AÇÃO DE CONSIGNAÇÃO EM PAGAMENTO. CONTRIBUIÇÃO SINDICAL. DISPUTA ENTRE SINDICATOS. EC N. 45/04. ART. 114, III, DA CF/88. SUPERIOR TRIBUNAL DE JUSTIÇA. INCOMPETÊNCIA. CHAMAMENTO DO FEITO À ORDEM.

---

[395] BARROS, 2009, op. cit., p. 1247.

1. Após a Emenda Constitucional n. 45/04, a Justiça do Trabalho passou a deter competência para processar e julgar não só as ações sobre representação sindical (externa – relativa à legitimidade sindical, e interna – relacionada à escolha dos dirigentes sindicais), como também os feitos intersindicais e os processos que envolvam sindicatos e empregadores ou sindicatos e trabalhadores.
2. As ações de consignação em pagamento de contribuição sindical proposta pelo empregador contra os diversos sindicatos representativos de uma mesma categoria profissional ou econômica, após a Emenda, devem ser processadas e julgadas pela Justiça Laboral.
3. A regra de competência prevista no art. 114, III, da CF/88 produz efeitos imediatos, a partir da publicação da EC n. 45/04, atingindo os processos em curso, ressalvado o que já fora decidido sob a regra de competência anterior. Em conseqüência, impõe-se a remessa dos autos ao Juízo do Trabalho na respectiva jurisdição, devendo ser anulada decisão proferida por órgão judiciário que se tornou incompetente após a publicação da Emenda Constitucional n. 45/04.
4. Diante da incompetência deste Superior Tribunal de Justiça para processar e julgar o recurso após a publicação da EC n. 45/04, deve-se chamar o feito à ordem para tornar sem efeito a decisão de fls. 1087/1090 e determinar a remessa dos autos ao TST.
5. Agravo regimental prejudicado. (STJ. Processo: AgRg no RESP n. 700080/RS. Segunda Turma. Data de Julgamento: 19/05/2005. Ministro Relator Castro Meira. Data de Publicação: 01º/08/2005).

É indubitável que a modificação, de responsabilidade do legislador constituinte derivado, merece aplauso, uma vez que encerra uma disputa acirrada no que diz respeito ao juízo competente para apreciar demandas sindicais. Com efeito, a Justiça Especializada é a mais apta para julgar ações em que os sindicatos, profissionais ou patronais, exijam o recolhimento das contribuições sindicais, confederativas ou assistenciais, ou, ainda, quando se tratem de consignações em pagamento, ações monitórias, etc.[396]

---

[396] Conforme explica João Oreste Dalazen: "Sabe-se que, disciplinada em lei de modo minucioso (CLT, arts. 578 a 610), a cobrança da contribuição sindical opera-se mediante execução de título extrajudicial, com os princípios da Fazenda Pública, exclusive "foro especial" (CLT, art. 606 e §§). Uma vez que se trata de lide entre sindicato e empregador, toca agora à Justiça do Trabalho, em virtude do que reza o art. 114, III, da CF/88, executar o empregador inadimplente em contribuição sindical, a requerimento do interessado". Ver: DALAZEN, 2005b, op. cit., p. 272-273. Quando ocorre inadimplência, dispõe o artigo 606 da CLT que o Ministério do Trabalho fará o lançamento para dar exigibilidade e liquidez ao título, para, em seguida, expedir certidão de dívida, conferindo-lhe certeza. O problema, como explica Carlos Alberto Robinson, é que "há algum tempo o Ministério do Trabalho se nega a expedir a certidão de dívida ativa, sob a justificativa de que para tanto teria que determinar o enquadramento sindical das empresas, e isto importa em ingerência do Estado na organização sindical, o que é vedado pela CF de 1988, no art. 8º. Segundo doutrinadores de escol, a eficácia do art. 606 da CLT não foi afetada pela CF/88, contrariamente à conclusão do Ministério do Trabalho [...] Constata-se, assim, que a negativa do Ministério do Trabalho em expedir certidão de dívida constitui ato ilegal, que desafia a impetração de mandado de segurança por parte das entidades sindicais, perante as Varas do Trabalho, objetivando a expedição da referida certidão, para posteriormente ingressar com a ação executiva". Ver: ROBINSON, Carlos Alberto. Contribuição Sindical – Cobrança via ação monitória. Disponível em < http://www.trt4.jus.br/portal/portal/trt4/comunicacao/noticia/info/ NoticiaWindow?cod=210393&action=2&destaque=false>. Acesso em: 20 jun. 2009. Em razão dessas medidas burocráticas, é que as entidades sindicais têm ajuizado ações monitórias, com base no artigo 1102-A do CPC. Há divergência no Tribunal Superior do Trabalho acerca de quais documentos se

3. A Emenda Constitucional 45/2004 frente aos conflitos coletivos de trabalho – da autocomposição ao dissídio coletivo

3.1. A EXPRESSÃO *CONFLITO COLETIVO*

A partir da análise das grandes modificações causadas pela Emenda Constitucional n. 45/2004 no plano da greve bem como no da representação sindical, é imprescindível que se discorra acerca dos seus reflexos sobre os conflitos coletivos de trabalho, que têm por finalidade precípua a busca de condições dignas e benéficas aos trabalhadores das mais variadas categorias profissionais.

No Direito do Trabalho, é sabido que, em certas circunstâncias, não incidirá a harmonia no desenvolvimento das relações laborais, resultando disso o conflito entre as partes. Mozart Victor Russomano e G. Cabanellas asseveram que:

---

enquadram no conceito de "prova escrita sem eficácia de título executivo". No caso das contribuições sindicais rurais, baseado em precedente do Superior Tribunal de Justiça, bastaria a juntada das guias de recolhimento da contribuição sindical, sem a necessidade, por exemplo, de comprovação escrita da notificação prévia do sujeito passivo tributário. (TRIBUTÁRIO – CONTRIBUIÇÃO SINDICAL RURAL – EXIGÊNCIA: LEGITIMIDADE DA CNA – PRECEDENTES. 1. Incide a Súmula 284/STF se o recorrente, a pretexto de violação do art. 535 do CPC, limitar-se a alegações genéricas, sem indicação precisa da omissão, contradição ou obscuridade do julgado. Inúmeros precedentes desta Corte. 2. A Confederação Nacional da Agricultura possui legitimidade para exigir o recolhimento da contribuição sindical rural. 3. Com o advento da Lei 8.847/94, cessou a competência da SRF para a arrecadação das contribuições sindicais devidas pelos produtores rurais e pelos trabalhadores rurais, que passaram ao encargo dos órgãos titulares, respectivamente, CNA – Confederação Nacional da Agricultura e CONTAG – Confederação Nacional dos Trabalhadores na Agricultura. Precedentes desta Corte. 4. Tratando-se de obrigação ex vi legis, as guias de recolhimento da contribuição sindical enquadram-se no conceito de "prova escrita sem eficácia de título executivo" (art. 1.102, "a", do Código de Ritos), sendo suficientes à propositura da ação monitória. 5. Recurso especial provido.- (STJ. Processo: Resp 825550/SP, Ac. 2ª Turma, Ministra Eliana Calmon, DJ 08/05/2008). O Tribunal Superior do Trabalho entende que, para suprir a ausência de comprovação de notificação, basta que existam editais publicados em jornais de circulação regional, conforme artigo 605 da CLT (TST. Processo: RR-620/2007-373-04-40.0. 8ª Turma. Data de Julgamento: 12/11/2008. Ministra-Relatora Dora Maria da Costa. Data de Publicação: 14/11/2008). No entanto, outras Turmas entendem que é imprescindível a notificação.

Entre suas várias acepções, o vocábulo conflito interessa, aqui, quando se refere à oposição de interesses em que as partes não transigem ou ao choque ou à colisão de direitos ou pretensões. Quando essa oposição ou disputa se manifesta entre um grupo de trabalhadores e um ou mais empregadores, diz-se que o conflito, além de ser trabalhista, em razão da atividade que desenvolvem os sujeitos, é coletivo, porquanto pertence à coletividade, não por suas relações individuais de trabalho, mas sim, em consideração aos direitos e interesses desse mesmo grupo, concebido autonomamente.[397]

No mundo jurídico, o termo *conflito* é empregado quando se quer denominar posições antagônicas. Importante destacar a origem etimológica dessa palavra, derivada do latim *conflictus*, que nasceu do *confligere*, isto é, tem como significado "combater", "lutar".[398]

A expressão *conflito de trabalho* resulta dos atritos ou dos choques provenientes da prestação de serviços do trabalhador ao empregador, motivo pelo qual existem inúmeros tipos de conflito, que poderão ser definidos pelo objeto em discussão ou mesmo pelos sujeitos participantes.

Os conflitos são estudados na dimensão dos sujeitos conflitantes, sendo classificados como individuais, ao envolverem um obreiro ou vários deles (cada um individualmente considerado) e o empregador, ou coletivos, no momento em que houver a reunião de um grupamento de trabalhadores e um ou diversos representantes patronais, no interesse da coletividade. É importante destacar que a natureza do conflito não se define pelo número de participantes, mas sim pelos interesses controversos. Amauri Mascaro Nascimento ressalta que:

> Conflitos trabalhistas, como são denominados aqueles que surgem entre trabalhadores e os empregadores, nascem de um conjunto de circunstâncias fáticas, econômicas e outras, como a insatisfação com a própria condição pessoal, social ou profissional. O conflito não é apenas a insatisfação com as condições de trabalho, mas, também, a exteriorização dessa insatisfação, expressada como ruptura com o modelo jurídico, pondo em crise a relação de trabalho. A ruptura não observa uma unidade de forma e, às vezes, tem a máxima evidência, como na greve. [...] O conflito leva a uma reformulação da situação existente, conquanto não seja a única forma pela qual essa situação possa ser reformulada. Em sua base está, também, uma problemática de produção de novos modelos jurídicos, de estruturas normativas como unidades integrantes de um conjunto fático-axiológico.[399]

É imprescindível referir que a mutabilidade do Direito, decorrente dos novos fatos que surgem, acarreta uma reconstrução dialética da Ciência Jurídica, que se completa a partir de decisões, compreendidas como

---

[397] RUSSONAMO, Mozart Victor; CABANELLAS, Guillermo. *Conflitos coletivos de trabalho*. Trad. de Carmen Dolores Russomano Galvão e Juraci Galvão Jr. São Paulo: RT, 1979, p. 3.

[398] RUSSONAMO; CABANELLAS, loc. cit.

[399] NASCIMENTO, 2005, op. cit., p. 290.

a escolha de uma opção, dentre tantas possíveis, ou da imposição de um poder institucionalmente constituído ou contratualmente investido.[400]

Do mesmo modo, a resolução da controvérsia será mais eficaz, logicamente, se houver consenso entre os litigantes, a partir da livre manifestação de vontade. Em caso de inexistência deste consenso, entrará em cena um terceiro, absolutamente desinteressado no tocante ao conflito, a fim de buscar possível solução.

Afirmou-se, anteriormente, que os conflitos poderiam ser individuais ou coletivos. Poderão, ainda, ser classificados como econômicos ou jurídicos. Se antes, importava o critério subjetivo, aqui a preocupação é quanto à finalidade. Serão econômicos, quando envolverem a busca de inovações e de melhores condições de trabalho à classe obreira. Serão jurídicos, quando a controvérsia girar em torno da aplicabilidade ou da interpretação de determinada norma, ou seja, visa-se à declaração do melhor sentido ou da melhor forma de aplicação de alguma norma que deixou de ser cumprida pelo empregador.[401]

A relevância política, social e econômica das relações jurídicas laborais motiva, nos tempos atuais, a intervenção estatal no seu surgimento e no seu desenvolvimento, por intermédio de regras que orientam o comportamento dos trabalhadores e empregadores. Contudo, no que diz respeito aos conflitos coletivos de trabalho, o órgão estatal ou um terceiro imparcial interferirão, tão somente, se houver fracasso nas chamadas soluções diretas, pela via da negociação coletiva de trabalho, bem como, e porque não afirmar, da constituição dos movimentos grevistas.

Por esta razão, passa-se ao estudo das formas de solução dos conflitos coletivos de trabalho, mais precisamente acerca da autocomposição e da heterocomposição. É importante asseverar que a autodefesa, cujos componentes são a greve e o *lock out*, já foi abordada no capítulo anterior.

3.2. A NEGOCIAÇÃO COLETIVA DE TRABALHO E A MEDIAÇÃO COMO FORMAS DE UTOCOMPOSIÇÃO DO CONFLITO COLETIVO

Ao se empregar o termo *autocomposição*, o objetivo é conceituar a forma de solução dos conflitos a partir da atividade dos próprios interessados, sem a intervenção de outros agentes na pacificação. Maurício Godinho Delgado aduz que "são modalidades de autocomposição a re-

---

[400] NASCIMENTO, loc, cit.
[401] Amauri Mascaro Nascimento considera que os conflitos econômicos podem ser chamados de conflitos de interesse, e os conflitos jurídicos têm como sinônimo conflitos de Direito. Ibid., p. 292.

núncia, a aceitação (ou resignação ou, ainda, submissão) e a transação".[402] No entanto, o próprio autor salienta que essas figuras existem, exclusivamente, no âmbito da sociedade civil ou dentro de um Processo judicial.[403]

No Direito Coletivo do Trabalho, a autocomposição é representada pela negociação coletiva, insculpida nos já referidos artigos 7º, inciso XXVI,[404] e 8º, inciso VI,[405] da Constituição Federal, e nos artigos 611,[406] *caput* e § 1º e 616 da CLT. Esta importa em método utilizado pelos trabalhadores e pelos empregadores, regra geral informal, por seus órgãos de representação, buscando, como já se citou, a implementação de melhores condições de trabalho aos contratos individuais dos trabalhadores.

No Brasil, a negociação coletiva constitui-se como um processo dialético entre os componentes representantes do capital e do trabalho.[407] Indiscutível é, pois, a sua excrescência para equilibrar as relações de trabalho, visto que há a busca constante de ampliação de direitos à classe empregatícia, além da viabilidade de colocar fim aos conflitos coletivos.

A importância da negociação coletiva para as relações de trabalho é tanta que a Organização Internacional do Trabalho, em 03 de junho de 1981, aprovou a Convenção n. 154, consagrando as principais diretrizes acerca dessa modalidade.[408]

O artigo 2º da Convenção designa a negociação coletiva como:

> Todas as negociações que tenham, de um lado, um empregador, um grupo de empregadores ou uma ou várias organizações de empregadores e, de outro, uma ou várias organizações de trabalhadores com a finalidade de fixar as condições de trabalho e emprego, regular as relações entre trabalhadores e empregadores, bem como as relações entre os

---

[402] DELGADO, 2008b, op. cit., p. 203. O autor explica que: "A renúncia ocorre quando o titular de um direito dele se despoja, por ato unilateral seu, em favor de alguém. A aceitação verifica-se quando uma das partes reconhece o direito da outra, passando a conduzir-se em consonância com esse reconhecimento. A aceitação pode comportar situações diferenciadas (embora muito próximas, é claro), segundo o estado de espírito e conduta da parte que confere a aquiescência. Ela envolve a aceitação, no sentido estrito, e a resignação ou submissão – que são a inércia em reagir em face da manifestação do direito de outrem. Registre-se, por fim, que também se utiliza a expressão composição para designar a aceitação ou reconhecimento do direito de outrem. A transação, por sua vez, verifica-se quando as partes que se consideram titulares do direito solucionam o conflito através da implementação de concessões recíprocas". DELGADO, loc. cit.

[403] DELGADO, loc. cit.

[404] CF. Artigo 7º: São direitos dos trabalhadores urbanos e rurais, além de outros que visem à melhoria de sua condição social: XXVI – reconhecimento das convenções e acordos coletivos de trabalho.

[405] CF. Artigo 8º: É livre a associação profissional ou sindical, observado o seguinte: VI – é obrigatória a participação dos sindicatos nas negociações coletivas de trabalho.

[406] Ver nota de rodapé n. 337.

[407] BRITO FILHO, João Cláudio Monteiro de. *Direito Sindical*. 2. ed. São Paulo: LTr, 2007, p. 147.

[408] Disponível em: <http://www.ilo.org/ilolex/spanish/convdisp1.htm>.

empregadores e suas organizações e uma ou várias organizações de trabalhadores, ou lograr todos esses objetivos de uma vez.[409]

O que chama a atenção no texto da referida Convenção é que, embora a negociação coletiva possa ser norteada por uma única empresa de um lado, obrigatoriamente, do outro, deverá figurar a entidade categorial profissional representativa. Verifica-se que a Constituição Federal, aproximadamente, sete anos depois, inclui os preceitos da Convenção n. 154, firmando a imprescindível participação das entidades sindicais nas negociações coletivas, de acordo com o artigo 8º, inciso VI.

Octávio Bueno Magano e Estêvão Mallet realçam que a negociação coletiva é o processo tendente à solução do conflito coletivo. Daquela, devem, primordialmente, participar os sindicatos dos trabalhadores e dos empregadores (Constituição, art. 8º, VI), salvo quanto às negociações voltadas à celebração de acordo coletivo, que, por definição, dispensam a participação do sindicato patronal.[410]

É imperioso apreciar quais são as funções dessa forma de autocomposição, principalmente, no que diz respeito à sua importância para o Direito do Trabalho. Maurício Godinho Delgado explica que "tais funções comportam a geração de normas jurídicas, a pacificação dos conflitos de natureza sociocoletiva, uma clara função sociopolítica e, finalmente, uma inegável função econômica".[411]

Destaca-se a relevância da função normativa, "pois, no mais das vezes, o principal objetivo da negociação coletiva é criar normas e condições de trabalho".[412] A elaboração dessas regras, que em momento algum podem ser confundidas como meras cláusulas obrigacionais, normatiza os contratos de trabalho das bases negociantes, transformando-lhe em importante instrumento de crescimento político, econômico e social. Neste contexto, no momento em que a negociação obtém êxito, acaba por tornar-se carta normativa, propícia a regular as relações de emprego, individualmente consideradas. A concretização dessa função se dá por meio das convenções coletivas de trabalho e dos acordos coletivos de trabalho, que serão abordados mais adiante.

---

[409] Artículo 2: A los efectos del presente Convenio, la expresión negociación colectiva comprende todas las negociaciones que tienen lugar entre un empleador, un grupo de empleadores o una organización o varias organizaciones de empleadores, por una parte, y una organización o varias organizaciones de trabajadores, por otra, con el fin de: a) fijar las condiciones de trabajo y empleo, o b) regular las relaciones entre empleadores y trabajadores, o c) regular las relaciones entre empleadores o sus organizaciones y una organización o varias organizaciones de trabajadores, o lograr todos estos fines a la vez. (tradução livre).

[410] MAGANO, Octávio Bueno; MALLET, Estêvão. *O Direito do Trabalho na Constituição*. Rio de Janeiro: Forense, 1993, p. 294.

[411] DELGADO, 2008b, op. cit., p. 124.

[412] BRITO FILHO, 2007, op. cit., p. 148.

No que concerne ao campo obrigacional, a negociação tem como finalidade criar direitos e deveres entre os sujeitos negociantes, sem qualquer incidência nos contratos individuais de trabalho. Amauri Mascaro Nascimento afirma que, com essa finalidade, "a negociação é usada para estabelecer deveres e faculdades a serem cumpridas pelas organizações pactuantes, de caráter nitidamente obrigacional entre elas [...] não atingindo empregados e empregadores do setor".[413]

Fala-se, também, de outra função grandiosa diretamente vinculada à pacificação dos conflitos coletivos. Conforme declara Maurício Godinho Delgado, "a negociação juslaboral é meio de solução de importantes conflitos sociais, que são aqueles que surgem em torno da relação de emprego, ganhando projeção grupal, coletiva".[414]

Por fim, constata-se a existência, ainda, da função social, da política e da econômica. A primeira é desempenhada a partir da participação dos empregados nos processos de decisão das empresas. Amauri Mascaro Nascimento ressalta que essas práticas são encontradas nos países que, por exemplo, firmam cláusulas em convenções, vedando-se, assim, o direito de greve durante a sua vigência.[415] Quanto à função política, não resta dúvida de sua existência no campo do Direito Coletivo do Trabalho, pela via da negociação. Certamente, deve haver um equilíbrio entre os interesses das categorias antagônicas, por meio das ações pacíficas entre mão de obra e capital. A terceira função é de cunho econômico, "consistente em sua aptidão para produzir a adequação às particularidades regionais ou históricas de regras de indisponibilidade apenas relativa, características do Direito Individual do Trabalho".[416] Realmente, o encargo econômico, inerente às negociações coletivas, autoriza a busca de um meio termo entre as possibilidades do empregador com as necessidades da categoria profissional.

A partir de suas funções, aliada ao que já dispunha a Organização Internacional do Trabalho, a negociação coletiva atingiu o patamar constitucional, no ordenamento pátrio, principalmente, porque o artigo 7º, inciso XXVI, da Carta Política reconheceu as convenções e os acordos coletivos de trabalho. Tanto isso é verdade que ambos são considerados fontes formais autônomas do Direito do Trabalho. João de Lima Teixeira Filho comenta:

> A elocução constitucional transcende, em muito, à forma de exteriorização do pactuado. Contém, na verdade, o reconhecimento estatal do poder inerente às pessoas e, pois, aos

---

[413] NASCIMENTO, 2005, op. cit., p. 346.
[414] DELGADO, 2008b, op. cit., p. 126.
[415] NASCIMENTO, 2005, op. cit., p. 347.
[416] DELGADO, loc. cit.

grupos por elas organizados de autoconduzirem-se, de co-decidirem sobre o ordenamento de condições de trabalho, de protagonizarem a autocomposição de seus interesses coletivos, solverem suas desinteligências fora do Estado, pela via do entendimento direto, valendo, o que restar pactuado, como lei entre as partes e cada um dos membros representados, se inexistir malferimento à norma de ordem pública estatal.[417]

O crescimento da negociação coletiva é visível, tanto que a própria jurisprudência brasileira tem dado validade às cláusulas nela constantes, como nos casos das compensações de jornada e nos planos de participação nos resultados da empresa. Sem falar que o legislador constituinte, ao redigir o artigo 7º, explicitou três casos em que poderá haver alteração da disposição constitucional, a partir das normas coletivas: a irredutibilidade salarial, salvo o exposto em convenção ou em acordo coletivo (inciso VI); a duração do trabalho normal não superior a oito horas diárias e a quarenta e quatro horas semanais, facultada a compensação de horários e a redução da jornada, mediante acordo ou convenção coletiva de trabalho (inciso XIII); jornada de seis horas para o trabalho realizado em turnos ininterruptos de revezamento, salvo negociação coletiva (inciso XIV).

Amauri Mascaro Nascimento expõe que os constantes confrontos ocorridos no Brasil entre o negociado e o legislado não têm o mesmo impacto em países europeus, como Itália e Espanha, pois, nesses locais, a legislação trabalhista possui menor espaço frente aos convênios coletivos. Aqui, o espaço ocupado pela lei é bem maior: isso acaba gerando inúmeros atritos com as normas coletivas.[418] Ao encontro dessa observação, Luciane Cardoso Barzotto salienta:

> A negociação coletiva tem como objeto a definição das condições de trabalho e emprego num sentido amplo. Os acordos ou convenções coletivas possuem caráter vinculante e devem fixar condições de trabalho mais favoráveis que as estabelecidas por lei, prevalecendo os contratos individuais somente se forem mais benéficos ao trabalhador.[419]

Com base no postulado de que a negociação coletiva deva estipular cláusulas mais benéficas que as estipuladas pelo legislador, surgem dois

---

[417] TEIXEIRA FILHO, João de Lima. *Instituições de Direito do Trabalho*. v. 2. 22. ed. São Paulo: LTr, 2005, p. 1190-1191.

[418] NASCIMENTO, 2005, op. cit., p. 350-351. O autor explica que "a supremacia da Constituição é absoluta, só que as Constituições da maioria dos países são sintéticas e não analíticas como a nossa. A tendência da legislação intervencionista é encaminhar-se para a tutela da personalidade, da saúde, da segurança, do trabalhador em seu meio ambiente de trabalho, valores que a lei deve prestigiar e que não podem ser entregues à lei do mercado, sendo indispensável a atuação do Estados, pelos seus mecanismos de administração pública do trabalho, temas que pela sua significação não podem ser deixados à livre negociação no mercado. [...] Os sindicatos tiveram de aceitar negociar outros temas, antes não-usuais: formas de garantia periódica de empregos, redução dos salários, contratos a prazo, suspensão temporária do contrato de trabalho, dispensas coletivas, programas de requalificação profissional em colaboração com os Governos, compensação de horas, etc". Ibid., p. 351.

[419] BARZOTTO, Luciane Cardoso. *Direitos Humanos e trabalhadores* – atividade normativa da Organização Internacional do Trabalho e os limites do Direito Internacional do Trabalho. Porto Alegre: Livraria do Advogado, 2007, p. 107.

debates: o primeiro é quanto à ultratividade das normas coletivas nos contratos de trabalho após o término de sua vigência, em não havendo renovação; o segundo é quanto à possibilidade de cláusulas *in pejus*.

À análise da primeira discussão, os doutrinadores buscam saber se, ao cessar a vigência das normas coletivas, as cláusulas nela estipuladas, e que não foram renovadas, perdem o efeito ou são incorporadas nos contratos de trabalho dos empregados. Para responder a este questionamento, existem duas teorias.[420] A primeira é a chamada teoria da incorporação. Nesta, após o termo final do instrumento de negociação coletiva, mantêm-se inalteradas as condições de trabalho, independentemente de ter sido ou não aquele renovado. Os fundamentos jurídicos que sustentam essa teoria vinculam-se ao direito adquirido e à inalterabilidade das condições individuais de trabalho[421] "sem a anuência do trabalhador, funcionando o instrumento coletivo como simples veículo transmissor para que o direito venha a instalar-se no contrato individual".[422] É adepto desta teoria, por exemplo, Arnaldo Süssekind, para quem:

> Se a autonomia da vontade, na celebração dos contratos individuais de trabalho não pode contrariar norma de convenção ou acordo coletivo (art. 444 da CLT); se esses instrumentos peculiares do Direito do Trabalho possuem "caráter normativo" ao estipularem condições de trabalho aplicáveis às relações individuais de trabalho sobre as quais incidem (art. 611, *caput* e § 1º, da CLT); se é "considerada nula de pleno direito" a disposição do contrato individual de trabalho que contrariar norma de convenção ou acordo coletivo (art. 619 da CLT); se, finalmente, o contrato individual de trabalho não pode ser alterado em prejuízo do trabalhador (art. 468 da CLT) – parece indubitável que, no sistema legal brasileiro, o preceito de instrumento normativo se incorpora ao contrato individual de trabalho

---

[420] Maurício Godinho Delgado aponta, ainda, uma terceira teoria, chamada de ultratividade relativa ou aderência limitada por revogação. Explica: "Entre as duas vertentes interpretativas, há a que defende a aderência limitada por revogação. É a posição tecnicamente mais correta e doutrinariamente mais sábia – embora não seja, reconheça-se, ainda prestigiada de modo notável na jurisprudência. Para esta posição intermediária, os dispositivos dos diplomas negociados vigorariam até que novo diploma negocial os revogasse". Ver: DELGADO, 2008b, op. cit., p. 157. O Tribunal Regional do Trabalho da Bahia editou a Súmula de n. 2 com o seguinte conteúdo: Súmula n. 2 do TRT5 – Ultratividade de Normas Coletivas -"As cláusulas normativas, ou seja, aquelas relativas às condições de trabalho, constantes dos instrumentos decorrentes da autocomposição (Acordo Coletivo de Trabalho e Convenção Coletiva de Trabalho) gozam do efeito ultra-ativo, em face do quanto dispõe o art. 114, § 2º, da Constituição Federal de 1988, incorporando-se aos contratos individuais de trabalho, até que venham a ser modificadas ou excluídas por outro instrumento da mesma natureza." (Resolução Administrativa n. 19/2002 – Publicada no Diário Oficial do TRT da 5ª Região, edições de 03, 04 e 05/6/2002). A Lei n. 8.542/92, em seu artigo 1º, § 1º, dispunha que "as cláusulas dos acordos, convenções ou contratos coletivos de trabalho integram os contratos individuais de trabalho e só poderão ser reduzidas ou suprimidas por posterior acordo, convenção ou contrato coletivo de trabalho". Houve revogação dessa disposição pela Medida Provisória n. 1.053, de 1.07.95 e posterior conversão na Lei n. 10.192/2001.

[421] Expressão utilizada por Amauri Mascaro Nascimento. Ver: NASCIMENTO, 2005, op. cit., p. 355.

[422] NASCIMENTO, *loc. cit.*

e preenche o vazio contratual existente ou substitui, se for o caso, a cláusula contratual que lhe contrariar.[423]

A segunda corrente, que funciona como antítese à primeira, é a denominada teoria da não incorporação, cujo conteúdo dispõe que, ao cessar a vigência da norma coletiva, consequentemente, os seus efeitos jurídicos serão extintos, porque refletiria a livre manifestação de vontade das partes pactuantes, em um prazo certo de duração. Os pilares dessa teoria encontram base no princípio do *pacta sunt servanda*, na natureza contratual dos instrumentos coletivos, na inexistência de cláusula legal sobre a ultratividade das disposições resultantes da vontade das partes, e, talvez, por uma das principais razões, que seria o desestímulo à negociação coletiva que advém da incorporação, "sério obstáculo a concessões, em detrimento de interesses dos trabalhadores, que perderão, assim, uma via adequada para a obtenção de vantagens maiores do que as previstas em lei ou integradoras das lacunas da legislação".[424]

O Tribunal Superior do Trabalho adota a teoria da não incorporação, a partir do exposto na Súmula n. 277. Há a previsão, no item I, de que as "as condições de trabalho alcançadas por força de sentença normativa, convenção ou acordo coletivos vigoram no prazo assinado, não integrando, de forma definitiva, os contratos individuais de trabalho".[425] Sobre isso, leia-se o acórdão da 1ª Turma do Tribunal Superior do Trabalho, de relatoria do Ministro João Oreste Dalazen:

> CONVENÇÃO COLETIVA DE TRABALHO. EFICÁCIA. REPERCUSSÃO NO CONTRATO DE TRABALHO.
> 1. A vantagem ou condição de trabalho assegurada em convenção coletiva não pode ultrapassar os limites e as condições impostas no instrumento normativo. Assim, as cláusulas normativas incorporam-se ao contrato de trabalho apenas no período de vigência.
> 2. Extinta a norma coletiva, o benefício não mais permanecerá surtindo efeito no contrato individual. Incidência da Súmula n. 277 do TST.
> 3. Recurso de revista de que se conhece e a que se dá provimento. (TST. Processo: RR 629871/2000.8. 1ª Turma. Data de Julgamento: 11/12/2002. Relator Ministro João Oreste Dalazen. Data de Publicação: 21/02/2003).

É imperioso acentuar, entretanto, que há uma exceção ao princípio da não incorporação definitiva das cláusulas normativas nos contratos individuais de trabalho. É o que o Direito francês chamou de "vantagem individual adquirida", em razão da aplicação da norma coletiva.[426] Essas

---

[423] SÜSSEKIND, Arnaldo. *Comentários à Constituição.* v. 1. Rio de Janeiro: Livraria Freitas Bastos, 1990, p. 460-461.

[424] NASCIMENTO, 2005, op. cit., p. 356.

[425] TST. Súmula n. 277. Redação determinada pelo Res. TST 161/2009 (DJE 20.11.2009).

[426] ALMEIDA, Renato Rua de. Das cláusulas normativas das convenções coletivas de trabalho: conceito, eficácia e incorporação nos contratos individuais de trabalho. *Revista Ltr,* n. 60-12, p. 1604, dez. 1996.

vantagens, para serem incorporadas aos contratos de trabalho, devem ser individualmente adquiridas, isto é, o empregado tenha-se delas beneficiado ou implementado as condições para beneficiar-se. Por último, tais vantagens individuais devem ter caráter continuado, e não ocasional, bem como não depender de evento futuro e incerto. Pode-se exemplificar uma cláusula que preveja a estabilidade especial de empregado acidentado, com redução de sua capacidade funcional. Se o empregado sofreu o acidente, com a redução de sua capacidade funcional, efetivou os requisitos para beneficiar-se definitivamente da estabilidade do acidentado, mesmo que, eventualmente, tal cláusula seja revisada ou revogada posteriormente.[427]

Sendo assim, embora não se reconheça a possibilidade de incorporação definitiva aos contratos de trabalho das condições estabelecidas em norma coletiva, pela própria natureza temporária destas, além da consagração constitucional da autonomia coletiva, existem exceções. No exemplo acima, os pactuantes resolveram, na negociação, outorgar o direito à estabilidade aos trabalhadores acidentados ou aos portadores de doença profissional. Disposição convencionada posterior não pode reduzi-lo ou revogá-lo, sob pena de trazer a incerteza e a insegurança jurídica. Nessa linha de raciocínio, manifestou-se o Tribunal Superior do Trabalho:

> AGRAVO. AGRAVO DE INSTRUMENTO EM RECURSO DE REVISTA. ESTABILIDADE NO EMPREGO ASSEGURADA EM NORMA COLETIVA. VIGÊNCIA. A teor da OJ 41 da SDI-I do TST, – preenchidos todos os pressupostos para a aquisição de estabilidade decorrente de acidente ou doença profissional, ainda durante a vigência do instrumento normativo, goza o empregado de estabilidade mesmo após o término da vigência deste. – Agravo conhecido e não-provido. (TST. Processo: A-AIRR – 896/2001-105-15-00.4. 3ª Turma. Data de Julgamento: 29/04/2009. Relatora Ministra: Rosa Maria Weber Candiota da Rosa. Data de Publicação: 22/05/2009).

Em virtude da incorporação ou não das normas convencionadas pelas partes, surge a dúvida no tocante à possibilidade de estabelecer-se cláusulas *in pejus* nos instrumentos de negociação coletiva. Resta claro que, para aqueles que defendem a teoria da incorporação, seria impossível a adoção de disposições *in pejus* nas normas subsequentes.

Todavia, importa aqui um juízo crítico sobre a matéria. É indubitável que as cláusulas *in mellius* visam à proteção do empregado, concedendo-lhe maiores e melhores direitos, superiores, inclusive, àqueles previstos na legislação. As controvérsias, por óbvio, estão em torno da hipótese de retrocesso dessas condições. Por isso, é salutar diferenciar duas situa-

---

[427] TST. SDI-I. Orientação Jurisprudencial n. 41: Estabilidade. Instrumento Normativo. Vigência. Eficácia. Preenchidos todos os pressupostos para a aquisição de estabilidade decorrente de acidente ou doença profissional, ainda durante a vigência do instrumento normativo, goza o empregado de estabilidade, mesmo após o término da vigência deste.

ções, quais sejam, os direitos advindos da lei e os direitos provenientes das negociações coletivas. Amauri Mascaro Nascimento reconhece que, quando houver autorização legal para estipulações *in pejus* de direitos assegurados em lei, "são admitidas, porque é a lei a expressão da vontade geral e, por expressar o interesse geral, pode sobrepor-se ao particular".[428] Contudo, no caso das vantagens atribuídas pela negociação coletiva, não resultantes da lei, e, portanto, não procedentes de um imperativo legal –, poderia haver redução ou supressão pela negociação.[429]

Gino Giugni esclarece que um contrato coletivo superveniente pode alterar, *in pejus*, para os empregados, institutos que tenham como fonte precedente insculpida em norma coletiva, e não, obviamente, em disposição legal inderrogável ou mesmo nos contratos individuais.[430] Afirma, também, que a única limitação a esta assertiva está constituída pela intangibilidade de direitos que já adentraram no patrimônio do trabalhador, por meio de uma prestação já satisfeita em uma relação já exaurida ou de uma fase dela já finda.[431]

Com efeito, o argumento que valida a possibilidade de estipulação de cláusulas *in pejus* é igual ao que possibilita a criação de normas mais benéficas, isto é, a autonomia coletiva está diretamente ligada à atividade profissional bem como à viabilidade da atividade empresarial, tanto que, conforme já se referiu, a própria Constituição Federal facultou, no artigo 7º, a suposta flexibilização de alguns direitos.[432] Com os constantes avanços tecnológicos e com a globalização crescente, o momento também é propício para crises. O Direito do Trabalho, certamente, é um dos ramos jurídicos mais afetados pela diminuição de mercado e pela consequente redução de mão de obra. Nesse contexto, surge a necessidade de atuação sindical, na defesa dos direitos e dos interesses dos trabalhadores, na busca de um meio termo, capaz de controlar os efeitos da Economia. Os instrumentos coletivos têm natureza instrumental, destinando-se a criar normas que se projetem nos contratos de trabalho como se fossem parte deles. Desta forma, o instrumento pode ser objetivamente mais favorável

---

[428] NASCIMENTO, 2005, op. cit., p. 359.

[429] NASCIMENTO, loc. cit.

[430] GIUGNI, Gino. *Diritto Sindicale*. Bari: Caducci, 1997, p. 188.

[431] GIUGNI, loc. cit.

[432] Cumpre referir, no que se refere à discussão acerca da autonomia coletiva para a negociação das cláusulas que serão adotadas nos contratos de trabalho, a posição do Tribunal Superior do Trabalho, em sua Seção de Dissídios Individuais I, firmada na Orientação Jurisprudencial n. 372: "Minutos que antecedem e sucedem a jornada de trabalho. Lei n. 10.243, de 27/06/2001. Norma Coletiva. Flexibilização. Impossibilidade. (DJ divulgado em 3, 4 e 5/12/2008). A partir da vigência da Lei n. 10.243, de 27/06/2001, que acrescentou o § 1º ao artigo 58 da CLT, não mais prevalece cláusula prevista em convenção ou acordo coletivo que elastece o limite de 5 minutos que antecedem ou sucedem a jornada de trabalho para fins de apuração das horas extras".

e subjetivamente desfavorável, prevalecendo a autonomia privada coletiva.

Agora, a partir do ordenamento constitucional pátrio, que considera a autonomia coletiva como privada, nos termos do artigo 8°, inciso I, ao prescrever que o Estado não pode interferir na organização sindical, ainda que existam instrumentos corporativistas incompatíveis com um sistema de plena liberdade sindical, no Direito do Trabalho atual, é certo que figura, como uma de suas mais notáveis fontes de cultivo de normas jurídicas, a negociação coletiva, em virtude de firmar o diálogo entre trabalhadores e empregadores, adequando-se às peculiaridades das mais variadas situações. Neste particular, o caso brasileiro, nos dias de hoje, sugere que a negociação coletiva deve pautar-se na legislação, que, como norma de proteção ao trabalhador, supre a insuficiência das entidades sindicais, mantendo as reivindicações operárias no limite das possibilidades nacionais.

Existe uma posição jurisprudencial, todavia, no sentido de que se deve levar em conta a teoria do conglobamento. Em outras palavras, no Brasil, adota-se o entendimento de que "cada conjunto normativo é apreendido globalmente, considerado o mesmo universo temático".[433] Veja-se, sobre o assunto, acórdão proveniente do Tribunal Regional do Trabalho da 15ª Região:

> INSTRUMENTO NORMATIVO – ALTERAÇÃO IN PEJUS – POSSIBILIDADE – TEORIA DO CONGLOBAMENTO – É bem verdade que o art. 7°, inciso XXVI, da CF/88 proclama o reconhecimento das convenções e acordos coletivos de trabalho, e ainda, que os incisos VI e XIII admitem a redução de salário, a realização da compensação de horários e redução da jornada mediante acordo ou convenção coletiva de trabalho, tudo visando diminuir direitos trabalhistas já conquistados, na esteira do movimento de flexibilização abarcado por uma ideologia liberal. Porém, esta medida flexibilizadora não revogou os princípios protetores ao hipossuficiente, tais como o da inalterabilidade prejudicial. Em reforço a esse princípio, ainda temos o critério normativo vedatório de alterações prejudiciais ao empregado, insculpido nos arts. 9°, 444 e 468 da CLT. Em face deste conflito, a doutrina pacificou-se com o entendimento de que não haverá nulidade das convenções ou acordos coletivos pactuados com cláusulas aparentemente desfavoráveis (alteração *in pejus*), desde que, quando analisados em seu todo, haja um resultado benéfico ao trabalhador. Deu-se a isso o nome de Teoria do Conglobamento. Com efeito, se o acordo contiver uma cláusula prejudicial ao trabalhador, para que seja considerado válido é necessário que haja outra cláusula que beneficie o laborista, compensando assim o prejuízo. (TRT15ª R – Proc. 16509/04 – Ac. 26712/04 – 6ª T – Rel. Juiz Flavio Nunes Campos – DOESP 16.07.2004).

Embora existam essas duas modalidades de entendimento no que diz respeito às condições estipuladas nas normas coletivas, é fato imprescindível o acordo de vontade entre as partes pactuantes para que se fale em vinculação ao instrumento negocial. E, se o objetivo é ampliar o cam-

---
[433] DELGADO, 2008b, op. cit., p. 154.

po das negociações coletivas no Brasil, é inegável reconhecer a vigência de suas cláusulas, tão somente, no período estipulado, sem que isso gere adesão definitiva aos contratos individuais de trabalho. Faculta-se, assim, a hipótese de regulamentação das mais variadas matérias atinentes às relações trabalhistas, respeitando-se, é claro, as disposições legais mínimas de proteção ao trabalhador.[434]

3.2.1. Os instrumentos de negociação coletiva

Feitas as considerações iniciais sobre a negociação coletiva *lato sensu*, é salutar que se apreciem os seus instrumentos, quais sejam, a convenção coletiva de trabalho e o acordo coletivo de trabalho. Os chamados diplomas negociais coletivos[435] apresentam-se como proeminências próprias e notáveis do Direito do Trabalho. De acordo com o que, exaustivamente, afirmou-se anteriormente, o artigo 7º, XXVI, da Constituição Federal reconheceu as convenções e os acordos coletivos de trabalho. Poder-se-ia citar, ainda, o contrato coletivo de trabalho; contudo, desde já, é necessário frisar que esta espécie ainda não se encontra normatizada no ordenamento jurídico pátrio, "seja porque não chegou a ser elaborado e imposto, como costume trabalhista, pela prática negocial coletiva vivenciada na sociedade brasileira".[436]

Não se pode esquecer que, segundo a Lei, a negociação coletiva é obrigatória, não podendo haver a recusa da entidade sindical em negociar.[437] A Consolidação das Leis do Trabalho, em seu artigo 611, *caput*,

---

[434] AGRAVO DE INSTRUMENTO EM RECURSO DE REVISTA – HORA NOTURNA REDUZIDA SUPRESSÃO POR NORMA COLETIVA. IMPOSSIBILIDADE. Constatada divergência jurisprudencial, nos termos do art. 896, *a*, da CLT, impõe-se o provimento do Agravo de Instrumento para determinar o processamento do Recurso de Revista. Agravo de Instrumento conhecido e provido HORA NOTURNA REDUZIDA. SUPRESSÃO POR NORMA COLETIVA. IMPOSSIBILIDADE. A regra contida no art. 73, § 1º, da CLT tem caráter tutelar e visa a resguardar a saúde do trabalhador em virtude das condições adversas que resultam do trabalho noturno. Trata-se de norma de ordem pública, infensa, portanto, à negociação coletiva. Inválida, assim, a cláusula de instrumento normativo que prevê a duração da hora noturna como sendo de 60 (sessenta) minutos, ainda que prevendo adicional superior. Precedente. Recurso de Revista conhecido e provido. (TST. Processo: RR – 28686/2000-015-09-40.6. 8ª Turma. Data de Julgamento: 05/08/2009. Relator Ministro: Márcio Eurico Vitral Amaro. Data de Publicação: 07/08/2009).

[435] DELGADO, 2008b, op. cit., p. 136. O contrato coletivo de trabalho estava previsto no § 1º do artigo 1º da Lei n. 8.542/92, conforme nota de rodapé n. 396. No entanto, o dispositivo foi revogado pela Lei n. 10.192/2001, o que resulta em afirmar que a negociação coletiva continua detendo apenas como instrumentos a convenção e o acordo coletivo de trabalho. Sobre contrato coletivo de trabalho, ver: AZEVEDO, Gélson. Contrato coletivo de trabalho. In: FRANCO FILHO, Georgenor Souza. (coord.). *Curso de Direito Coletivo do Trabalho* – estudos em homenagem ao Ministro Orlando Teixeira da Costa. São Paulo: Ltr, 1998, p. 321-325.

[436] AZEVEDO, *loc. cit.*

[437] Artigo 616 da CLT c/c artigo 8º, VI, da CF/88.

ocupou-se de definir a convenção coletiva de trabalho como o "acordo de caráter normativo pelo qual dois ou mais sindicatos representativos de categorias econômicas e profissionais estipulam condições de trabalho aplicáveis, no âmbito das respectivas representações, às relações individuais de trabalho". Com respaldo nessa disposição, é visível que, pelo menos duas entidades sindicais – uma, representativa dos trabalhadores, e outra, representativa dos empregadores, negociam a fim de estancar um conflito coletivo, firmando normas que serão aplicáveis aos contratos individuais de trabalho, por meio de sua representação, respeitado o princípio da unicidade sindical, previsto no artigo 8º, inciso II, da Carta Política.[438]

Para Mozart Victor Russomano, por meio das obrigações contratuais e das criações normativas que decorrem da convenção coletiva, os sindicatos exercem a sua mais nobre função. Mais do que nunca, a negociação coletiva assegura a unidade e a força das categorias interessadas, na busca de melhores, mais justas e mais equilibradas condições de trabalho. Além disso, é por causa dessas relações coletivas – e daí a sua importância – que o Direito do Trabalho não apenas assegura, fortemente, o cumprimento das leis como, da mesma forma, as complementa.[439]

Por essa razão, vislumbra-se que os sindicatos são os legitimados a firmarem convenções coletivas e os seus preceitos são aplicáveis a todos os membros da categoria, sejam ou não sócios. Mesmo os sindicatos das categorias diferenciadas possuem legitimação para negociar em prol dos seus representados. Amauri Mascaro Nascimento preceitua:

> [...] enquanto sujeitos estipulantes são os sindicatos, partes das convenções coletivas são as categorias, uma vez que é sobre estas que os efeitos das convenções coletivas se projetam. A convenção coletiva é instrumento de regulamentação das condições de trabalho de uma categoria. É, também, uma forma de definição de obrigações entre os sujeitos estipulantes, caso em que sujeitos e partes se confundem.[440]

Quanto à legitimidade, cabe ressaltar aqui o disposto no artigo 611, § 2º, da CLT, o qual dita que "as Federações e, na falta destas, as Confederações representativas de categorias econômicas ou profissionais poderão celebrar convenções coletivas de trabalho para reger as relações das categorias a elas vinculadas, inorganizadas em sindicatos, no âmbito de suas representações". Não há dúvida de que a legitimação das Federações e das Confederações é subsidiária, somente nos casos de inexistência de representação pelo sindicato.

---

[438] CF/88. Artigo 8º, II: É vedada a criação de mais de uma organização sindical, em qualquer grau, representativa de categoria profissional ou econômica, na mesma base territorial, que será definida pelos trabalhadores ou empregadores interessados, não podendo ser inferior à área de um Município.

[439] RUSSOMANO, 1998, op. cit., p. 146.

[440] NASCIMENTO, 2005, op. cit., p. 382.

Ainda que seja de origem privada, esta espécie de negociação coletiva tem por finalidade a criação de normas jurídicas, gerais e abstratas, com intuito de regulamentar situações futuras. Em uma concepção formal, "despontam as convenções coletivas de trabalho como acordos de vontade entre sujeitos coletivos sindicais (pactos, contratos)",[441] conforme ressalta Maurício Godinho Delgado, que segue, afirmando que "guardam, assim, na sua conformação estrutural dubiedade instigante: são contratos sociais, privados, mas que produzem regra jurídica – e não apenas cláusulas obrigacionais".[442]

As cláusulas obrigacionais, por sua natureza, geram direitos e deveres para os sujeitos contratantes, não se anexando aos contratos individuais de trabalho, diferentemente das cláusulas normativas, que visam à regulação das relações de trabalho, mais especificamente, à de emprego.[443] Além disso, é nítido que as disposições existentes em uma convenção coletiva de trabalho são mais amplas, afinal, abrangerão todos os representados de ambos os sindicatos, isto é, o profissional e o patronal.

Preocupada com as peculiaridades existentes nos mais diversos empreendimentos empresariais, a CLT trouxe, também, outra forma de negociação coletiva entre as partes, descentralizada por empresa – é, pois, o chamado acordo coletivo de trabalho. A previsão legal encontra-se inserida no § 1º do artigo 611 da Consolidação, cujo conteúdo faculta "aos sindicatos representativos de categorias profissionais celebrar acordos coletivos com uma ou mais empresas da correspondente categoria econômica, que estipulem condições de trabalho, aplicáveis no âmbito da empresa ou das empresas acordantes às respectivas relações de trabalho".

Pelo exposto no Texto Legal, fica evidenciado que não é necessária a presença do sindicato patronal nas negociações que visem à formação de um acordo coletivo de trabalho, embora seja imprescindível a participação do sindicato profissional. Em virtude da existência do acordo coletivo, fica claro que a Constituição Federal, ao exigir, no inciso VI do artigo 8º, a

---

[441] DELGADO, 2008b, op. cit., p. 137.

[442] DELGADO, loc. cit.

[443] Em uma leitura do artigo 613, incisos V, VI e VIII, da CLT, vislumbra-se a existência de cláusulas obrigacionais que deverão existir na norma coletiva: normas para a conciliação das divergências surgidas entre os conveneentes por motivo de aplicação de seus dispositivos, disposições sobre o processo de sua prorrogação e de revisão total ou parcial de seus dispositivos, penalidade para os sindicatos convenentes, os empregados e as empresas em caso de violação de seus dispositivos. O próprio artigo 615 da CLT trata sobre o processo de prorrogação, revisão, denúncia ou revogação. Outros casos de cláusula obrigacionais são: frequência dos dirigentes sindicais, exames médicos específicos, multa por descumprimentos das disposições da norma coletiva, programas de qualificação profissional, etc. Com relação às cláusulas normativas, utilizam-se de exemplos aquelas referentes a salário, a adicionais, a gratificações, a auxílios (creche, cesta básica, refeição, etc.), a vale-transporte, a indenizações, a intervalos, a abonos, à assistência médica, dentre outras.

participação dos sindicatos nas negociações coletivas, dirige-se à categoria profissional.

Ainda sobre a questão da legitimidade, existe uma tênue diferença em relação à convenção coletiva de trabalho. Nesta, a atuação das Federações e das Confederações é subsidiária, em caso de inexistência da entidade sindical. No caso dos acordos coletivos de trabalho, não se fala apenas em subsidiariedade mas também em legitimação substitutiva. Porque é a pretensão dos empregados de uma ou de mais empresas celebrar acordo coletivo de trabalho, deverão dar ciência da sua resolução, por escrito, ao seu sindicato representativo, que terá o prazo de oito dias para assumir a direção das negociações. Expirado esse prazo sem que o sindicato se tenha desincumbido do encargo, os interessados poderão dar conhecimento do fato à Federação e, na falta desta, à respectiva Confederação, para que assuma a direção dos entendimentos.[444] Portanto, nessa hipótese, não se trata de carência de entidade sindical, mas sim de desinteresse em representar os empregados na formalização de um acordo coletivo de trabalho.

O campo de aplicação desse tipo de trabalho é mais restrito, diferentemente da convenção coletiva de trabalho, visto que se configura como uma negociação em nível empresarial, sendo aplicável, portanto, somente àquela ou àquelas empresas que o firmaram assim como aos seus respectivos empregados. É inegável que o acordo coletivo, de igual forma, possui caráter normativo sobre os empregados do empreendimento pactuante. Neste sentido, "as condições de trabalho a que se refere a lei são cláusulas normativas, destinadas a produzir efeitos sobre os contratos individuais de trabalho".[445] Também, as disposições serão aplicáveis a todos os empregados da empresa, sócios ou não sócios da entidade sindical.

Enfim, a importância dos preceitos arrolados nas convenções coletivas e nos acordos coletivos é tamanha que a CLT, no artigo 619, é taxativa ao ordenar que "nenhuma disposição de contrato individual de trabalho que contrarie normas de Convenção ou Acordo Coletivo de Trabalho poderá prevalecer na execução do mesmo, sendo nula de pleno direito".

---

[444] CLT. Artigo 617, *caput* e § 1º. O referido artigo dispõe que, havendo também omissão da Federação ou da Confederação, poderão os interessados, ou seja, os próprios trabalhadores negociar em prol da criação de um acordo coletivo. Autores como Maurício Godinho Delgado afirmam que "não é eficaz o critério previsto no art. 617, § 1º, da CLT, por não recebido pelo Texto Magno. A CLT, como já debatido, fala da transferência de legitimação para a federação ou, em falta desta, confederação, no caso de recusa sindical à negociação; muito menos é viável, constitucionalmente, a negociação direta, pelos próprios empregados, referida no preceito celetista". Ver: DELGADO, 2008b, op. cit., p. 143.

[445] NASCIMENTO, 2005, op. cit., p. 387. Para o referido autor que "as cláusulas obrigacionais não se incluem entre as condições de trabalho, uma vez que têm natureza diversa, instituindo obrigações diretas, entre os sujeitos pactuantes. Embora não-previstas no artigo 611, nada impede a sua estipulação nos acordos coletivos, porque não foram proibidos pela lei". NASCIMENTO, *loc. cit.*

Passa-se agora a apreciar os procedimentos de instrumentalização dessas duas formas de negociação coletiva.

3.2.2. O procedimento e a vigência dos instrumentos de negociação coletiva

No Brasil, a negociação coletiva passa, inicialmente, pela seguinte estrutura procedimental: o artigo 612 da CLT legisla que:

> Os sindicatos só poderão celebrar convenções ou acordos coletivos de trabalho, por deliberação de Assembléia Geral especialmente convocada para esse fim, consoante o disposto nos respectivos estatutos, dependendo a validade da mesma do comparecimento e votação, em primeira convocação, de 2/3 dos associados da entidade, se se tratar de convenção, e dos interessados, no caso de acordo, e, em segunda, de 1/3 dos mesmos.[446]

Após, as entidades sindicais comunicarão aos sindicatos patronais ou às empresas as suas reivindicações, dando início ao procedimento de negociação, sem qualquer interferência estatal. Conforme já se demonstrou, na forma do artigo 616, *caput*, da CLT, quando houver provocação, não poderá haver recusa à negociação coletiva. Caso haja negativa em negociar, o interessado deverá cientificar a Delegacia Regional do Trabalho, que "poderá convocar mesa redonda, iniciando-se, assim, a mediação do Delegado Regional do Trabalho".[447]

Logicamente que esta mediação não gera efeitos decisórios, porém aproxima as partes para a discussão acerca das propostas mútuas. Se houver ajuste, inicia-se a redação em documento das cláusulas convencionadas, com posterior ajuste pela assembleia de ambos os sindicatos, no caso da convenção coletiva de trabalho. A seguir, deposita-se o documento redigido na Delegacia Regional do Trabalho no prazo de oito dias da assinatura pelos representantes das partes, nos moldes do artigo 614 da CLT. Começa a vigência da norma coletiva três dias após o depósito, com a consequente publicidade do instrumento na sede dos sindicatos e das empresas, dentro de cinco dias da entrega do documento no referido órgão.

No caso do acordo coletivo de trabalho, cabe recordar que os empregados interessados de uma ou de mais empresas cientificarão o respectivo sindicato representativo, que, no prazo de oito dias, deverá assumir a direção da negociação. A entidade sindical convocará a assembleia geral

---

[446] O parágrafo único do artigo 612 da CLT refere que "o *quorum* de comparecimento e votação será de 1/8 dos associados em segunda convocação, nas entidades que tenham mais de 5.000 associados".

[447] STÜRMER, Gilberto. Negociação coletiva de trabalho como fundamento da liberdade sindical *x* poder normativo da Justiça do Trabalho. *Justiça do Trabalho*, Porto Alegre, n. 287, p. 22, 2007b. Importante referir que o Decreto 6.341/2008 transformou as Delegacias Regionais do Trabalho em Superintendências Regionais do Trabalho e Emprego.

daqueles interessados, sejam ou não sindicalizados, nos termos do artigo 612 da CLT.[448]

O acordo coletivo, assim como a convenção, deverá ser por escrito, sem rasuras ou emendas, em tantas vias quantos forem os sindicatos ou empresas, sendo depositado na Delegacia Regional do Trabalho, também entrando em vigor três dias após a data da entrega no órgão correspondente – é necessária a afixação das cópias autênticas, nas respectivas sedes, dentro de cinco dias da data do depósito.[449] A esse respeito, Maurício Godinho Delgado comenta que:

> A não-realização do depósito burocrático do diploma coletivo negociado não esteriliza, evidentemente, sua natureza de fonte eficaz de norma jurídica. Os fins do ato são essencialmente administrativos, embora ele também contribua para a divulgação do texto perante a comunidade circundante. Afinal, trata-se de documento comum aos sujeitos coletivos trabalhistas, como é óbvio, não sendo consistente sobre seu desconhecimento jurídico ou quanto à falta de sua efetividade.[450]

Segundo o que dispõe o artigo 614, § 3º, da CLT, o prazo máximo de estipulação das convenções ou dos acordos coletivos de trabalho é de dois anos, sendo que, na prática, acaba por durar, no máximo, um ano, autorizada a sua prorrogação, revisão, denúncia ou revogação total ou parcial, mediante a aprovação da Assembleia Geral dos sindicatos convenentes ou das partes acordantes.[451]

Por todo o exposto, é inegável que a negociação coletiva tem por finalidade a celebração de convenções ou de acordos coletivos de trabalho, modalidades por meio das quais as entidades sindicais representativas

---

[448] Respeitados os *quoruns* previstos no artigo 612 da CLT.

[449] CLT. Artigo 614, *caput* e §§ 1º e 2º.

[450] DELGADO, 2008b, op. cit., p. 145.

[451] CLT. Art. 615: O processo de prorrogação, revisão, denúncia ou revogação total ou parcial de Convenção ou Acordo ficará subordinado, em qualquer caso, à aprovação de Assembleia Geral dos Sindicatos convenentes ou partes acordantes, com observância do disposto no art. 612. 1º O instrumento de prorrogação, revisão, denúncia ou revogação de Convenção ou Acordo será depositado para fins de registro e arquivamento, na repartição em que o mesmo originariamente foi depositado observado o disposto no art. 614. § 2º As modificações introduzidas em Convenção ou Acordo, por força de revisão ou de revogação parcial de suas cláusulas passarão a vigorar 3 (três) dias após a realização de depósito previsto no § 1º.
A título de esclarecimento, prorrogação é o processo pelo qual se estende a vigência do acordo ou da convenção coletiva de trabalho. No caso do Direito Coletivo do Trabalho, a lei não limita o número de prorrogações dos instrumentos de negociação coletiva. Revisão é o meio pelo qual os pactuantes definem alterações na norma coletiva, parcial ou total, durante a vigência, e receberá o nome de "revisão de acordo ou convenção coletiva de trabalho". A denúncia, por sua vez, é o ato unilateral por meio da qual uma das partes cientifica a outra do desinteresse em cumprir cláusulas da norma coletiva. Amauri Mascaro Nascimento esclarece que "os efeitos da denúncia serão extintivos quando o denunciado concordar, e suspensivos, quando não concordar, caso em que, à falta de renegociação, os interesses contrapostos serão apreciados e decididos por um terceiro". Por último, a revogação é ato bilateral, em que as partes decidem desfazer a norma coletiva. Ver: NASCIMENTO, 2005, op. cit., p. 399.

entabulam condições de trabalho aos contratos individuais. Entretanto, conforme se analisará, posteriormente, malograda uma negociação, parte-se às formas de heterocomposição dos conflitos coletivos, por meio da arbitragem ou do dissídio coletivo, afora a deflagração do movimento grevista que foi amplamente abordado.

Registre-se que é possível que, para uma mesma categoria, exista uma convenção e um acordo coletivo em vigência. A Consolidação, em seu artigo 620, assevera que "as condições estabelecidas em convenção, quando mais favoráveis, prevalecerão sobre as estipuladas em acordo". Essa disposição resulta como corolário do princípio da proteção, mais precisamente na vertente da aplicação da norma mais favorável.[452] E traz em seu bojo a discussão acerca da medida de comparação; em outras palavras, indaga-se: aplica-se a teoria do conglobamento ou a teoria da acumulação? Sobre isso, Américo Plá Rodriguez observa:

> A que sustenta que as normas devem ser comparadas em seu conjunto é a doutrina que foi chamada de incindibilidade, ou, utilizando uma palavra italiana, do conglobamento. Quer dizer, da consideração global ou de conjunto. [...] A que sustenta que podem ser extraídas de cada norma as disposições mais favoráveis é a chamada teoria da acumulação. Somam-se as vantagens extraídas de diferentes normas, ainda que sejam de origem diversa.[453]

A teoria da acumulação, também chamada de aglutinação, é aquela que fraciona o conteúdo dos instrumentos normativos, retirando-se de cada um deles institutos que se destaquem e que sejam mais favoráveis ao empregado. Assim, aplicar-se-iam, ao mesmo tempo, duas ou mais normas coletivas a uma determinada categoria. De outro lado, a teoria do conglobamento é aquela que propõe que os instrumentos normativos devam ser considerados, cada qual em seu conjunto de normas, de modo que a adoção de um exclui a aplicação do outro, afastando-se a possibilidade de simbiose entre duas ou entre mais normas coletivas.

A partir do que expõe a regra insculpida no artigo 620 da CLT, há referência ao conjunto de normas mais favoráveis, não sendo razoável a comparação de cláusula a cláusula, para se conferir sempre o que for mais favorável a uma das partes. É imprescindível que sejam os instrumentos apreciados como um todo, sob pena, inclusive, de afronta ao princípio constitucional da igualdade.

No Brasil, a questão sobre quais das teorias deverá ser adotada já se encontra pacificada pelo Tribunal Superior do Trabalho, que optou pelo

---

[452] Américo Plá Rodriguez explica: "A norma legal menos favorável de uma convenção coletiva, por exemplo, não fica derrogada, porquanto continua produzindo seus efeitos em favor de todos aqueles trabalhadores não compreendidos pela outra norma, de hierarquia inferior, porém mais favorável". Ver: RODRIGUEZ, Américo Plá. *Princípios de Direito do Trabalho*. Trad. de Wagner Giglio. 3. ed. São Paulo: Ltr, 2000, p. 125.

[453] RODRIGUEZ, 2000, op. cit., p. 128.

conglobamento, em face da aglutinação, por entender que é impossível a aplicação simultânea de algumas cláusulas de convenção coletiva e de algumas do acordo coletivo. Sobre isso, leiam-se os seguintes julgados:

> RECURSO DE REVISTA CONVENÇÃO COLETIVA DE TRABALHO – ACORDO COLETIVO – PREVALÊNCIA. No âmbito desta Corte Trabalhista, tem prevalecido o entendimento de que, na apuração da norma mais vantajosa, deve ser considerado todo o conteúdo dos instrumentos coletivos cotejados, mesmo porque o acordo coletivo pressupõe, na sua essência, que as partes acordantes se compuseram em razão de seus interesses prementes, sendo natural que tenham aberto mão de vantagens para albergar outras exclusivamente visualizadas por elas. Nessa perspectiva, não vulnera o art. 620 da CLT a decisão regional que considerou a prevalência do acordo coletivo de trabalho sobre a convenção coletiva. Recurso de revista não-conhecido. (TST. Processo: RR – 336/2007-007-18-00.3, Relator Ministro: Luiz Philippe Vieira de Mello Filho. Data de Julgamento: 17/06/2009, 1ª Turma, Data de Publicação: 26/06/2009).
>
> ACORDO COLETIVO. NORMA ESPECÍFICA E MAIS BENÉFICA. PREVALÊNCIA SOBRE CONVENÇÃO COLETIVA FIRMADA ENTRE A FENABAN E OS SINDICATOS DOS BANCÁRIOS, FIXANDO REAJUSTE SALARIAL DE 8,5%. Esta Corte tem adotado o entendimento de que na hipótese o Acordo Coletivo que estabeleceu a manutenção do emprego é norma mais favorável à categoria profissional e deve prevalecer integralmente, em detrimento da Convenção Coletiva, em observância à teoria do conglobamento, segundo a qual os instrumentos normativos devem ser considerados cada qual em seu conjunto de normas, de modo que a adoção de um exclui a aplicação do outro, afastando-se a possibilidade de simbiose entre dois ou mais instrumentos normativos. Recurso de Embargos de que não se conhece. (TST. Processo: E-RR 1462/2004-003-21-00.0, Relator Ministro: João Batista Brito Pereira. Data de Julgamento: 19/03/2009, Subseção I Especializada em Dissídios Individuais. Data de Publicação: 27/03/2009).

A teoria da acumulação é, desta maneira, criticada, porque leva em conta a casuística, eliminando a ideia de sistema inerente à Ciência Jurídica, além de suprimir o caráter democrático, universal e de igualdade deste campo. Logo, como a efetividade de aplicação das normas coletivas leva em consideração a categoria como um todo e não apenas um trabalhador, individualmente considerado, "o critério do conglobamento emerge como o mais adequado na dinâmica de apreensão da norma trabalhista mais favorável".[454]

O que se quis demonstrar é que o legislador constituinte privilegia a negociação coletiva como forma de solucionar conflitos coletivos de trabalho, sem a necessidade de intervenção de terceiros, além de garantir a todos os trabalhadores a efetivação dos direitos sociais que lhes são inerentes, bem como pela conquista de novas e de melhores condições de trabalho. Busca-se a elevação do patamar social "acima do mínimo existencial, isto é, um conjunto de situações ou condições individuais e sociais que ao mesmo tempo proporcionem a autonomia do indivíduo e

---

[454] DELGADO, 2008b, op. cit., p. 155.

assegure o bem comum".[455] Na perspectiva dos direitos coletivos, provém a noção de grupo social, que, conquanto seja impessoal, possui sujeitos de direitos, que sofrerão diretamente a incidência dos institutos negociados.

3.2.3. A mediação

A mediação configura-se como método consistente em levar o conflito coletivo à análise de um mediador escolhido livremente pelas partes. É a chamada "técnica de composição dos conflitos caracterizada pela participação de um terceiro, suprapartes, o mediador, cuja função é ouvir as partes e formular propostas".[456] Francisco Antônio de Oliveira, igualmente, conceitua a mediação como "o meio pelo qual um elemento, alheio ao conflito, neutro e imparcial, se propõe a auxiliar as partes envolvidas, objetivando solucionar o conflito sem que haja cizânia entre as partes".[457] Podem as partes nomear um mediador, que será um particular ou algum representante da Superintendência Regional do Trabalho, com intuito de aconselhá-los, sem poderes de coação, nos termos do artigo 616, § 1º, da CLT.[458]

O mediador desenvolve atribuição ativa, em que ficará responsável por ouvir as partes, avaliar o problema, fazer sugestões e, finalmente, propor a resolução do litígio. Não pode ser confundido com um conciliador, pois o mediador interfere, instruindo a melhor maneira de solucionar o caso concreto, inclusive com a avaliação das pretensões dos litigantes, não ficando adstrito, apenas, à coordenação dos argumentos e das reivindicações.[459]

Agora, seria incorreto afirmar que o mediador tem poder de decisão sobre o caso concreto. Não lhe cabe, sob hipótese alguma, impor uma solução, como se exercesse função de julgador. Embora possam fazer propostas, as partes litigantes são livres para aceitá-las ou não, conforme os seus critérios de conveniência.

O procedimento da mediação é simples e informal começando "por uma notificação por meio da qual as partes pedem a atuação dos mediadores; procede-se à reunião com as partes, em conjunto ou separadamen-

---

[455] LEDUR, José Felipe. *Direitos Fundamentais Sociais*: efetivação no âmbito na democracia participativa. Porto Alegre: Livraria do Advogado, 2009, p. 87.

[456] NASCIMENTO, Amauri Mascaro. *Curso de Direito Processual do Trabalho*. 23. ed. São Paulo: Saraiva, 2008, p. 15.

[457] OLIVEIRA, Francisco Antônio. *O Processo na Justiça do Trabalho*. 5. ed. São Paulo: LTr, 2008, p. 941.

[458] STÜRMER, 2007a, op. cit., p. 96. Importante referir que o Decreto 6.341/2008 transformou as Delegacias Regionais do Trabalho em Superintendências Regionais do Trabalho e Emprego.

[459] RUSSOMANO; CABANELLAS, 1979, op. cit., p. 114-115.

te, [...] para que os interlocutores sociais cheguem a um entendimento direto.[460]

No ordenamento jurídico pátrio, existem algumas disposições legais arrolando a mediação como alternativa para as partes. O artigo 616 da CLT, já citado, autoriza a Delegacia Regional do Trabalho a convocar as partes conflitantes para procedimento de mediação (mesa-redonda). O Ministério Público do Trabalho pode mediar conflitos, quando se tratar, por exemplo, de greve em atividade essencial. É possível verificar o preceito na Lei n. 10.101/2000, mais precisamente no artigo 4º, inciso I, cujo texto dispõe que, se a negociação coletiva envolvendo a participação nos resultados resultar em impasse, poderão as partes valer-se da mediação. Neste sentido, o Tribunal Superior do Trabalho pronunciou-se a respeito:[461]

> DISSÍDIO COLETIVO. GREVE. PARTICIPAÇÃO NOS LUCROS. PODER NORMATIVO.
> 1. A participação nos lucros e resultados deve resultar, preferencialmente, da negociação livremente entabulada entre a empresa e seus empregados, com a participação do sindicato da categoria profissional, de conformidade com a Lei n. 10.101, de 19 de dezembro de 2000. *Para a solução de eventual impasse, a lei contempla métodos específicos, a saber: mediação ou arbitragem de ofertas finais (arts. 2º e 4º). 2. Somente em caráter excepcional, assim, e desde que haja convergência de vontade dos interessados (CF/88, art. 114, § 2º), a Justiça do Trabalho pode arbitrar, mediante o sistema de aceitação de ofertas finais, o conflito coletivo sobre participação nos lucros e resultados.* (grifo nosso). Recurso ordinário a que se dá provimento para julgar extinto o processo, sem exame de mérito, na forma do art. 267, IV, do CPC. (TST. Processo: RODC – 564/2005-000-15-00.3. Relator Ministro: João Oreste Dalazen. Data de Julgamento: 16/08/2007. Seção Especializada em Dissídios Coletivos. Data de Publicação: 07/12/2007).

A mediação possui atributos positivos, tendo em vista que, se acolhida, traz eficácia e rapidez na solução do conflito, evita desgaste emocional, além do alto custo financeiro despendido, por exemplo, com processos judiciais bem como a garantia de sigilo e da facilidade na comunicação entre as partes adversas.

---

[460] NASCIMENTO, 2008, op. cit., p. 16.

[461] A importância dos mecanismos negociais antecedentes à utilização do Poder Judiciário era tanta que o TST editou a antiga jurisprudência normativa n. 1 da Seção de Dissídios Coletivos: "AUSÊNCIA DE NEGOCIAÇÃO PRÉVIA. EXTINÇÃO DO PROCESSO. Nenhuma ação de dissídio coletivo de natureza econômica será admitida sem antes se esgotarem as medidas relativas à formalização da convenção ou acordo coletivo, nos termos dos arts. 114, § 2º, da Constituição da República e 616, § 4º, da CLT, sob pena de indeferimento da representação inicial ou de extinção do processo, ao final, sem julgamento do mérito. O interessado que não conseguir efetivar a negociação coletiva direta com a parte contrária poderá solicitar a mediação do órgão local ou regional do Min. do Trabalho, devendo este obter uma ata do ocorrido. Após a manifestação do suscitado, as partes esclarecerão os pontos em relação aos quais houve acordo e as matérias litigiosas".

3.3. AS FORMAS DE HETEROCOMPOSIÇÃO DOS CONFLITOS COLETIVOS DE TRABALHO

As constantes modificações nas relações de trabalho, resultado da elevada progressão econômica e tecnológica do mundo contemporâneo, somadas às constantes adversidades enfrentadas pelos órgãos competentes em readequar as normas legais à realidade fática emergente, acabam por gerar pressões da classe trabalhadora por sobre a classe empresarial, além do próprio Poder Público, a fim de obter condições mais favoráveis de trabalho. Essa realidade se expressa por meio de reivindicações formuladas em negociações coletivas, ou, em caso de frustração, pela busca de uma terceira via, a fim de pacificar o conflito.

Neste sentido, visualiza-se a intervenção direta de um sujeito exterior, com a finalidade precípua de solucionar a dinâmica do conflito coletivo. Como consequência disso, é que não dependerá mais da vontade exclusiva das partes a forma de findar o litígio, ocorrendo a transferência dessa atribuição a um terceiro interveniente.

São formas de heterocomposição a arbitragem e a jurisdição, esta última por intermédio do exercício do dissídio coletivo.

As partes podem, ainda, escolher árbitros ou uma junta arbitral, não cabendo homologação ou recurso do laudo arbitral pelo Poder Judiciário, nos termos da Lei n. 9.307/96. Caso não seja solucionado o conflito pela negociação coletiva, pela mediação ou pela arbitragem, os interessados têm à sua disposição o Poder Judiciário, por meio do dissídio coletivo, regulado pelos artigos 856 a 875 da CLT.

O objetivo do estudo é apreciar os institutos da arbitragem e do dissídio coletivo, principalmente, em virtude das alterações advindas da Emenda Constitucional n. 45/2004.

3.3.1. A arbitragem: histórico e definição

Um dos métodos utilizados para apaziguamento de um conflito coletivo, quando as partes não aspiram à mediação ou à negociação coletiva, é a utilização do instituto da arbitragem. Esta última configura-se como uma via de tentativa de solução de conflito, por meio do qual um terceiro domina a vontade das partes, impondo-lhes a sua decisão. Seu surgimento seria, pois, uma resposta à crise vivenciada entre o Estado e a Jurisdição.[462]

---

[462] LOGUERCIO, José Eymard. Solução dos conflitos coletivos no Brasil. *São Paulo em Perspectiva*, n. 12, v. 1, p. 126, 1998.

Segundo o que explicam Mozart Victor Russomano e Guillermo Cabanellas, "a vinculação das partes ao que for apontado pelo árbitro pode – como nos casos de conciliação e mediação – resultar do acordo entre elas; mas, pode resultar de norma imperativa".[463]

Tal modalidade apresenta a sua origem a partir do momento em que a autocomposição fracassa, sendo necessário que outrem, de forma amigável e imparcial, imponha a sua decisão para os litigantes. Antônio Carlos de Araújo Cintra, Ada Pellegrini Grinover e Cândido Rangel Dinamarco citam a ideia de arbitragem voluntária e facultativa do Direito Romano: naquela, correspondente ao período do Direito Romano arcaico (das origens até o século II a.c.), perdurando até o período clássico (século II a.C a século II d.C), os conflitantes firmavam compromisso perante o pretor, no sentido de aceitar o laudo arbitral e depois optavam por um árbitro de sua confiança. Tempos depois, o sistema foi alterado, de maneira que, prestado o compromisso, era o pretor quem escolhia o árbitro. Porque a autotutela era proibida, o sistema implementado consistia em uma arbitragem obrigatória.[464]

No Brasil, menciona-se o instituto da arbitragem, pela primeira vez, nas Ordenações Filipinas, até ser inserido, na Constituição Imperial de 1824, no artigo 160, preceituando que "nas cíveis e nas penas civilmente intentadas poderão as partes nomear juízes árbitros. Suas sentenças serão executadas sem recurso, se assim o convencionarem as partes". Mais tarde, em 1850, a ideia de arbitragem obrigatória nasce no Código Comercial,[465] o qual determinava que os conflitos envolvendo matéria mercantil deveriam ser submetidos à arbitragem. O Código de Processo Civil, de 1939, regulamentou a arbitragem em seus artigos 791 e seguintes, normatização esta mantida, mais tarde, pelo Diploma de 1973. Em 1996, é promulgada a Lei n. 9.307, disciplinando, especificamente, o procedimento arbitral no País.

Cabe recordar que, em termos de legislação trabalhista, a arbitragem já possuía o seu espaço. João de Lima Teixeira Filho observa:

> Na esfera trabalhista, o Decreto n. 1.637, de 5.1.1907, fez pioneira referência à mediação e à arbitragem no Brasil. O modelo mais completo, porém de nenhuma conseqüência prática, foi o delineado no Decreto 88.984, de 10.11.83. Inspirado no sistema norte-americano, o National Labor Relation Board (NLRB), o Decreto criou o "Conselho Federal de Relações de Trabalho", órgão de cúpula dessa aparatosa engrenagem, os "Conselhos Regionais de Relações do Trabalho", o "Sistema Nacional de Relações do Trabalho" e o "Serviço Nacional de Mediação e Arbitragem", cada qual com sua própria regulamentação. Este Serviço

---

[463] RUSSOMANO; CABANELLAS, 1979, op. cit., p. 116.
[464] ARAÚJO CINTRA; GRINOVER; DINAMARCO, 2003, op. cit., p. 22.
[465] Código Comercial. Artigo 294 – todas as questões sociais que se suscitarem entre sócios durante a existência de sociedade ou companhia, sua liquidação e partilha, serão decididas em juízo arbitral.

congregou especialistas contratados pelo Estado para atuarem gratuitamente como mediadores (arts. 4º, inciso I, 6º e 8º do Decreto 88.894) e manteve um serviço de arbitragem, com árbitros independentes e remunerados pelas partes (art. 4º, inciso II). Os demais organismos estavam incumbidos de velar pela boa prática negocial e fomentar a negociação coletiva. Como normas não mudam costumes, essa frondosa estrutura não deslanchou. Na verdade, nunca chegou a sair do papel.[466]

Em 1932, por meio do Decreto 22.132, houve a previsão da arbitragem facultativa.[467] Mais próximo dos dias de hoje, basta verificar a Lei n. 7.783/89, no artigo 3º, a qual refere que "frustrada a negociação coletiva ou verificada a impossibilidade de recurso via arbitral, é facultada a cessação coletiva de trabalho". Além disso, a Lei n. 8.630/93,[468] que regulamentou o trabalho portuário, e a Lei n. 10.101/2000,[469] sobre a participação nos resultados, também detêm dispositivos relativos à arbitragem. Sem contar o § 1º do artigo 114 da Constituição Federal, que facultou às partes a nomeação de um árbitro para solucionar o impasse quanto à negociação coletiva. O próprio Ministério Público, nos termos da Lei Complementar n. 75/93, em seu artigo 83, inciso XI, pode atuar como árbitro, "se assim for solicitado pelas partes nos dissídios de competência da Justiça do Trabalho".

Atualmente, estudam-se os dois tipos de arbitragem sob outro aspecto: na arbitragem voluntária, as partes, livremente, recorrem ao juízo arbitral, enquanto que, na compulsória, são obrigadas a apelar a este juízo, por imposição legal, sendo semelhante à jurisdição neste ponto. No Brasil, discute-se ser problemático o reconhecimento da arbitragem obrigatória, sem que isso ocasione violação ao princípio constitucional do livre acesso à Justiça.

---

[466] TEIXEIRA FILHO, João de Lima. A arbitragem e a solução dos conflitos coletivos de trabalho. In: FRANCO FILHO, Georgenor de Souza (cood.). *Curso de Direito Coletivo do Trabalho* – estudos em homenagem ao Ministro Orlando Teixeira da Costa. São Paulo: Ltr, 1998, p. 332-333.

[467] Artigo 1º: Os litígios oriundos de questões de trabalho, em que sejam partes empregados sindicalizados, e que não afetem a coletividade a que pertencem os litigantes, serão dirimidos pelas Juntas de Conciliação e Julgamento, estabelecidas na presente lei, e na forma nela estatuída.

[468] Lei n. 8.630/1993. Artigo 23: Deve ser constituída no âmbito do órgão de gestão de mão-de-obra comissão paritária para solucionar litígios decorrentes da aplicação das normas a que se referem os artigos 18, 19 e 21 desta Lei. § 1º Em caso de impasse, as partes devem recorrer à Arbitragem de Ofertas Finais. § 2º Firmado o compromisso arbitral não será admitida a desistência de qualquer das partes. § 3º Os árbitros devem ser escolhidos de comum acordo entre as partes e o laudo arbitral proferido para solução da pendência possui força normativa, independentemente de homologação judicial.

[469] Lei n. 10.101/2000. Artigo 4º: Caso a negociação visando à participação nos lucros ou resultados da empresa resulte em impasse, as partes poderão utilizar-se dos seguintes mecanismos de solução dos litígios: I – arbitragem de ofertas finais. § 1º Considera-se arbitragem de ofertas finais aquela em que o árbitro deve restringir-se a optar pela proposta apresentada, em caráter definitivo, por uma das partes.

Com base na Recomendação de n. 92,[470] de 1951, da Organização Internacional do Trabalho, a arbitragem voluntária constitui, verdadeiramente, a noção de referência em seus moldes propostos, porquanto a impositiva está ligada à atividade estatal, desfigurando o instituto, que visa a possibilitar que os litigantes busquem um meio alternativo de solução aos conflitos coletivos.

Inegável, portanto, que a arbitragem é o modo de resolução de controvérsias por pessoa alheia e distinta dos litigantes, atributo tipicamente presente no conceito de jurisdição. Francisco Antônio de Oliveira afirma que se configura como "o sistema jurídico que poderá ser utilizado pelas partes, pessoas físicas ou jurídicas, na busca de uma solução definitiva para o conflito [...] cabendo a escolha de um árbitro, imparcial que resolverá o conflito de forma justa e eficaz".[471] Carlos Alberto Carmona, um dos responsáveis pela Lei n. 9.307, apresenta o seguinte conceito:

> A arbitragem – meio alternativo de solução de controvérsias através da intervenção de uma ou mais pessoas que recebam seus poderes de uma convenção provada, decidindo com base nela, sem intervenção estatal, sendo a decisão destinada a assumir a mesma eficácia da sentença judicial – é colocada à disposição de quem quer que seja, para solução de conflitos relativos a direitos patrimoniais acerca dos quais os litigantes possam dispor.[472]

Alguns autores discutem a natureza jurídica do instituto da arbitragem, sob três perspectivas: heterocomposição, autocomposição e natureza híbrida.[473] Para a primeira corrente, que parece ser a mais correta, a arbitragem é instrumento de heterocomposição, haja vista ter fundamen-

---

[470] R92 Recomendación sobre la conciliación y el arbitraje voluntarios, 1951. II. Arbitraje Voluntario. 6. Si un conflicto ha sido sometido al arbitraje, con el consentimiento de todas las partes interesadas, para su solución final, debería estimularse a las partes para que se abstengan de recurrir a huelgas y a lock outs mientras dure el procedimiento de arbitraje y para que acepten el laudo arbitral. Disponível em: <http://www.ilo.org/ilolex/spanish/recdisp1.htm>.

[471] OLIVEIRA, 2008, op. cit., p. 941.

[472] CARMONA, Carlos Alberto. *Arbitragem e Processo* – um comentário à Lei n. 9.307/96. 2. ed. São Paulo: Atlas, 2004, p. 51.

[473] Lilia Fernandes da Silva adota o critério da natureza jurídica sob outra ótica: "A Lei n. 9.037 de 23.09.96 revogou os arts. 1.072 a 1.102 do Código de Processo Civil, passando a regular integralmente a matéria. A doutrina não é pacífica, havendo diversas posições quanto à natureza jurídica da arbitragem. Para aqueles que defendem a *natureza privatista*, a arbitragem é um contrato, uma convenção na qual as partes concedem poderes ao árbitro e o laudo é uma manifestação das mesmas. Para os que têm como posição a *natureza jurisdicional*, a arbitragem é o verdadeiro processo e a jurisdição deve ser entendida como atuação da vontade da lei por meio de emissão de decisões não exclusivamente do Poder Judiciário. O árbitro, escolhido de comum acordo, tem o poder de proferir a decisão mais justa, utilizando-se da jurisdição. Para os defensores da *natureza híbrida*, a arbitragem é processo privado para a solução de controvérsias, é forma privada de sentença com as vestes do poder de uma decisão judicial entre particulares em oposição às Cortes judiciais. É um acordo consensual no qual a solução da questão é dada por terceira pessoa; também é judicial porque põe fim à disputa, possibilitando seu cumprimento como um julgamento do mérito do Judiciário". Ver: SILVA, Lilia Fernandes da. Arbitragem – a Lei n. 9.307/96. *Revista da Escola Paulista de Magistratura*, ano 2, n. 4, p.165, 1998.

to na posição suprapartes do árbitro, com intuito de pôr fim ao conflito.[474] Como exemplo, pode-se apontar Octávio Bueno Magano, que se filia à segunda corrente, porquanto reconhecem que, frente à natureza voluntária da arbitragem, deverá haver acordo entre as partes na escolha do árbitro.[475] Por último, a terceira corrente é considerada mista ou híbrida, pois ressalta o aspecto voluntário da arbitragem com o seu caráter de Justiça Privada.[476]

Visto que se trata de disposição relativamente nova, a arbitragem ainda sofre restrições, no País, principalmente pelo seu custo, bem como pela tradicional e pela costumeira conduta das partes de sempre buscarem o Poder Judiciário para a resolução de suas diferenças. Além disso, ver-se-á que nem todos os direitos são suscetíveis ao juízo arbitral e como se dá a sua relação com a esfera laboral.

3.3.1.1. Alguns aspectos procedimentais referentes à Lei n. 9.307/96

A arbitragem sofreu amplo processo de remodelação estrutural com o advento da Lei n. 9.307, de 23.9.1996, revogando as disciplinas gerais no Código Civil de 1916 (artigos 1.037 a 1.048) e no Código de Processo Civil (artigos 101 e 1.072 a 1.102). Para João de Lima Teixeira Filho, a nova legislação, contudo, não prima pelo cuidado com a técnica jurídica, apontando, como exemplo, chamar o "laudo arbitral" de "sentença arbitral".[477]

Seguindo as orientações das disposições gerais da referida Lei, todas as pessoas capazes de contratar poderão utilizar-se da arbitragem para dirimir conflitos relativos a direitos patrimoniais disponíveis tanto de direito quanto de equidade, sendo autorizado às partes convencionar que se realize com base nos princípios gerais de Direito, nos usos e costumes e nas regras internacionais de comércio.[478]

---

[474] Neste sentido, ver NASCIMENTO, 2008, op. cit., p. 19.

[475] MAGANO, Octávio Bueno. Manual de Direito Coletivo do Trabalho: Direito Coletivo do Trabalho. v. 3. 3. ed. São Paulo: LTr, 1993, p. 214.

[476] Laís de Oliveira Penido defende esta tese, alegando: "A arbitragem exsurge de um acordo privado e consensual, no qual uma terceira pessoa, não-investida na atividade jurisdicional pelo Estado, resolvera o litígio que lhe é apresentado concretamente; mas também tem caráter jurisdicional porque põe fim à controvérsia e tem sua eficácia reconhecida e executável pelo Judiciário. [...] O poder deferido ao árbitro é o resultado da combinação das duas naturezas, criando um processo com origem em um contrato, cujos reflexos permeiam muitas das características do processo judicial público". Ver: PENIDO, Laís de Oliveira. Arbitragem, instituto antigo com perspectivas revitalizadas. *Revista Ltr*, n. 8, v. 62, p. 1066, ago. 1998.

[477] TEIXEIRA FILHO, 1998, op. cit., p. 334.

[478] Lei n. 9.307/96. Artigos 1º e 2º.

Na prática, a arbitragem tem como objeto solucionar litígios de natureza cível, comercial e trabalhista, desde que não se envolvam direitos indisponíveis. A Lei arrola dois tipos de arbitragem nos termos do artigo 2º: a de direito e a de equidade. Amauri Mascaro Nascimento explica que "a primeira quando a controvérsia resulta da necessidade de interpretação de normas jurídicas [...]; a segunda quando a sua finalidade é resolver não direitos, mas interesses em disputa".[479] Alguns autores costumam afirmar que a arbitragem de direito assemelha-se com o dissídio coletivo de natureza jurídica e a de equidade, com o dissídio coletivo de natureza econômica, que a seguir serão apresentados.[480]

O instituto da arbitragem poderá ser firmado por intermédio da chamada cláusula compromissória ou do compromisso arbitral, respectivamente, nos termos dos artigos 4º e 9º do ordenamento em estudo – são as chamadas formas de convenção de arbitragem. A primeira configura-se no consentimento das partes em solucionar qualquer eventual litígio mediante subserviência à arbitragem. Em contrapartida, o compromisso arbitral diz respeito à "avença posterior à eclosão do dissenso a respeito de qualquer relação jurídica entre as partes para ser resolvida por modalidade arbitral cujos contornos estão determinados".[481] Este último poderá ser judicial, quando celebrado perante juízo ou tribunal onde tem curso a demanda, ou extrajudicial, ao ser celebrado por instrumento particular escrito, assinado por duas testemunhas, ou por instrumento público.

Está evidenciado que a cláusula compromissória está a eleger, preventivamente, uma forma de solução de controvérsia que possa vir a surgir, já circunscrita no negócio jurídico. No que tange ao compromisso arbitral, primeiramente, nasce o conflito, para, somente depois, optar pela via arbitral a fim de resolvê-lo. Seguindo os ensinamentos de Walküre Lopes Ribeiro da Silva:

> Em conseqüência do valor vinculativo da cláusula compromissória, a parte interessada em instituir a arbitragem pode recorrer ao Poder Judiciário para conduzir a parte recalcitrante à celebração do compromisso arbitral (art. 6º, par. ún.). Persistindo a recusa ou não comparecendo esta em juízo, a sentença que julgar procedente o pedido valerá como compromisso (art. 7º, § 7º). Em cada etapa do procedimento de arbitragem, o Poder Judiciário intervém, se provocado, para resolver impasses quanto à nomeação ou substituição de árbitros, fixação de honorários destes e toda questão que se apresentar.[482]

E razão lhe assiste para tanto. Baseada nos ideais da legislação, evidencia-se como facultativa a inclusão da cláusula compromissória, não a

---

[479] NASCIMENTO, 2008, op. cit., p. 20-21.

[480] Neste contexto, ver: DELGADO, 2008b, op. cit., p. 210; TEIXEIRA FILHO, 1998, op. cit., p. 337.

[481] TEIXEIRA FILHO, 1998, op. cit., p. 337.

[482] RIBEIRO DA SILVA, Walküre Lopes. Arbitragem nos conflitos coletivos de trabalho. *Revista de Direito do Trabalho*, São Paulo, ano 27, n. 101, p. 167, jan./mar. 2001.

sua execução, caso seja firmada. Tanto que o Poder Judiciário, nos ditames do artigo 7º da Lei, exigirá o seu cumprimento forçoso, se for provocado a intervir. Contanto se admita interpretação divergente, é desnecessário que exista previsão expressa quanto à predisposição das partes em quererem firmar uma cláusula antecedente ao conflito. Pode-se afirmar que os princípios do *pacta sunt servanda* e da boa-fé, inerentes aos contratos, também encontram respaldo na análise da cláusula compromissória e do compromisso arbitral.

De fato, a arbitragem está muito próxima da jurisdição estatal, no momento em que o árbitro, além de ser considerado como Juiz de fato e de direito, possui o dever de desempenhar as suas atribuições com imparcialidade, com competência, com independência, com discrição e com diligência. Do mesmo modo, serão obedecidos, no procedimento arbitral, os princípios da igualdade das partes, do contraditório e do livre convencimento.[483] Talvez um dos aspectos mais relevantes do juízo arbitral resida no fato de que a sentença arbitral tenha pressupostos equivalentes a uma sentença judicial, não se sujeitando a recursos ou à homologação do Poder Judiciário.[484] Além disso, com base no inciso IV do artigo 475-N do Código de Processo Civil, tem força de título executivo judicial – o artigo 31 da Lei é taxativo. Frise-se que a decisão deve ser prolatada no prazo estipulado pelas partes e, na falta de convenção nesse sentido, o prazo será de seis meses, contados da instituição da arbitragem ou da substituição do árbitro, se for o caso.[485] O artigo 30 prevê que, se a sentença contiver erros materiais ou obscuridade, dúvida, contradição, é facultado à parte interessada, no prazo de cinco dias, contados do recebimento da notificação ou da ciência postal da sentença arbitral, mediante comunicação à outra parte, solicitar que o árbitro preste esclarecimentos.

Os apontamentos até aqui elaborados não tinham por intuito esgotar a apreciação procedimental da arbitragem. Não se pode negar que esta legislação é moderna e avançada, sendo válido, por fim, destacar alguns aspectos importantes da atual disciplina. Os artigos 13 a 18 orientam a escolha dos árbitros pelas partes, sendo que, se a cláusula compromissória for omissa, caberá ao Juiz, após ouvi-las, decidir a respeito, podendo nomear um árbitro único para a solução do conflito. Já os artigos 19 a 22 abordam o procedimento arbitral, o qual pode ser regulado pelas próprias partes ou, em não se verificando estipulação expressa, ter a sua disciplina repassada ao árbitro ou ao Tribunal Arbitral Institucional.

---

[483] Elementos estes que se encontram previstos, respectivamente, nos artigos 18, 13, § 6º e 21 da Lei n. 9.307.

[484] Lei n. 9.307/96. Artigos 26 e 18.

[485] Lei n. 9.307/96. Artigo 23. É oportuno referir que o artigo 32 arrola as hipóteses de nulidade da sentença arbitral.

Levantou-se, anteriormente, a assertiva de que, em sendo a arbitragem uma faculdade para as partes, não haveria a violação ao princípio do acesso à Justiça ou da inafastabilidade do controle jurisdicional. O Supremo Tribunal Federal, por seu Tribunal Pleno, no julgamento do Agravo Regimental em Sentença Estrangeira n. 5.206, entendeu, por maioria, ser constitucional a declaração de vontade das partes quando da celebração da cláusula compromissória em contrato bem como a permissão legal dada ao Juiz para que substitua a vontade da parte recalcitrante em firmar o compromisso. Por unanimidade, declararam a constitucionalidade dos dispositivos da Lei da Arbitragem que prescrevem a irrecorribilidade e os efeitos de decisão judiciária da sentença arbitral.[486]

Na esfera do Direito Individual e Coletivo do Trabalho, inúmeros têm sido os debates sobre a sua incidência e sobre a sua efetividade na solução dos conflitos individuais e coletivos – é esse o objetivo do próximo tópico. A grande questão é verificar se a adoção da arbitragem não gera prejuízos ao trabalhador, que tem a seu favor, em razão da estruturação do Direito do Trabalho, uma gama de princípios, das quais merecem destaque, principalmente, a proteção e a irrenunciabilidade.

3.3.1.2. A arbitragem frente ao direito individual do trabalho

No Direito Individual do Trabalho, em nada é pacificada a questão acerca da admissibilidade da arbitragem para a resolução dos conflitos individuais. E a divergência gira em torno do referido princípio da irrenunciabilidade de direitos, que tem por finalidade contrariar condutas que visem ao afastamento do campo de aplicação dos direitos trabalhistas, cuja previsão se encontra em normas de ordem pública. Américo Plá Rodriguez demonstra que a irrenunciabilidade pode ser expressa na "impossibilidade jurídica de privar-se voluntariamente de uma ou mais vantagens concedidas pelo direito trabalhista em benefício próprio".[487]

Nos termos dos artigos 9º, 444 e 468 da CLT, quaisquer pactos que estipulem cláusulas prejudiciais bem como a diminuição de direitos serão considerados nulos, o que leva a crer que os direitos trabalhistas são indisponíveis.[488] Este princípio impede que se considere válido o ato voluntário que afaste do trabalhador algum direito que lhe é próprio. No

---

[486] STF. AgRg SE 5206. Tribunal Pleno. Data do Julgamento: 12/12/2001. Ministro-Relator Sepúlveda Pertence. Data da Publicação: 19/12/2001.

[487] RODRIGUEZ, 2000, op. cit., p. 142.

[488] TST. Súmula n. 276: AVISO PRÉVIO – RENÚNCIA PELO EMPREGADO: O direito ao aviso prévio é irrenunciável pelo empregado. O pedido de dispensa de cumprimento não exime o empregador de pagar o respectivo valor, salvo comprovação de haver o prestador dos serviços obtido novo emprego.

Direito do Trabalho, frente à lesão ou ao prejuízo, é absolutamente irrelevante o elemento volitivo. Mesmo que o empregado queira renunciar ou deixar de exercer determinado direito, há a presunção do "querer coagido", diante da inferioridade substancial existente na relação de emprego.

A Lei de Arbitragem fala sobre direitos patrimoniais disponíveis, o que gera uma certa dificuldade de introdução dos direitos trabalhistas neste conceito, principalmente, ao se considerar o contrato individual de trabalho. Gustavo Filipe Barbosa Garcia ressalta que "uma interpretação construtiva desta mesma norma, combinada com a análise global do sistema jurídico, leva-nos a concluir que a grande maioria dos direitos trabalhistas (dotados de certo grau de indisponibilidade) não pode ser objeto de arbitragem".[489] E segue afirmando: "Faz-se menção, ainda, à natureza alimentar destes direitos (CF/88, art. 100), o que confirma a sua exclusão do regime da arbitragem, conforme a restrição legal".

Neste mesmo sentido, Maurício Godinho Delgado expõe que "é desnecessário relembrar a absoluta prevalência que a Carta Magna confere à pessoa humana, à sua dignidade no plano social, em que se insere o trabalho, e a absoluta preponderância deste no quadro de valores, princípios e regras".[490] Sobre isso, o Tribunal Superior do Trabalho já apreciou matéria relativa à utilização da arbitragem em conflitos individuais e foi taxativo no sentido de inaplicabilidade:

> AGRAVO DE INSTRUMENTO. RECURSO DE REVISTA. ARBITRAGEM. INAPLICABILIDADE DA LEI 9.307/96 NOS CONFLITOS INDIVIDUAIS DE TRABALHO. Embora o artigo 31 da Lei n. 9.307/96 disponha que – a sentença arbitral produz, entre as partes e seus sucessores, os mesmos efeitos da sentença proferida pelos órgãos do Poder Judiciário e, sendo condenatória, constitui título executivo –, entendo-a inaplicável ao contrato individual de trabalho. *Com efeito, o instituto da arbitragem, em princípio, não se coaduna com as normas imperativas do Direito Individual do Trabalho, pois parte da premissa, quase nunca identificada nas relações laborais, de que empregado e empregador negociam livremente as cláusulas que regem o contrato individual de trabalho. Nesse sentido, a posição de desigualdade (jurídica e econômica) existente entre empregado e empregador no contrato de trabalho dificulta sobremaneira que o princípio da livre manifestação da vontade das partes se faça observado.* (grifo nosso). Como reforço de tese, vale destacar que o artigo 114 da Constituição Federal, em seus parágrafos 1º e 2º, alude à possibilidade da arbitragem na esfera do Direito Coletivo do Trabalho, nada mencionando acerca do Direito Individual do Trabalho. Agravo de instrumento a que se nega provimento. (TST. AIRR – 415/2005-039-02-40.9. Relator Ministro: Horácio Raymundo de Senna Pires. Data de Julgamento: 17/06/2009, 6ª Turma. Data de Publicação: 26/06/2009).

Nesta linha de raciocínio, manifestou-se o Tribunal Regional do Trabalho da 4ª Região:

---

[489] BARBOSA GARCIA, Gustavo Filipe. Arbitragem no Direito Individual do Trabalho. *Revista Justiça do Trabalho*, n. 279, p. 22, 2007.

[490] DELGADO, 2008b, op. cit., p. 211.

SENTENÇA ARBITRAL. INVALIDADE. Inviável a acolhida de sentença arbitral quando ela se refere a dissídios individuais de trabalho, a teor do que dispõe o art. 1º da Lei n. 9.307/96, bem assim do § 1º do art. 114 da Constituição Federal. Recurso do reclamado a que se nega provimento. (TRT 4. 00618-2006-016-04-00-7 RO. Relator Desembargador Hugo Carlos Scheuermann. Data de Julgamento: 28/11/2007. 2ª Turma. Data da Publicação: 07/12/2007).

Em sentido contrário, encontra-se a posição de Walküre Lopes Ribeiro da Silva, ao declarar que a irrenunciabilidade dos direitos trabalhistas "não constitui obstáculos intransponíveis à arbitragem. Em primeiro lugar, porque nem todos os direitos são irrenunciáveis, tanto que há conciliação e transação no curso dos dissídios trabalhistas submetidos à Justiça do Trabalho".[491] Esse posicionamento é questionável, pois, nos casos de controvérsia, o Poder Judiciário, representante do Estado, está autorizado, verificadas as condições do caso concreto, a homologar as transações, diferentemente dos árbitros, que exercem atividade preponderantemente privada. Todavia, existe jurisprudência, admitindo-se a arbitragem para os conflitos individuais de trabalho:

> ARBITRAGEM E CONFLITOS INDIVIDUAIS DE TRABALHO – POSSIBILIDADE – CONCEITO DE INDISPONIBILIDADE DE DIREITOS – EFEITOS JURÍDICOS. A *arbitragem*, tradicionalmente prevista no Direito *Coletivo*, pode e deve também estender-se ao Direito Individual, porque nele a patrimonialidade e a disponibilidade de seus efeitos é indiscutível e é o que mais se trata nas Varas trabalhistas, importando na solução, por este meio, de 50% dos conflitos em âmbito nacional. Basta que se cerque de cuidados e se mantenha isenta de vícios, a declaração do empregado pela opção da *arbitragem* que poderá ser manifestada, por exemplo, com a assistência de seu sindicato, pelo Ministério Público do Trabalho ou por cláusula e condições constantes de negociação coletiva. 11- Em vez da proibição, a proteção deve circunscrever-se à garantia da vontade independente e livre do empregado para resolver seus conflitos. Se opta soberanamente pela solução arbitral, através de árbitro livremente escolhido, não se há de impedir esta escolha, principalmente quando se sabe que a solução judicial pode demorar anos, quando o processo percorre todas as instâncias, submetendo o crédito do emprego a evidentes desgastes, pois são notórias as insuficiências corretivas dos mecanismos legais. 13- Já é tempo de confiar na independência e maturidade do trabalhador brasileiro, mesmo nos mais humildes, principalmente quando sua vontade tem o reforço da atividade sindical, da negociação coletiva, do Ministério Público, que inclusive pode ser árbitro nos dissídios de competência da Justiça do Trabalho – art. 83, X, da LC 75/93. 14- A relutância em admitir a *arbitragem* em conflitos individuais de trabalho é uma prevenção injustificada que merece urgente revisão. Não se pode impedir que o empregado, através de manifestação de vontade isenta de vício ou coação, opte por meios mais céleres, rápidos e eficientes de solução do *conflito* do que a jurisdição do Estado. (TRT 3. Processo: 00259-2008-075-03-00-2 RO. 4ª Turma.

---

[491] RIBEIRO DA SILVA, 2001, op. cit., p. 162-163. Chama a atenção a observação de Francisco Antônio de Oliveira: "Aconselhável, todavia, que não haja preconceitos na aplicação do instituto em sede trabalhista. O trabalhador de hoje não é mais aquele de meados do século passado e detém um grau razoável de politização e de entendimento. A arbitragem deve ser acolhida e adaptada à realidade trabalhista naquilo que se fizer necessário". Ver: OLIVEIRA, 2008, op. cit., p. 945.

Data do Julgamento: 17/12/2008. Relator Desembargador Antônio Álvares da Silva. Data da Publicação: 31/01/2009).[492]

Raimundo Simão de Melo admite a possibilidade de utilização da arbitragem nos conflitos individuais, não como regra, mas como exceção, em se tratando, por exemplo, de altos empregados, que seriam pessoas mais esclarecidas e capazes de escolherem árbitros de sua inteira confiança.[493]

Respeitadas as posições diversas, não se afigura como mais correta a defesa da utilização da arbitragem nos conflitos individuais de trabalho em toda e qualquer situação fática. A premissa de que empregado e empregador negociam livremente as cláusulas que regem o contrato de trabalho quase nunca é identificada no Direito Laboral. Neste contexto, a posição de desigualdade tanto jurídica quanto econômica existente entre as partes dificulta a aplicação do princípio da livre manifestação de vontade, inclusive no tocante à possibilidade de eleição da arbitragem e do árbitro para a solução dos conflitos.

Ainda que se afirme que a arbitragem é um procedimento célere, informal, confiável e confidencial, a vocação protetiva que dá suporte às normas trabalhistas, aliada ao princípio da irrenunciabilidade de direitos, erigem, ainda que em parte, a aplicação do instituto da arbitragem aos conflitos individuais de trabalho. Além disso, o alto custo da utilização desse juízo arbitral também se configura como razão para a sua inadmissão, pelo menos nos moldes propostos.

---

[492] Nesse mesmo sentido, há precedente do TST, no julgamento do AIRR n. 1475/2000-193-05-00.7, de Relatoria do Ministro Pedro Paulo Manus, acórdão publicado em 17/10/2008. AGRAVO DE INSTRUMENTO EM RECURSO DE REVISTA. JUÍZO ARBITRAL. COISA JULGADA. LEI Nº 9.307/96. CONSTITUCIONALIDADE. O art. 5º, XXXV, da Constituição Federal dispõe sobre a garantia constitucional da universalidade da jurisdição, a qual, por definir que nenhuma lesão ou ameaça a direito pode ser excluída da apreciação do Poder Judiciário, não se incompatibiliza com o compromisso arbitral e os efeitos de coisa julgada de que trata a Lei nº 9.307/96. É que a arbitragem se caracteriza como forma alternativa de prevenção ou solução de conflitos à qual as partes aderem, por força de suas próprias vontades, e o inciso XXXV do art. 5º da Constituição Federal não impõe o direito à ação como um dever, no sentido de que todo e qualquer litígio deve ser submetido ao Poder Judiciário. Dessa forma, as partes, ao adotarem a arbitragem, tão-só por isso, não praticam ato de lesão ou ameaça à direito. Assim, reconhecido pela Corte Regional que a sentença arbitral foi proferida nos termos da lei e que não há vício na decisão proferida pelo juízo arbitral, não se há de falar em afronta ao mencionado dispositivo constitucional ou em inconstitucionalidade da Lei nº 9.307/96. Despicienda a discussão em torno dos arts. 940 do Código Civil e 477 da CLT ou de que o termo de arbitragem não é válido por falta de juntada de documentos, haja vista que reconhecido pelo Tribunal Regional que a sentença arbitral observou os termos da Lei nº 9.307/96 – a qual não exige a observação daqueles dispositivos legais e não tratou da necessidade de apresentação de documentos (aplicação das Súmulas nºs 126 e 422 do TST). Os arestos apresentados para confronto de teses são inservíveis, a teor da alínea a do artigo 896 da CLT e da Súmula nº 296 desta Corte. Agravo de instrumento a que se nega provimento.

[493] MELO, Raimundo Simão de. *A arbitragem como mais uma alternativa à solução dos conflitos trabalhistas*. Disponível em: <http://artemis.prt15.gov.br/publicacao/arbitragem.html>. Acesso em: 10 ago. 2009

3.3.1.3. A arbitragem nos conflitos coletivos de trabalho e os reflexos da Emenda Constitucional 45/2004

A partir da Constituição Federal de 1988, não recaem questionamentos acerca da possibilidade da aplicação dos preceitos da Lei n. 9.307 quando o conflito se instaurar entre as categorias profissional e econômica, desde que as partes envolvidas, antes ou no curso do conflito estabelecido, firmem a arbitragem como forma de solução da controvérsia.

No Direito Coletivo do Trabalho, há um certo consenso quanto à possibilidade de utilização do procedimento arbitral, tendo em vista que empregado e empregador teriam o respaldo dos seus respectivos sindicatos, podendo, inclusive, as normas coletivas fazerem menção ao instituto, caso seja essa a vontade dos contratantes.

A ideia foi internalizar a experiência arbitral em território nacional, culminando na opção constitucional, insculpida no artigo 114, § 1º, o qual afirma que "frustrada a negociação coletiva, as partes poderão eleger árbitros". Além disso, o § 2º do referido artigo, antes da Reforma do Poder Judiciário, asseverava que "recusando-se qualquer das partes à negociação coletiva ou à arbitragem, é facultado aos respectivos sindicatos ajuizar dissídio coletivo, podendo a Justiça do Trabalho estabelecer normas e condições, respeitadas as disposições convencionais e legais mínimas de proteção ao trabalho". Esse dispositivo moldava a ideia do poder normativo da Justiça Laboral que será tratado posteriormente.

É salutar que o propósito do dispositivo constitucional, sem sombra de dúvida, foi deixar a solução jurisdicional estatal do conflito coletivo como *ultima ratio*, dando ênfase à aplicação de modalidades alternativas, destacando-se, aí, a arbitragem. Defensor do procedimento arbitral, João de Lima Teixeira Filho ressalta:

> Tirante esse fator cultural, a arbitragem revela, pelo menos em tese, uma grande vantagem sobre o dissídio coletivo: ela resulta de um tríplice consenso entre as partes. Em primeiro lugar, há que se concordar com a eleição da via arbitral; segundo, com a pessoa do árbitro ou comitê de peritos; e terceiro, com as regras procedimentais da arbitragem.[494]

É relevante dizer que a Carta Política foi clara ao expressar que é possível socorrer-se da arbitragem no que diz respeito à resolução dos conflitos, envolvendo direitos coletivos. Isto porque, nessa seara, impera o seguimento negocial, sob a estrita tutela sindical. Por essa razão, "as condições de trabalho decorrentes de rodadas negociais são, em regra, direitos dispositivos. [...] Já o mesmo direito se revela indisponível para a

---

[494] TEIXEIRA FILHO, 1998, op. cit., p. 333.

volitividade individual".[495] É isso que se verifica a partir da ementa abaixo transcrita:

> ARBITRAGEM. CONFLITOS TRABALHISTAS – É inadmissível a instauração de arbitragem para dirimir questões trabalhistas, salvo aquelas gizadas em conflitos coletivos. (TRT 5. Processo: 01361-2002-002-05-00-9 RO. 5ª Turma. Data do Julgamento: 29/03/2005. Relatora Desembargadora Maria Adna Aguiar. Data da Publicação: 15/05/2005).

Com o advento da Emenda Constitucional n. 45/2004, a arbitragem ganhou mais espaço, haja vista que o legislador constituinte derivado atribui uma nova expressão ao § 2º do artigo 114: o "comum acordo" para a utilização do dissídio coletivo. Dispõe a nova redação o seguinte: "Recusando-se qualquer das partes à negociação coletiva ou à arbitragem, é facultado às mesmas, de comum acordo, ajuizar dissídio coletivo de natureza econômica, podendo a Justiça do Trabalho decidir o conflito, respeitadas as disposições mínimas legais de proteção ao trabalho, bem como as convencionadas anteriormente". Discutir-se-á, a seguir, o verdadeiro sentido dessa expressão; entretanto, a partir de uma interpretação literal e restritiva do dispositivo, a arbitragem adquire mais espaços, como forma alternativa ao tradicional dissídio coletivo, evidenciando-se, assim, a normatividade do laudo arbitral para as partes.

Deste modo, a arbitragem vem-se firmando na área trabalhista como instituto eficaz, ainda que falte, no Brasil, uma cultura arbitral. O Direito Coletivo do Trabalho, sem dúvida, passa por uma fase de transição, principalmente, a partir do suposto fomento à negociação coletiva e à utilização de outros meios, evitando-se ao máximo a busca pela solução jurisdicional dos conflitos coletivos de trabalho. O fato é que, no âmbito de atuação sindical, existe espaço para a liberdade de pactuação bem como ao *pacta sunt servanda*, ou seja, caso seja eleita a arbitragem como forma de pôr fim a controvérsias, é incabível a alegação de hipossuficiência ou de desigualdade de condições nas negociações.

Além disso, segundo os próprios ditames da Lei n. 9.307/96, a arbitragem torna-se uma opção célere em face dos procedimentos judiciais, sem falar do árbitro, que, regra geral, é escolhido pelos próprios pactuantes. Contudo, ressalte-se, a arbitragem é facultativa; portanto, os negociantes deverão estipular a cláusula compromissória ou o compromisso arbitral no instrumento firmado, sob pena de se prejudicar a utilização do instituto.

Por fim, é indispensável que haja a busca por profissionais qualificados no tema, para que possam dar suporte às partes, evitando-se, desta maneira, que a via arbitral caia no descrédito, como já ocorreu, por exemplo, com as Comissões de Conciliação Prévia. Até porque o objetivo

---

[495] Ibid., p. 336.

maior, mais uma vez, é a garantia de melhores condições aos trabalhadores, respeitando-se o equilíbrio econômico empresarial.

3.3.2. A solução jurisdicional estatal dos conflitos coletivos de trabalho

Ao desempenhar a sua função pública, o Estado atua, ao estabelecer regras e ao buscar a sua efetividade nos casos de conflito, ou seja, impondo às partes a resolução em conformidade com o Direito. No que se refere aos conflitos coletivos de trabalho, entre as mais diversas e variadas formas de composição do problema, sustenta-se que o Estado, por meio do Poder Judiciário, deve atuar, ativamente, objetivando estancar divergências jurídicas. Mozart Victor Russomano e Guillermo Cabanellas ressaltam:

> Devemos reconhecer, antes de tudo, que constitui uma vitória de nossa época o fato de se ter admitido – como, atualmente, se admite – que o Poder Judiciário e, quando for o caso, a Justiça do Trabalho, deve ser competente para resolver não apenas os conflitos individuais, genericamente considerados, mas, também, os conflitos coletivos.[496]

Portanto, dentre os vários sistemas de solução dos conflitos coletivos de trabalho, pode-se apontar a intervenção judicial. No entanto, como assevera Arion Sayão Romita, em alguns países, a solução só encontra espaço no tocante aos dissídios de natureza jurídica, uma vez que "a solução dos dissídios de natureza econômica, em parte alguma, é deferida a atividades de juízes. [...] O Brasil apresenta a peculiaridade de atribuir ao Estado-Juiz a tarefa de dirimir as controvérsias de natureza econômica".[497]

É relevante esclarecer que os conflitos de natureza jurídica são aqueles em que se discute a aplicação de uma norma anterior ou de um instrumento de negociação coletiva, enquanto que os conflitos de natureza econômica dizem respeito à possibilidade de criação de novas condições de trabalho. E é essa função normativa que gera perplexidade, afinal, o Poder Judiciário possui em mãos a possibilidade de oferecer uma solução criadora para o conflito.[498]

E é essa, pois, a preocupação do presente estudo. É por meio de uma ação, aclamada dissídio coletivo, que o Poder Judiciário trabalhista exercia (ou, ainda, exerce) o chamado poder normativo, tão discutido nos dias

---

[496] RUSSOMANO; CABANELLAS, 1979, op. cit., p. 120.

[497] ROMITA, Arion Sayão. *Os Direitos Sociais na Constituição e outros estudos*. São Paulo: Ltr, 1991, p. 361. Nessa linha de raciocínio, Russomano e Cabanellas esclarecem: "O Direito Comparado se inclina, cada vez mais, no sentido de admitir a solução jurisdicional dos conflitos coletivos de natureza jurídica, legisladores e juristas continuam hesitando quanto à possibilidade de se atribuir a mesma competência ao Poder Judiciário para julgar os conflitos coletivos de natureza econômica". RUSSOMANO; CABANELLAS, 1979, op. cit., p. 120-121.

[498] RUSSOMANO; CABANELLAS, 1979, op. cit., p. 124-125.

de hoje em face das alterações promovidas pela Emenda Constitucional n. 45/2004. Observe-se que, embora os conflitos de natureza jurídica possam ser solucionados como qualquer conflito individual, ou seja, por meio do ajuizamento de reclamações trabalhistas, ações de cumprimento, ação civil pública (que não serão objeto de análise), também é admitida a propositura de dissídio coletivo para resolvê-los. Entretanto, objetiva-se destacar que a solução dos conflitos de natureza econômica, havendo a intervenção judicial, dar-se-á por força do dissídio coletivo, inclusive em decorrência de preceito constitucional.

3.3.2.1. O dissídio coletivo: o conceito e as espécies

A ideia de intervenção do Poder Judiciário nos conflitos coletivos de trabalho é bem antiga. Para Arion Sayão Romita, "o Estado Autoritário repele a negociação coletiva, porque esta pressupõe sindicato livre e entendimento direto entre os interessados, com possibilidade de greve".[499]

Baseada nos ideais fascistas da *Carta del Lavoro*, de 1927, consolidou-se a possibilidade de o Estado "ingressar" nos conflitos coletivos, criando novas condições de trabalho. Em 1939, o Decreto-Lei 1.237 organizou a Justiça do Trabalho, como unidade administrativa, mas com competência normativa, nos termos do artigo 94.[500]

Em 1946, a Constituição Federal incorporou a Justiça Laboral ao Poder Judiciário. A competência da Justiça do Trabalho estava definida no artigo 123, e, no parágrafo segundo, já havia referência aos dissídios coletivos: "A lei especificará os casos em que as decisões nos dissídios coletivos poderão estabelecer normas e condições de trabalho". Esse preceito foi mantido pela Carta de 1967, com a Emenda n. 01/69.

Foi em 1988, no entanto, que ocorrera mutação na regra que dispunha acerca da competência normativa, uma vez que o artigo 114, § 2º[501] passou a dispor, expressamente, que, em casos de frustração da negociação coletiva ou da arbitragem, era facultado aos respectivos sindicatos ajuizar dissídio coletivo, estando a Justiça do Trabalho autorizada a criar normas e condições de trabalho.

---

[499] ROMITA, 1991, op. cit., p. 359.

[500] Artigo 94: Na falta de disposição expressa de lei ou de contrato, as decisões da Justiça do Trabalho deverão fundar-se nos princípios gerais de direito, especialmente do direito social, da equidade, harmonizando os interesses dos litigantes com os da coletividade, de modo que nenhum interesse de classe ou particular prevaleça sobre o interesse público.

[501] Redação original do § 2º do artigo 114 da CF/88: Recusando-se qualquer das partes à negociação ou à arbitragem, é facultado aos respectivos sindicatos ajuizar dissídio coletivo, podendo a Justiça do Trabalho estabelecer normas e condições *respeitadas as disposições convencionais e legais mínimas de proteção ao trabalho*. [grifo nosso]

Todavia, o texto original da Constituição Federal de 1988, como já se disse, sofreu alteração pelo legislador constituinte derivado, por intermédio da Emenda Constitucional n. 45/2004. A propositura do dissídio coletivo de natureza econômica, nos termos do novel § 2º,[502] é facultada, de comum acordo, às partes. Além disso, suprimiu-se a expressão "estabelecer normas e condições de trabalho", referindo-se, tão somente, que pode a Justiça do Trabalho "decidir o conflito".

Cumpre, em decorrência da evolução constitucional, demonstrar qual é a definição dessa modalidade de ação específica da área processual trabalhista, cujo nome é dissídio coletivo. Este último é um instrumento peculiar que "configura ação proposta por entidade sindical ou pelo Ministério Público do Trabalho, buscando, na prestação jurisdicional do Estado, a pacificação de conflito entre empregados e empregadores",[503] lembrando que, nessa ação, as partes são abstratamente consideradas como componentes de uma categoria.

Deste modo, consiste na busca de procedimento capaz de solucionar conflitos coletivos de trabalho por meio da atividade estatal impositiva. Para José Augusto Rodrigues Pinto, nos dissídios coletivos, "o interesse controvertido é de todo um grupo, genérica e abstratamente considerado".[504] De fato, o dissídio coletivo encontra previsão legal não apenas na Constituição Federal mas também na Consolidação, nos artigos 856 a 875. Valetim Carrion doutrina:

> Os dissídios, como os denomina a CLT, na acepção de "processo", ou seja, o meio de exercer uma ação para compor a lide, podem ser individuais ou coletivos. Aqueles têm por objeto direitos individuais subjetivos, de um empregado (dissídio individual singular) ou vários (dissídio individual plúrimo). O dissídio coletivo visa a direitos coletivos, ou seja, contém as pretensões de um grupo, coletividade ou categoria profissional de trabalhadores, sem distinção dos membros que a compõem, de forma genérica.[505]

Esclarecida a definição da ação em análise, cabe demonstrar as suas espécies. Ives Gandra da Silva Martins Filho arrola três hipóteses de exer-

---

[502] Redação do § 2º do artigo 114 da CF/88 pós EC n. 45: Recusando-se qualquer das partes à negociação coletiva ou à arbitragem, é facultado às mesmas, de comum acordo, ajuizar dissídio coletivo de natureza econômica, podendo a Justiça do Trabalho decidir o conflito, respeitadas *as disposições mínimas de proteção ao trabalho, bem como as convencionadas anteriormente.* [grifo nosso]

[503] OLIVEIRA, Dalva Amélia de. Os dissídios coletivos e o poder normativo da Justiça do Trabalho (pesquisa histórica). *Revista Trabalhista Direito e Processo*, Rio de Janeiro, v. 2, p. 67, 2003.

[504] RODRIGUES PINTO, José Augusto. *Processo Trabalhista de conhecimento.* 7. ed. São Paulo: LTr, 2005a, p. 443.

[505] CARRION, 2009, op. cit., p. 709. Carlos Henrique Bezerra Leite define: "Para nós, portanto, o dissídio coletivo é uma espécie de ação coletiva conferida a determinados entes coletivos, geralmente os sindicatos, para a defesa de interesses cujos titulares materiais não são pessoas individualmente consideradas, mas sim grupos ou categorias econômicas, profissionais ou diferenciadas, visando à criação ou interpretação de normas que irão incidir no âmbito dessas mesmas categorias". Ver: BEZERRA LEITE, 2008, op. cit., p. 1076.

cício do dissídio coletivo: a) dissídios coletivos de natureza econômica; b) dissídios coletivos de natureza jurídica; c) dissídios coletivos de greve, também chamados de natureza mista.[506]

Nos dissídios coletivos de natureza econômica,[507] conforme o que já se adiantou, o Tribunal fixará normas e condições de trabalho aplicáveis aos contratos individuais de trabalho, "no âmbito da representação das partes envolvidas no dissídio".[508] São, comumente, nomeados de dissídios de interesse. O procedimento coletivo, neste caso, é considerado atípico, já que não visa à aplicação de uma condenação ou ao reconhecimento de direitos, mas sim a constituí-los. Por essa razão, afirma-se que "a ação coletiva de natureza econômica é de caráter constitutivo, na medida em que não se extrai da sentença um título executivo, sendo esta normativa, abstrata",[509] em respeito aos interesses categoriais, sem que se identifiquem pessoalmente os destinatários.

Os dissídios coletivos de natureza econômica dividem-se, ainda, em três subespécies: originário; revisional e de extensão. São chamados de originários os dissídios que objetivam a produção de normas gerais e abstratas, para disciplinar os contratos individuais de trabalho, pela primeira vez, ou, ainda, quando se trate da vigência de normas e de condições especiais de trabalho, decretadas em sentença normativa.[510] Estão, pois, previstos no artigo 867, parágrafo único, alínea *a*, da CLT. Quanto à segunda modalidade, Everaldo Gaspar Lopes de Andrade comenta:

> [...] antes do término da vigência, precisamente, nos termos do artigo 616 da CLT, havendo convenção coletiva, acordo coletivo ou sentença normativa em vigor, o dissídio revisional deverá ser instaurado dentre de sessenta dias anteriores ao respectivo termo final, para que esse novo instrumento possa ter vigência no dia imediato a esse termo. [...] se o primeiro dissídio teve vigência de 1º de maio de 1991 a 30 de abril de 1992, já a partir do mês de março, as partes podem começar a negociar uma nova norma.[511]

---

[506] MARTINS FILHO, Ives Gandra da Silva. *Processo Coletivo do Trabalho*. 2. ed. São Paulo: LTr, 1996, p. 55-66.

[507] RITST. Artigo 220, inciso I.

[508] GOMES NETO, Indalécio. Dissídio coletivo. *Revista do Tribunal Superior do Trabalho*, São Paulo, p. 20, 1999. Valentim Carrion afirma: "Os dissídios coletivos de natureza econômica visam a alterar as normas legais ou contratuais dos membros da categoria, obtendo novas condições de trabalho em geral (salários, jornadas, etc.). Têm as características das ações constitutivas que visam a criar, alterar ou extinguir uma situação jurídica ou, melhor, de uma lei não geral. Ver: CARRION, loc. cit.

[509] GOMES NETO, 1999, op. cit., p. 21.

[510] RITST. Artigo 220, inciso III.

[511] LOPES DE ANDRADE, Everaldo Gaspar. *Dissídio coletivo*. São Paulo: Ltr, 1993, p. 40-41. Amauri Mascaro Nascimento refere: "Como o dissídio coletivo econômico deve ser ajuizado no prazo de sessenta dias anteriores ao termo final do instrumento normativo vigente para que o suscitante não perca a data-base (CLT, art. 616, § 3º), e em face da impossibilidade do encerramento da negociação coletiva nesse prazo, é possível protesto judicial, em petição escrita dirigida ao presidente do tribunal,

O dissídio coletivo revisional encontra-se insculpido nos artigos 873 a 875 da CLT.[512] Vislumbra-se que essa subespécie tem por finalidade a revisão de condições de trabalho estabelecidas em norma coletiva anterior, que tenham se tornado injustas por circunstâncias alheias à vontade dos interessados. Por último, o dissídio coletivo de extensão é aquele que tem por objeto estabelecer novas condições de trabalho e no qual figure como parte apenas uma fração de empregados de uma empresa. Nesse caso, o Tribunal poderá estender tais condições de trabalho, se julgar justo e conveniente, aos demais empregados da empresa que forem da mesma profissão dos dissidentes.[513] Ainda, possui previsão legal nos artigos 868 a 871 da CLT.[514] Amauri Mascaro Nascimento comenta que não são mais comuns casos de extensão, pois, nos dias de hoje, o sindicato representa toda a categoria.[515]

Vistas essas subespécies dos dissídios coletivos de natureza econômica, é oportuno relembrar que a Emenda Constitucional n. 45/2004 concebeu efeitos modificativos em sua concepção tradicional, que serão a seguir explicitados, ao se discorrer acerca do poder normativo da Justiça do Trabalho.

A outra espécie de dissídio coletivo apontada pela doutrina é a que diz respeito aos de natureza jurídica.[516] A finalidade precípua dessa variedade é a interpretação de uma norma preexistente. Everaldo Gaspar Lopes de Andrade ministra que, como norma preexistente, "deve ser considerada não apenas as leis produzidas pelos Poderes Executivo (Medidas Provisórias) e Legislativo como também os contratos coletivos (acordos e convenções coletivas de trabalho) e outras decisões normativas".[517] Carlos Henrique Bezerra Leite afirma que o dissídio coletivo de natureza jurídi-

---

para preservar a data-base da categoria". Ver: NASCIMENTO, 2008, op. cit., p. 835. Nesse sentido, o artigo 219, § 1º, do RITST.

[512] RITST. Artigo 220, inciso IV.

[513] CLT. Artigo 868.

[514] TST. SDC. Orientação Jurisprudencial n. 2: Acordo homologado. Extensão às partes não subscreventes. Inviabilidade. É inviável aplicar as condições constantes de acordo homologado nos autos de dissídio coletivo, extensivamente, às partes que não o subscreveram, exceto se observado o procedimento previsto no art. 868 e seguintes da CLT.

[515] NASCIMENTO, 2008, op. cit., p. 837.

[516] RITST. Artigo 220, inciso II: [...] para interpretação de cláusulas de sentenças normativas, de instrumentos de negociação coletiva, acordos e convenções coletivas, de disposições particulares de categoria econômica ou profissional e de atos normativos.

[517] LOPES DE ANDRADE, 1993, op. cit., p. 39. O referido autor apresenta exemplo pertinente para a utilização dessa espécie: "Muitas vezes, uma cláusula não é bem redigida. O sindicato patronal interpreta de um jeito, o sindicato obreiro de outro; um diz, por exemplo, que o percentual de reposição salarial é num determinado patamar; o outro entende que é bem maior. Outras vezes, ocorre de um contrato coletivo de trabalho fixar um reajuste salarial, para aquele mês e, logo após, vem uma lei editada pelo Congresso Nacional proibindo reajuste salarial, para aquele mês. Todas

ca apresenta caráter de ação declaratória, uma vez que o seu objeto reside apenas na hermenêutica de cláusulas subsistentes.[518]

O Poder Judiciário exerce, nesse caso, função típica. Julgam-se nos mesmos moldes de uma ação reclamatória trabalhista as ações de cumprimento, os mandados de segurança, bem como nas diversas ações coletivas que visem a solucionar as divergências interpretativas relativas a determinadas normas jurídicas.

Como última espécie, estuda-se o dissídio coletivo de natureza mista ou de greve. Os dissídios coletivos de greve, de acordo com o artigo 8º da Lei n. 7.783/89, são aqueles que, regra geral, têm por pretensão a declaração de abusividade do movimento paredista, podendo, cumulativamente, estar objetivando a criação de normas e de condições de trabalho. A respeito disso, Indalécio Gomes Neto declara de forma sugestiva:

> O dissídio coletivo que tem por finalidade provocar o pronunciamento do tribunal sobre a legalidade ou ilegalidade de uma greve, sobre sua licitude ou ilicitude; é um dissídio de natureza jurídica, pois o que se quer é uma interpretação jurídica da conformidade ou não do movimento grevista com a legislação vigente. Se além da greve também se pede, no dissídio, o estabelecimento de normas e condições de trabalho, o dissídio tem natureza mista, ou seja, natureza econômica e jurídica.[519]

Um equívoco que é cometido por alguns julgadores é entender que, se a greve for considerada abusiva, o Tribunal estará proibido de conceder cláusulas de natureza econômica. Pode ocorrer, sim, de o Tribunal entender que a greve não é abusiva; no entanto, as pretensões que desta última decorrem – de estabelecer normas e condições de trabalho – não se coadunam com a legislação vigente.

Conhecidas as espécies de dissídios coletivos, ressalte-se que a decisão proferida pelo Tribunal nesses conflitos é chamada de sentença normativa, devendo ser fundamentada nos exatos termos dos artigos 867 da CLT e 93, inciso II, da Constituição Federal. Essa sentença abrange toda a categoria, incluindo aqueles que ingressaram após a sua prolatação, excluindo-se aqueles que a deixaram antes do término da vigência.[520]

A título de curiosidade quanto à competência para julgar os dissídios coletivos, é importante referir que o critério determinante é diverso daquele utilizado nos dissídios individuais. A competência é determinada a partir da extensão territorial do conflito. Se o conflito se limitar à área

---

essas questões podem resultar no ajuizamento de dissídio coletivo de natureza jurídica. Ver: Ibid., p. 40.

[518] BEZERRA LEITE, 2008, op. cit., p. 1078. Possui igual entendimento, ver CARRION, 2009, op. cit., p. 709.

[519] GOMES NETO, 1999, op. cit., p. 20.

[520] OLIVEIRA, 2003, op. cit., p. 67.

de competência de um Tribunal Regional, a este último caberá julgá-lo; se, entretanto, o conflito se estender a uma área geográfica superior ao local de um Tribunal, a competência será do Tribunal Superior do Trabalho, nos termos dos artigos 678, I, *a* e 702, I, *b*, da CLT.

Subsiste, pois, uma exceção. Em São Paulo, há dois Tribunais Regionais do Trabalho – o TRT da 2ª Região, com sede na capital, e o TRT da 15ª Região, com sede em Campinas. A Lei n. 9.254/96 reservou competência exclusiva ao TRT da 2ª Região para "processar, conciliar e julgar os dissídios coletivos nos quais a decisão a ser proferida deva produzir efeitos em área territorial alcançada, em parte, pela jurisdição desse mesmo Tribunal e, em outra parte, pela jurisdição do Tribunal Regional do Trabalho da 15ª Região". O objetivo da legislação, certamente, foi evitar a divisão de efeitos da sentença normativa dentro do mesmo Estado-Membro.[521]

Deve-se frisar agora que os Juízes do Trabalho não apreciam dissídio coletivo, qualquer que seja a sua natureza. No tocante à competência funcional, os Regimentos Internos do Tribunal estabelecerão a quem incumbe a atribuição de julgar essas ações. Em se tratando de Tribunal com poucos magistrados, a competência será do Pleno; todavia, havendo a divisão em seções especializadas, a incumbência passa a ser da Seção de Dissídios Coletivos.

3.3.2.2. *O poder normativo da Justiça do Trabalho*

Um dos caracteres mais raros do sistema jurídico brasileiro, quando se fala nas relações de trabalho, é o chamado poder normativo da Justiça do Trabalho. Nos moldes do que já se apresentou, os Tribunais do Trabalho, ao decidirem conflitos coletivos, estão autorizados a desempenhar função tipicamente legislativa. Essas cláusulas editadas pelo Poder Judiciário, sejam de natureza econômica, sejam de natureza jurídica, são impositivas às categorias conflitantes, culminando no chamado poder normativo da Justiça Laboral.

A questão de sobrevivência do poder normativo e a dos dissídios coletivos de natureza econômica geram grandes debates doutrinários, alguns defendendo a total extinção do instituto; outros, a sua permanência ou a sua "revisão". Para Enoque Ribeiro dos Santos, "esse poder tem por escopo dirimir conflitos coletivos de trabalho, por meio de criação de novas condições de trabalho e remuneração".[522] A conceituação atribuída a

---

[521] GIGLIO; VELTRI CORRÊA, 2007, op. cit., p. 420.

[522] SANTOS, Enoque Ribeiro dos. Dissídio coletivo e Emenda Constitucional n. 45/2004 – considerações sobre as teses jurídicas da exigência do "comum acordo". *Revista Justiça do Trabalho*, n. 264, p. 11, 2005.

este poder de normatizar, ou, ainda, de legislar é traduzida, principalmente, pela Carta Política, antes da Emenda Constitucional n. 45/2004. Tarso Fernando Genro, defensor do poder normativo, acentua:

> É um processo que tem a finalidade *sui generis*, pois é um processo que busca sentença que tem força de lei, que faz as vezes da lei, que cria, portanto, direito objetivo, e que tem os mesmos efeitos do contrato coletivo de trabalho. [...] É, sem dúvida, uma brilhante criação do direito burguês nos países onde a solução jurisdicional para os conflitos coletivos é adotada. À semelhança do contrato coletivo, vem do reconhecimento de vácuos legais, espaços não-preenchidos pelo Direito Positivo, já que o processo de luta de classes é sempre mais rico do que pode conceber o legislador.[523]

Arion Sayão Romita, crítico feroz dessa especificidade, assevera que "o poder normativo da Justiça do Trabalho constituiu o instrumento de que se vale o Estado para intervir no conflito capital x trabalho no plano coletivo";[524] segue comentando que "o poder normativo exercido pelos Juízes não poderia ser acolhido pela Constituição, pois Juízes não são representantes do povo".[525] E, possivelmente, baseado neste ponto de vista, é que houve alteração significativa na perspectiva do instituto no Brasil.

As críticas ao poder normativo devem-se ao fato de que o seu exercício funciona como fator impeditivo ao crescimento da negociação coletiva, a partir do momento em que aquele se dá por meio do confronto, e esta visa ao entendimento entre as partes. Diante dos ranços do corporativismo e do regime autoritário, afirma-se que o poder normativo seria incompatível com a autonomia privada coletiva, tão cara no regime democrático de Direito. No entanto, essa posição não é unânime, visto que nem sempre a negociação é exercida da forma mais correta, pensando nos trabalhadores: há casos em que se buscam unicamente interesses políticos e benefícios aos dirigentes sindicais que se estabilizam nos cargos.

O fato é que constitui certo exagero sentenciar que o exercício dessa função jurisdicional atípica é incompatível com a democracia. Como qualquer meio de resolução de conflitos, ao ser bem utilizado, compatibiliza-se com qualquer regime político. Além disso, é forte demais a declaração de que o poder normativo é castrador e repressivo, porque ele não é uma imposição aos interesses antagônicos, dispondo as partes de outras formas de solucionarem o seu conflito.

Em outras palavras, o poder normativo nunca foi remédio para todas as reivindicações cuja satisfação implicasse necessariamente a criação de normas. O Supremo Tribunal Federal, a partir de 1996, manifestou-se no

---

[523] GENRO, Tarso Fernando. *Contribuição à Crítica do Direito Coletivo do Trabalho*. Porto Alegre: Síntese, 1980, p. 36.

[524] ROMITA, Arion Sayão. O poder normativo da Justiça do Trabalho: antinomias constitucionais. *Revista Ltr.*, v. 65, n. 3, p. 263, mar. 2001.

[525] Ibid., p. 266.

sentido de ser a decisão da Justiça do Trabalho, em sua competência normativa, fonte subsidiária do Direito, suscetível de operar somente no vazio legislativo, sujeita, porém, à supremacia da lei formal, a exemplo dos seguintes julgamentos: "A jurisprudência da Corte é no sentido de que as cláusulas deferidas em sentença normativa proferida em dissídio coletivo só podem ser impostas se encontrarem suporte na lei" (RE 114.836, Rel. Min. Maurício Cardoso, DJ 06-3-98) e "[...] por exceder seu conteúdo à competência normativa da Justiça do Trabalho, cujas decisões, a despeito de configurarem fonte de direito objetivo, revestem o caráter de regras subsidiárias, somente suscetíveis de operar no vazio legislativo, e sujeitas à supremacia da lei formal (art. 114, § 2º, da Constituição)" (RE 197.911, Rel. Min. Octavio Gallotti, DJ 07-11-97).

Sendo assim, o Supremo Tribunal Federal, no julgamento do Recurso Extraordinário n. 197.911, interpretou que a Constituição Federal trouxe uma série de condutas a serem observadas no exercício do poder normativo. Dentre elas, apontam-se o prévio e necessário exaurimento da negociação coletiva, a proibição de produção de normas e condições de trabalho contrárias ao texto constitucional, bem como não relacionadas ao vínculo de emprego. Ademais, o exercício do poder normativo deve respeitar as reservas de disciplinamento de determinadas matérias para a legislação formal, como no caso do aviso prévio proporcional ao tempo de serviço, insculpido no artigo 7º, XXI, da Carta.[526]

Sob a análise estrita da Constituição Federal, de 1988, no artigo 114, § 2º, em sua redação original e com as recentes alterações trazidas pela Emenda Constitucional n. 45/2004, não há margem a qualquer controvérsia: o seu objetivo foi, pois, conferir maior liberdade aos sindicatos, à medida que reduz a intervenção estatal no âmbito do Direito Coletivo do Trabalho. Tanto que ambas as redações têm um ponto em comum: o fato de deixarem claro que o Poder Judiciário só será provocado mediante a frustração na negociação coletiva ou a recusa ao procedimento arbitral.

Não se pode negar que a iniciativa de se encerrar com o poder normativo da Justiça do Trabalho é consequência da fixação de ideais liberais nas relações coletivas de trabalho, o que pode vir a prejudicar a categoria profissional, o qual acabará ficando à mercê dos ânimos das entidades patronais e das oscilações da Economia.

---

[526] É imperioso asseverar, nesse diapasão, que como consectário da separação dos poderes, o poder normativo só poderia operar no vazio da legislação infraconstitucional e onde esta expressamente reservasse espaço para o seu exercício, porquanto "a sentença normativa é fonte formal de direito subjetivo a decisão proferida pela Justiça do Trabalho, na resolução de dissídio coletivo, autônoma na sua elaboração, porém, somente suscetível de operar no vazio legislativo como regra subsidiária ou supletiva subordinada à supremacia da lei". (RE n. 197.911/PE. Primeira Turma. Relator: Ministro Octavio Galotti. Data da Publicação: 07/11/97).

Contudo, a partir do exame que será feita, a dúvida paira sobre qual foi a intenção do legislador constituinte derivado, ao, supostamente, trazer uma inovação ao § 2º do artigo 114 da Carta Política. Além dos pressupostos já existentes para o ajuizamento do dissídio coletivo de natureza econômica, tais como a inexistência de litispendência, a observância da época para o ajuizamento, a negociação prévia, surgiu algo mais: a suposta exigência de mútuo consentimento para o exercício desta ação.

3.3.2.3. A exigência do mútuo consentimento e o princípio da inafastabilidade do controle jurisdicional: fim do poder normativo?

Nos ditames de José Augusto Rodrigues Pinto, a Emenda abriu três portas de solução aos conflitos coletivos de trabalho, ressaltando-se o que já foi objeto de análise antecedente: a negociação direta, o juízo arbitral e o dissídio coletivo.[527] Para o referido autor, o poder normativo foi extinto:

> [...] pela clareza do § 2º do artigo 114, ao dispor que a Justiça do Trabalho deve "decidir o conflito", em lugar de "estabelecer normas e condições", como era dito antes. A diferença fundamental, mesmo que o legislador a tenha estabelecido sem querer, é que decidir um conflito quer dizer julgar entre pretensões deduzidas em contraditório pelas partes, fazendo entrega da prestação jurisdicional rigorosamente e dentro dos limites da controvérsia – o que é muito diferente de quem pode, em face de uma pauta de propostas unilateralmente apresentadas pelo suscitante, estabelecer (criar) normas e condições. Por isso, mantemos firme a posição de que, pela letra atual do art. 114, § 2º da Constituição de 1988 a Justiça do Trabalho não tem poder nem competência normativa.[528]

Além desta alteração, aquela que está sendo mais discutida no momento gira em torno da exigência do mútuo consentimento para a propositura do dissídio coletivo de natureza econômica. Vários doutrinadores têm defendido a tese de que a expressão não deixa dúvida, isto é, às partes, faculta-se suscitar o dissídio coletivo de natureza econômica, tão somente, de comum acordo. Se não houver esse encontro de vontades, não se deve falar em dissídio.[529]

Por essa razão, o poder normativo não teria sido extinto, porque, no momento em que as partes suscitarem o dissídio coletivo, incidirá a competência normativa da Justiça Laboral, prolatando-se uma sentença normativa voluntariamente.

---

[527] RODRIGUES PINTO, 2005b, op. cit., p. 243.

[528] Ibid., p. 243-244.

[529] SAMPAIO GARCIA, Pedro Carlos. O fim do poder normativo. In: COUTINHO, Grijalbo Fernandes; FAVA, Marcos Neves (coords.). *Justiça do Trabalho*: competência ampliada. São Paulo: LTr, 2005, p. 391.

Cabe referir que pelo menos quatro interpretações têm sido admitidas para o § 2º do artigo 114 da Carta Política: a) será necessário que as partes subscrevam a peça exordial conjuntamente, configurando-se o "comum acordo" como um pressuposto atípico da ação; b) se houver a simples ausência de oposição ao dissídio suscitado, está configurado o acordo tácito, logo, será dado prosseguimento ao conflito;[530] c) o dispositivo clama pela arbitragem pública, pois as partes, de comum acordo, vão ao Judiciário buscar a solução para o litígio;[531] d) e, por fim, a última corrente que defende ser o "comum acordo" facultativo, ou seja, se as partes quiserem suscitar o dissídio, conjuntamente, podem, mas isso não impede a possibilidade de cada uma, independentemente da anuência da outra, buscar auxílio da esfera jurisdicional.

Excetuando a última interpretação, que se posiciona pela inconstitucionalidade da interpretação que exige o mútuo consentimento como pressuposto ou condição da ação coletiva, as demais não traduzem qualquer problema de constitucionalidade na norma insculpida no artigo 114, § 2º da Constituição. O Ministro José Luciano de Castilho, ao analisar a questão, salienta:

> Começamos por indagar o significado da expressão "de comum acordo". Evidentemente não pode significar, necessariamente, petição conjunta. Logo, estou entendendo que o comum acordo não precisa ser prévio. Ele pode vir – de modo expresso ou tácito – na resposta do suscitado ao dissídio ajuizado. Assim, ajuizado o dissídio coletivo pelo sindicato dos empregados, sem o acordo expresso da parte contrária, deve o juiz mandar citar o suscitado e apenas na hipótese de recusa formal ao dissídio coletivo a inicial será indeferida.[532]

---

[530] O Tribunal Superior do Trabalho tem decidido nesse sentido. TST, Processo n. 244/2006-000-12-00. Publicado em 30-11-2007. O mútuo consentimento é considerado um pressuposto processual, uma vez que, se não estiver presente, não autoriza que a relação jurídica se desenvolva validamente. Aqueles que entendem dessa forma afirmam que o não atendimento resultaria, desde logo, na extinção do feito. Porém, os autores que defendem se tratar de condição da ação aduzem que a parte contrária deve ser citada e, se concordasse com o ajuizamento ou ficasse inerte, o feito estaria regularizado. Em relação a esta segunda posição, também há precedente do TST, no julgamento do Dissídio Coletivo n. 150085/2005-000-00-00-3, cujo Relator foi o Ministro João Oreste Dalazen: "é imperativo ter presente que o processo do dissídio coletivo, por sua absoluta singularidade, é infenso às amarras e tecnicalidades concebidas com os olhos fitos no processo comum e aplicadas ao dissídio individual. Sabidamente, é uma modalidade *sui generis* de processo que, por sua natureza e objeto, é avesso e não se compadece com muitos institutos do processo comum [...] Nessa perspectiva, o concurso de vontades entre o capital e o trabalho, requerido pela norma do art. 114, § 2º, em meu entender, não significa necessariamente ação coletiva de iniciativa conjunta dos sindicatos patronal e profissional. A exigência fundamental da norma constitucional, em meu entender, é de concordância expressa ou tácita de ambas categorias, em que seja ajuizado o dissídio coletivo de natureza econômica perante a Justiça do Trabalho".

[531] Termo utilizado por Marcos Neves Fava em O esmorecimento do poder normativo – análise de um aspecto restritivo da ampliação da competência da Justiça do Trabalho. In: COUTINHO, Grijalbo Fernandes; FAVA, Marcos Neves (coords.). *Nova competência da Justiça do Trabalho*. São Paulo: Ltr, 2005a, p. 285.

[532] CASTILHO DE PEREIRA, 2005, op. cit., p. 247.

Embora defendam a constitucionalidade do referido parágrafo da Lei, Luiz Alberto de Vargas e Ricardo Carvalho Fraga ressaltam:

> [...] na prática, corre-se o risco de estar criando graves restrições que tendem a limitar fortemente uma importante fonte material de normas coletivas, sem que fique claro que a autocomposição das partes possa ocupar o vazio normativo que se criará pela exigência do comum acordo entre as partes para o ajuizamento de dissídio coletivo. Pode-se imaginar dificuldades para que os trabalhadores e empresários aceitem o ajuizamento comum de dissídios coletivos. Também é possível supor que a medida aumente a flexibilização das normas legais, já que as exigências patronais tenderão a se concentrar em cláusulas flexibilizadoras que, até então, têm sido recusadas pelos trabalhadores e não homologadas pela Justiça do Trabalho.[533]

O argumento da corrente defensora do ajuizamento do dissídio coletivo de natureza econômica, mediante comum acordo entre as partes, pondera que a norma constitucional é clara e teve por intuito reforçar as negociações coletivas e o papel do sindicato, uma vez que, se não estiver configurado o encontro de vontades para provocar o Poder Judiciário, a entidade deverá utilizar-se da via possível para a conquista de suas reivindicações, ou seja, a greve.[534]

Seria obsoleto afirmar que a doutrina é pacífica quanto à constitucionalidade do artigo em análise. Outra corrente defende ferozmente a inconstitucionalidade do § 2º do artigo 114 da Constituição, por afrontar diretamente o artigo 5º, inciso XXXV, do referido Diploma, ou seja, o princípio da inafastabilidade do controle jurisdicional. Ingo Sarlet comenta:

> Na Constituição vigente, os direitos a prestações encontraram uma receptividade sem precedentes no constitucionalismo pátrio, resultando, inclusive, na abertura de um capítulo especialmente dedicado aos direitos sociais no catálogo dos direitos e garantias fundamentais. Além disso, verifica-se que mesmo em outras partes do texto constitucional (inclusive fora do catálogo dos direitos fundamentais), se encontra uma variada gama de direitos a prestações. Neste contexto, limitando-nos, aqui, aos direitos fundamentais, basta uma breve referência aos exemplos do artigo 17, § 3º, da CF (direito dos partidos políticos a recursos do fundo partidário), bem como do art. 5º, incs. XXXV e LXXIV (acesso à Justiça e assistência jurídica integral e gratuita).[535]

Frente a uma análise mais cuidadosa, levando-se em conta a importância dessa garantia, chega-se à conclusão de que esta gera seus efeitos e é facultada a todos os cidadãos. O direito à inafastabilidade é tipicamente prestacional em sentido lato.[536] Deste modo, diante da exigência

---

[533] VARGAS; FRAGA, 2006, op. cit., p. 171.

[534] CASTILHO PEREIRA, 2005, op. cit., p. 248.

[535] SARLET, Ingo Wolfgang. *A eficácia dos Direitos Fundamentais*. 8. ed. Porto Alegre: Livraria do Advogado, 2007, p. 218.

[536] Ingo Sarlet explica que "os direitos a prestações em sentido amplo dizem respeito às funções do Estado de Direito de matriz liberal, dirigido principalmente à proteção da liberdade e igualdade na sua dimensão defensiva, razão pelo qual já houve que os tenha enquadrado num *status positivus*

constitucional de que só podem ser suscitados dissídios coletivos de natureza econômica, desde que haja comum acordo entre as partes, começou-se a questionar a validade da norma diante da inasfastabilidade do controle jurisdicional, argumentando-se que essa exigência assola o direito de ação, configurando, portanto, uma grande inconstitucionalidade. Até porque os dispositivos da Carta Magna não se excluem, devendo ser analisados com base na harmonização. De acordo com Márcio Louzada Carpena:

> Não basta que o operador do direito tenha consciência sobre tudo o que definido linhas atrás a respeito da garantia constitucional do jurisdicionado ter acesso à Justiça, se não compreender que esta garantia não se resume apenas ao ingresso da ação ou pleito frente ao Judiciário, mas, sim, vai muito mais longe, tendo guarida durante todo o processo, enquanto instrumento de efetivação do Direito Material, ameaçado ou violado, reclamado ao Estado.[537]

Com todo o respeito às demais opiniões, cujos defensores vislumbram que o novel § 2º do artigo 114 teve por intuito incentivar as negociações coletivas e possibilitar a liberdade sindical em maior amplitude no Brasil,[538] admitir que o Judiciário se transforme em mais uma forma de mediação é ferir diretamente a garantia constitucional prevista no inciso XXXV do artigo 5º da Constituição.

A problemática está em admitir que o objetivo do legislador constituinte derivado tenha sido o de transformar a Justiça do Trabalho, no tocante aos conflitos coletivos, em mero instrumento de arbitragem pública. Em um país como o Brasil, em que muitos sindicatos não desempenham as funções como deveriam, o que acaba por enfraquecer diretamente os representados da categoria profissional, exigir a anuência da categoria patronal para clamar ao Judiciário por solução à lide é, no mínimo, perigoso.

O que se pretende com a negociação coletiva é obter melhores condições de trabalho e de salários para os empregados. Se o sindicato não tiver representatividade forte, capaz de exercer o direito de greve, instrumento que pode pressionar a categoria economicamente mais poderosa a

---

libertatis". Segue o raciocínio, ainda explicando que "a definição de direitos a prestações em sentido amplo possui natureza residual, abrangendo todas as posições fundamentais prestacionais não fáticas, ao menos não enquanto estas puderem ser reconduzidas às funções típicas do Estado na condição de Estado social". Ver: Ibid., p. 223.

[537] CARPENA, Márcio Louzada. Da garantia da inafastabilidade do controle jurisdicional e o Processo contemporâneo. In: PORTO, Sérgio Gilberto (coord.). *As garantias do cidadão no Processo Civil*. Porto Alegre: Livraria do Advogado, 2003, p. 19.

[538] Neste sentido, Enoque Ribeiro dos Santos observa: "Urge destacar que existe um claro consenso na OIT no sentido de que os Estados venham definitivamente a privilegiar a negociação coletiva de trabalho, considerada a forma mais eficaz de resolução dos conflitos coletivos entre capital e trabalho". SANTOS, 2005, op. cit., p. 13-14.

conceder tais benefícios, ficará o trabalhador vulnerável, à mercê da decisão do seu empregador, se aceita ou não apresentar o dissídio coletivo perante a esfera jurisdicional. Além disso, Francisco Gérson Marques de Lima expõe:

> Não andou bem a EC n. 45/2004 quando fez constar, no § 2º do artigo 114 da CF, que as partes têm a faculdade de "comum acordo", de ajuizarem dissídio coletivo. Houve um condicionamento para o ajuizamento da ação: ambas as partes têm de concordar com isso. [...] Além de afrontar o princípio da razoabilidade, a disposição constitucional fere a inquebrável cláusula pétrea do acesso à Justiça (art. 60, § 4º da CF). Tudo isso torna inconstitucional a nova disposição, que pode ser combatida tanto pela via concentrada, quanto pela via do controle difuso, incidentalmente em cada dissídio coletivo, promovido nos Tribunais do Trabalho (TRTs e TST).[539]

E não poderia ser mais acertada a observação acima. Ainda que se argumente que o princípio da inafastabilidade não é atingido com a nova regra insculpida na Constituição, tendo em vista que o que se discute nos dissídios de natureza econômica é o mero interesse categorial,[540] ou, ainda, quando se afirma que o poder normativo não visa apenas a julgar lesão ou ameaça a direito, mas somente a criar normas e condições de trabalho, não merece prosperar esse entendimento.

No Estado brasileiro, o controle de constitucionalidade concentrado é executado pelo Supremo Tribunal Federal, por intermédio das ações diretas de inconstitucionalidade, as ações declaratórias de constitucionalidade e a arguição de descumprimento de preceito fundamental. Tramitam, pelo menos, cinco ações diretas de inconstitucionalidade, questionando a validade da expressão "comum acordo".[541]

Ademais, é imperioso destacar que, considerar o requisito do "comum acordo" como necessário para ajuizamento ao dissídio coletivo de natureza econômica, seria como instaurar, no Brasil, uma hipótese de litisconsórcio ativo unitário e necessário. Inegável a aberração jurídica, pois, se é dissídio, como exigir comum acordo?

Inexiste, até o momento, decisão de mérito quanto à constitucionalidade do artigo, o que autoriza, por si só, o controle difuso pelos demais órgãos do Poder Judiciário. Tanto é verdade que os Tribunais Regionais do Trabalho, diferentemente do Tribunal Superior do Trabalho, têm firmado entendimento no sentido de que nada mudou; desta maneira, para suscitar dissídio coletivo de natureza econômica, é dispensável a concor-

---

[539] MARQUES DE LIMA, Francisco Gérson. *Lineamentos de Direito Processual do Trabalho.* São Paulo: Malheiros, 2005, p. 143.

[540] MELO, Raimundo Simão de. Ajuizamento de dissídio coletivo de comum acordo. *Revista Justiça do Trabalho,* n. 270, p. 9, 2006.

[541] ADI-3392; ADI-3423; ADI-3431; ADI 3.432; ADI-3520, todas pendentes de julgamento. Relator: Ministro Cezar Peluso.

dância da parte contrária.[542] Resta aguardar o que o Supremo Tribunal Federal decidirá sobre isso.

Em relação aos dissídios coletivos de natureza jurídica, bem como os de greve, não há discussão acerca da exigência do mútuo consentimento, tendo em vista que a Constituição foi clara, no § 2º do artigo 114, ao referir a espécie natureza econômica, pelo que os demais continuam sendo exercidos da mesma forma anterior à Emenda Constitucional n. 45/2004.

3.3.2.4. A exegese da expressão "respeitadas as disposições mínimas de proteção ao trabalho, bem como as convencionadas anteriormente"

No que diz respeito à atividade de estabelecer normas, cumpre ressaltar que o novo § 2º do artigo 114 não proíbe a Justiça do Trabalho de criá-las – porque não existem – na ordem jurídica positiva ou nos instrumentos coletivos de regulação celebrados entre as partes. O que se visualiza com a expressão em comento é que, ao solucionar a controvérsia por meio de uma decisão em sede de dissídio coletivo e, com isso, estabelecer normas, a Justiça Laboral deverá respeitar as "disposições mínimas legais de proteção ao trabalho, bem como as convencionadas anteriormente".

A criação de normas mais benéficas ao trabalhador está autorizada, o que significa, sobretudo, que não foi extinta a proteção ao trabalho, pilar principiológico, base informadora do Direito do Trabalho. Nem há vedação de novas normas serem estabelecidas em relação àquelas já convencionadas anteriormente.

No tocante à observância das normas já convencionadas, em composição autônoma do conflito, destaque-se, primeiramente, que, ao empregar o termo *convencionadas*, o preceito inclui os instrumentos de negociação coletiva. Sendo assim, parece que a nova disposição constitucional não veda a ampliação pela sentença normativa, proferida em dissídio de natureza econômica, de benefícios ou de vantagens já adquiridos pelos trabalhadores em normas coletivas antecedentes.

O Texto Constitucional original já determinava que fossem respeitadas as disposições convencionais e legais mínimas de proteção ao trabalho. A diferença é que agora se utiliza a expressão "disposições convencionadas anteriormente" e não apenas "disposições convencionais". A problemática é saber se o legislador constituinte derivado objetivou o renascimento da ultratividade das normas coletivas.

---

[542] Processo n. 00357-2006-000-12-00-6, julgado pelo TRT 12ª Região. Publicado em 13-04-2007; Processo n. 00318-2005-000-03-00-7, julgado pelo TRT 3ª Região. Publicado em 10-06-2005.

Provavelmente, não tenha sido este o intuito da norma constitucional, ou seja, de maneira alguma quis o legislador incorporar ao contrato individual de trabalho do empregado as cláusulas convencionadas em instrumentos de negociação coletiva. Para que o preceito constitucional em questão ostente algum sentido lógico, reputam-se disposições mínimas às cláusulas preexistentes, pactuadas em convenções coletivas de trabalho ou em acordos coletivos de trabalho. Tais cláusulas, constituindo um piso de conquistas da categoria profissional, balizam o julgamento do dissídio coletivo, a menos que, em face da dinâmica da Economia e da sociedade, demonstre-se a excessiva onerosidade ou inadequação de determinada cláusula, sob pena de se ficar engessado aos preceitos das normas coletivas.[543] Nesta linha de raciocínio, segue a jurisprudência abaixo:

DISSÍDIO COLETIVO DE NATUREZA ECONÔMICA E REVISIONAL. CLÁUSULA PREEXISTENTE. COMPENSAÇÃO DE JORNADA. PODER NORMATIVO. 1. O parâmetro para o julgamento de dissídio coletivo de natureza econômica é o respeito às *"disposições mínimas legais de proteção ao trabalho, bem como as convencionadas anteriormente"* (Constituição Federal, art. 114, § 2º), salvo no tocante à instituição de cláusulas que, segundo a própria Carta Magna, estão subordinadas à negociação coletiva. 2. Conquanto preexistente, cláusula que flexibiliza a jornada, mediante previsão de compensação semanal ou quinzenal de horas suplementares não-excedentes de duas, depende necessariamente do consenso entre as partes, conforme se depreende do inciso XIII do art. 7º da Constituição Federal. 4. A subordinação à negociação coletiva ou, quando menos, a acordo individual direto, inibe o exercício do Poder Normativo para regime de compensação de jornada de labor. 5. Assim, a circunstância de cuidar-se de *cláusula convencionada preexistente não é fator que predetermina o seu acolhimento, sob pena de enrijecer-se a relação de trabalho pela compulsória renovação de cláusula de compensação ditada para período certo e determinado, ante motivos socioeconômicos específicos que, necessariamente, podem não subsistir.* (grifo nosso) 6. Recurso ordinário interposto pelas entidades sindicais patronais a que se dá provimento. (TST. Processo: RODC 1541/2004-000-03-00.3. SDC. Data de Julgamento: 16/08/2007. Ministro Relator João Oreste Dalazen. Data da Publicação: 03/09/2007).

Além disso, a Súmula de n. 277 do TST permanece válida, assim como a orientação jurisprudencial n. 322 da SDI-I da mesma Corte, cujo conteúdo prevê que cláusula de termo aditivo prorrogando o acordo coletivo de trabalho por prazo indeterminado é inválida, pois o a vigência prevista no artigo 614, § 3º, da CLT é de, no máximo, dois anos. Portanto, coerente o argumento do Tribunal Superior, eis que as cláusulas convencionadas anteriormente só poderão ser mantidas, se as condições das partes permanecerem inalteradas no momento de instalação das novas negociações.

---

[543] TST. Processo: RODC 455/2004-000-10-00.2. SDC. Data de Julgamento: 16/08/2007. Ministro Relator João Oreste Dalazen. Data da Publicação: 03/09/2007.

Conclusão

O objetivo do presente trabalho foi analisar, de forma pontual, os reflexos gerados pela Emenda Constitucional n. 45/2004 ao Direito Coletivo do Trabalho, mais precisamente, sob a ótica das questões envolvendo o exercício do direito de greve, a representação sindical, a negociação coletiva e os dissídios coletivos.

É indubitável que a Reforma do Poder Judiciário foi crucial para que se recolocassem em pauta temas variados atinentes à competência da Justiça do Trabalho, principalmente, por sempre ter sido classificada como uma Justiça Especializada, responsável por julgar, basicamente, os dissídios envolvendo as relações de emprego.

Por essa razão, foi imprescindível que se fizesse um estudo acerca dos conceitos de jurisdição e competência. Com efeito, nem sempre o Estado foi responsável por solucionar as lides entre as partes antagônicas. Utilizou-se, em um primeiro momento, a chamada autodefesa, mecanismo baseado na ideia de vingança privada, em que as próprias partes agiam em prol da resolução da controvérsia. A razão para que se adotasse essa metodologia estava ligada ao fato de que o Estado não tinha forças necessárias para elaborar, para fiscalizar e para exigir o cumprimento de regras.

Essa ideia, aos poucos, foi-se alterando, porque é absolutamente arcaico que as próprias partes, dentro da ideia de Justiça Privada, acabassem por colocar fim aos seus litígios. Sendo assim, a autotutela passa a ser vedada, surgindo o poder de o Estado intervir nos conflitos privados, com a prerrogativa de decidir com quem estava a razão. Foi o que se denominou de *iuris dictio*, ou, jurisdição, isto é, a atividade estatal encontra o poder de dizer o Direito.

Com a assunção do monopólio estatal em exercer a jurisdição, nasce o direito de ação, em que os conflitantes visam à garantia de um retorno célere e efetivo na solução de suas divergências. Portanto, ao Estado, além do exercício da função legislativa e da administrativa, é atribuída a função jurisdicional.

O termo *jurisdição* foi definido por autores clássicos, sob as mais variadas perspectivas.

A verdade é que esses conceitos foram importantes em uma época em que preponderavam preceitos como a supremacia da lei, a separação dos poderes e as garantias individuais. O ponto central é que a sociedade mudou e, junto com essas transformações, é preciso que se insiram novos conceitos e elementos correspondentes às novas exigências.

Com o advento dos ideais do Estado Social e Democrático de Direito, cresce a necessidade de proteção das questões sociais e de um maior incremento na efetivação da Justiça Social. A composição estatal está permeada por um conjunto de princípios e de regras que regulam o desempenho da função jurisdicional. Verifica-se que o artigo 5º, incisos XXXV e LXXVIII, da Carta Política, torna a efetividade da prestação jurisdicional em um direito fundamental dos cidadãos. Por essa razão, não basta mais que os juízes apenas apliquem a lei ao caso concreto – a sua atividade vai além dessa simples competência. Pelo compromisso que possuem com a sociedade, deverão prestar a jurisdição com seriedade, motivação, e, principalmente, com respeito às garantias insculpidas no ordenamento constitucional vigente.

A Justiça do Trabalho é órgão de jurisdição especial e possui o seu campo de atuação delimitado pela lei. Encontra-se prevista no Título IV, Capítulo III, da Constituição Federal, com uma estrutura judiciária específica, composta por um Tribunal Superior do Trabalho, Tribunais Regionais do Trabalho, distribuídos pelo País, e Juízes Togados, componentes do primeiro grau de jurisdição.

Embora todos os Juízes tenham jurisdição, é comum o trocadilho de que nem todos os Juízes são competentes. Em uma segunda abordagem do presente estudo, procurou-se elucidar o campo conceitual da competência, genericamente classificada como a medida da jurisdição. Diante da multiplicidade e da variação de conflitos, é indispensável, para a boa Administração da Justiça, que se delimitem critérios de atuação dos Magistrados, para se evitar um colapso no sistema.

De fato, as normas definirão o desempenho da atividade jurisdicional, observando-se o grupamento das causas, que poderão ser reunidas a partir da qualidade das partes, da matéria discutida, da localidade em que se desenvolveu o litígio, pelas funções dos órgãos jurisdicionais e, até mesmo, pelo valor da causa. Por esse motivo, alcunham-se as expressões competência "em razão da matéria", "em razão do local", "em razão da pessoa", "em razão da função" e "em razão do valor da causa". Na Justiça do Trabalho, inexiste o critério de competência atribuído ao valor da causa, porquanto tal medida é utilizada, tão somente, para definir qual é o procedimento a ser adotado na tramitação do litígio.

Como o ponto central desta pesquisa foi a apreciação dos reflexos gerados pela Emenda Constitucional n. 45/2004 sobre a esfera laboral, foi necessário que se aprofundasse a competência material, profundamente alterada com a chamada Reforma do Poder Judiciário. Nesse sentido, procurou-se demonstrar que a Justiça do Trabalho, ramo especializado do Poder Judiciário, anteriormente preocupada com os interesses antagônicos entre trabalhadores e empregadores, passou a ser competente para apreciar, segundo o legislador constituinte derivado, as ações que envolvessem relações de trabalho *lato sensu*. Essa foi a primeira alteração de tantas ocorridas no artigo 114 da Carta Política. Como se visualizou, o referido artigo, que detinha apenas um *caput* e três parágrafos, passou a contar com um *caput*, nove incisos e três parágrafos.

Conforme se observou, a conceituação de *relação de trabalho* é cheia de minúcias, complexa e nebulosa. Embora se critique a atuação do legislador reformador, tendo em vista que, supostamente, não definiu o conceito, não resta dúvida de que se pretendeu alcançar algo bem superior aos ditames originais do ordenamento constitucional. Talvez tenha sido exatamente essa a pretensão: deixar o conceito em aberto, dando espaço à jurisprudência e à interpretação dos Magistrados – e é isso, pois, que está ocorrendo. Desde que entrou em vigência, inúmeras são as ações diretas de inconstitucionalidade, inúmeros são os conflitos de competência.

Talvez, ainda não se tenha conseguido especificar o que é abarcado pela expressão *relação de trabalho*, porém já se disse o que ela não acolhe. Exemplo são as ações envolvendo servidores públicos estatutários, os trabalhadores temporários contratados pela Administração Publica, as relações de consumo. Persiste, contudo, a dúvida quanto à cobrança de honorários por profissional liberal. O Superior Tribunal de Justiça entende que se trata de relação de consumo, nos termos da Súmula de n. 363, diferentemente do Tribunal Superior do Trabalho que não firmou um posicionamento unânime quanto à natureza jurídica dessa relação. Igualmente se pode declarar em face dos contratos de representação comercial, que, com certeza, espelham uma relação de trabalho, mas que o STJ insiste em considerar que não foi abrangido pela competência da Justiça do Trabalho. Além disso, firmou-se o entendimento de que as ações envolvendo danos morais e patrimoniais movidas por empregado contra empregador serão julgadas pela Justiça Especializada, diversamente daquelas que tenham fins previdenciários, cuja competência é atribuída à Justiça Comum Estadual. Saliente-se que deverão ser respeitadas as regras de julgamento, ou seja, segundo o STJ, a Emenda Constitucional n. 45/2004 não gera efeitos sobre os processos já julgados.

O fato evidente é que os Juízes do Trabalho não mais estão adstritos à Consolidação das Leis do Trabalho e às legislações próprias de Direito Material do Trabalho. Agora, exige-se um conhecimento diversificado acerca de outras legislações e de outros procedimentos, aumentando a responsabilidade na prestação do seu serviço.

Às vistas do que o próprio título da presente dissertação propôs, apresentou-se a influência da Reforma do Poder Judiciário sobre o direito de greve na iniciativa privada. Esse instituto secular configura-se como forma de autodefesa, caracterizando-se pela resistência infundada do empregador à tentativa de negociação, o que obriga os empregados a paralisarem as suas atividades, de forma temporária, provocando a solução do conflito.

O movimento paredista, que inicialmente era considerado crime, ganha status de direito constitucional, com previsão no artigo 9º da Carta Magna, de 1988, regulamentado pela Lei n. 7.783/89. O exercício desse direito está legitimado a desenvolver-se de forma coletiva, com pacificidade e de forma temporária contra o empregador, sempre na busca de melhores condições de trabalho e de melhores salários para a categoria profissional. Objetivos diversos desses tornam o movimento ilegal, ilegítimo e abusivo.

É, pois, inquestionável que a natureza jurídica da greve, nos dias de hoje, é de um direito social fundamental, por meio do qual os trabalhadores e suas organizações promovem e defendem os seus interesses profissionais. Trata-se, inclusive, de um direito irrenunciável, não podendo ser objeto de vedação em norma coletiva, por exemplo.

No entanto, ainda que se trate de um direito fundamental, conforme já se ressaltou, o seu exercício não é absoluto, devendo desencadear-se a partir de um objetivo que o justifique. É indispensável que o movimento paredista não gere prejuízos às necessidades inadiáveis da sociedade, sujeitando-se às penas legais em caso de abuso. Tanto isso é verdade que as limitações ao direito de greve encontram fundamentação na preservação e no cultivo do interesse social e coletivo. O artigo 10 da Lei n. 7.783/89 arrola quais são as atividades essenciais; o artigo 11 garante que os sindicatos, os empregadores e os trabalhadores ficam obrigados, de comum acordo, a garantir durante a greve a prestação dos serviços indispensáveis ao atendimento das necessidades inadiáveis da comunidade. Em outras palavras, autoriza-se o movimento paredista, porém não se consente com a paralisação total dos serviços.

Em relação às greves em atividade essencial, é importante salientar que a Emenda Constitucional n. 45/2004 deixou acentuada a legitimidade do Ministério Público do Trabalho para suscitar dissídio coletivo, a fim de buscar do Poder Judiciário uma declaração de legalidade ou não do movimento, e, se for o caso, a instituição de novas condições de trabalho. Os grandes debates que se instalaram, objetivaram interpretar a norma insculpida no § 3º do artigo 114 da Constituição, isto é, o legislador constituinte derivado restringiu a atuação do MPT aos dissídios coletivos de greve em atividade essencial, ou somente o órgão ministerial poderá ajuizar essa ação no caso de paralisação nessas atividades.

Ao longo da exposição, procurou-se evidenciar que a interpretação restritiva do dispositivo violaria a análise sistêmica do ordenamento constitucional, pautada pelos princípios da concordância prática ou da harmonização. Por esse motivo, não há restrição à atuação do *Parquet* apenas nos dissídios coletivos de greve em atividade essencial, podendo ingressar com outras ações se entender que estão sendo violados outros direitos da sociedade, ainda que não essenciais. Além disso, também é equivocado afirmar que apenas o MPT pode ajuizar a ação coletiva em caso de greve em atividade essencial, pois essa limitação não aparece no Texto Constitucional. Parece que a posição mais correta é aquele que defende a legitimidade concorrente, ou seja, aquela que abrange os sindicatos e o *Parquet*, nos termos do artigo 8º da Lei de Greve.

O artigo 114, inciso II, da Constituição, prevê que a Justiça do Trabalho será competente para processar e para julgar as ações que envolvam o exercício do direito de greve. Os dissídios coletivos de greve, por sua natureza, já eram apreciados pela Justiça Laboral. Portanto, a finalidade da pesquisa era demonstrar o que pretendeu a Reforma do Poder Judiciário nesse contexto. Com base na doutrina e na jurisprudência examinadas, conclui-se que a Justiça do Trabalho adquiriu a atribuição de julgar outras ações que decorram desse exercício, tais como as ações possessórias. Aliás, esse é o procedente do Supremo Tribunal Federal, intérprete do ordenamento constitucional. Agora, a nova competência não teve por intuito trazer para a Justiça do Trabalho a apreciação de crimes cometidos durante a execução da greve.

A Emenda Constitucional n. 45/2004 incluiu, no artigo 114, o inciso III, cujo conteúdo dispõe que as ações sobre representação sindical deverão ser julgadas pela Justiça Especializada. Por incrível que pareça, o próprio Tribunal Superior do Trabalho, por meio de sua Seção de Dissídios Coletivos, compreendia que disputas intersindicais de representação de categorias deveriam ser apreciadas pela Justiça Comum.

Ocorre que, com o advento da Reforma do Poder Judiciário, esse entendimento perdeu espaço, pois disputas intersindicais decorrem, logicamente, do gênero representação sindical, e, por essa razão, são apreciadas pela Justiça do Trabalho. Pode-se dizer que isso, também, ocorre quando o litígio envolve as contribuições sindical, confederativa, assistencial e associativa. A contribuição sindical, considerada tributo, é exigida, compulsoriamente, de todos os membros das categorias, profissional ou econômica, visando à manutenção dos sindicatos na defesa dos interesses categoriais. A contribuição confederativa, por sua vez, que carece de natureza tributária, é devida tão somente pelos associados da entidade sindical, com intuito de custear o sistema confederativo.

A contribuição assistencial, de natureza convencionada, é aquela que se presta a financiar a participação dos sindicatos nas negociações coletivas. Por força do precedente normativo n. 119 da SDC do Tribunal Superior do Trabalho, as contribuições confederativa e assistencial são devidas apenas pelos filiados. Os não filiados só poderão sofrer o desconto mediante autorização. Entretanto, cumpre frisar que esse entendimento está mudando, o que é visível a partir do exame de decisões dos Tribunais Regionais do Trabalho. Em razão de que tanto os filiados como os não filiados gozam dos benefícios gerados pela negociação coletiva, tornar-se-ia compulsória a cobrança dessa modalidade de contribuição de todos os representados, o que não é nenhum absurdo do ponto de vista do princípio da igualdade. Por fim, a contribuição associativa é aquela paga ao sindicato pelo associado em virtude de sua associação.

No que diz respeito aos reflexos da Emenda Constitucional n. 45/2004 nas questões que versem sobre as mais variadas modalidades de contribuições, importa referir que, sem dúvida, elas derivam de um exercício de representação sindical, motivo pelo qual qualquer controvérsia que decorra do seu adimplemento ou de sua cobrança deverá ser apreciada pelos Magistrados do Trabalho diante da especialidade da matéria. Afastam-se, assim, outras posições no sentido de delimitar o julgamento dessas causas à Justiça Comum. Sem sombra de dúvida, essa alteração constitucional foi um avanço.

Na última parte deste texto, perquiriu-se acerca dos efeitos da Reforma Constitucional sobre os conflitos coletivos de trabalho. Existem inúmeras formas de solução de conflitos coletivos, dentre elas a autocomposição, baseada na negociação coletiva de trabalho, em que a divergência encerra a partir dos próprios interessados, sem a interferência de terceiros. No Brasil, o sucesso da negociação coletiva resulta na edição das convenções coletivas de trabalho e dos acordos coletivos de trabalho.

De outro lado, caso as partes não consigam por fim às suas controvérsias, entram em cena as modalidades de heterocomposição dos conflitos, cujas espécies são a mediação, a arbitragem e a jurisdição. No caso da mediação, os conflitantes poderão designar um mediador para a solução do conflito. Todavia, faz-se necessário ressalvar que a este último não é atribuído o poder de decisão, funcionando apenas como "conselheiro", na perspectiva de aproximar as partes, na busca da composição do conflito.

As partes poderão, ainda, optar pela arbitragem, regulamentada, no Brasil, pela Lei n. 9.307/96, em relação aos direitos patrimoniais disponíveis, hipótese em que se incluem os direitos coletivos. Os litigantes firmam a chamada cláusula compromissória ou o compromisso arbitral, tendo ampla liberalidade na escolha do árbitro ou da Junta Arbitral. É importante destacar que o laudo arbitral não está sujeito à homologação pelo Poder Judiciário, devendo ser observado, configurando-se como título executivo. A Constituição Federal previu a possibilidade de as partes elegerem árbitro para a solução dos conflitos coletivos no § 1º do artigo 114. Esta modalidade não pode, no entanto, conforme doutrina e jurisprudências majoritárias, ser utilizada indistintamente no campo do Direito Individual do Trabalho, em face dos princípios da proteção e da irrenunciabilidade.

Como última forma de heterocomposição, encontra-se a jurisdição. O Estado é chamado para resolver um conflito entre as partes, neste caso, que exercem a ação denominada de dissídio coletivo. Estes últimos podem ser de natureza econômica, isto é, quando as partes pretendem que a Justiça do Trabalho crie normas gerais e abstratas para a categoria, no exercício do chamado poder normativo, tão discutido atualmente; de natureza jurídica, quando se busca a interpretação de uma norma preexistente; e, por fim, de natureza mista, que abrange os dissídios coletivos de greve, em que se busca a declaração de abusividade ou não do movimento paredista, podendo, cumulativamente, objetivar a criação de condições gerais e abstratas para a categoria.

Ainda, os dissídios coletivos estão previstos na CLT, nos artigos 856 a 875. A Constituição Federal, de 1988, em sua redação original, fazia referência ao dissídio coletivo, autorizando a Justiça do Trabalho a estabelecer normas e condições, respeitadas as disposições convencionais e legais mínimas de proteção ao trabalho. Persiste, no ordenamento jurídico pátrio, a ideia do poder normativo da Justiça do Trabalho, ou seja, a função atípica que lhe é atribuída de poder legislar no julgamento dos dissídios coletivos de natureza econômica.

Ocorre que, com a Emenda Constitucional n. 45/2004, alterou-se, substancialmente, a redação desse dispositivo, passando a prever que "recusando-se qualquer das partes à negociação coletiva ou à arbitragem, é facultado às mesmas, *de comum acordo*, ajuizar *dissídio coletivo de natureza econômica*, podendo a Justiça do Trabalho decidir o conflito, respeitadas *as disposições mínimas de proteção ao trabalho, bem como as convencionadas anteriormente*" (grifo nosso).

Há quem afirme que a Emenda Constitucional extinguiu o poder normativo da Justiça do Trabalho. Outros entendem que houve a redução desse poder, eis que a Justiça Laboral poderá exercê-lo no julgamento dos dissídios coletivos de greve bem como nos casos de comum acordo entre as partes. Pode-se afirmar, ainda, que existe uma corrente o qual aduz que a Reforma do Poder Judiciário transformou o dissídio coletivo em arbitragem pública, uma vez que é necessário o mútuo consentimento na busca da Justiça do Trabalho. Por último, corrente esta ao qual este longo ensaio se filia, apontam-se aqueles que entendem que nada mudou, e que a faculdade é o ajuizamento de comum acordo entre os litigantes. É relevante destacar que, conquanto alguns aleguem que o dissídio coletivo de natureza jurídica foi extinto, não merece prosperar tal entendimento. O detalhe constitucional é que, tão somente, o dissídio coletivo de natureza econômica necessita do suposto "comum acordo".

Infelizmente, esse não é o entendimento do Tribunal Superior do Trabalho, unânime ao expressar a necessidade de mútuo consentimento entre as partes para que se utilize o dissídio coletivo de natureza econômica. Para o referido Tribunal, o "comum acordo" pode ser expresso, quando ambos ajuízam conjuntamente a ação, ou tácito, quando uma das partes ajuíza o dissídio e a outra nada opõe, configurando-se como condição específica e atípica da ação.

O argumento que admite o mútuo consentimento como constitucional reside no fato de que o poder normativo configura-se como função anômala da Justiça do Trabalho, não havendo violação à garantia constitucional do acesso à Justiça. Além disso, assevera-se que o legislador reformador pretendeu uma ampliação da negociação coletiva, deixando de lado a intervenção estatal.

A crítica que se faz é que isso configura uma política de resultado. Tenta-se resolver o problema da intervenção do Estado nas relações coletivas pela consequência, sem alterar, no entanto, a causa para que haja tantas discussões e negociações frustradas. O fato é que, para que se intente um maior incentivo à negociação coletiva, e, em caso de frustração, à greve, é premente uma mudança radical na estrutura sindical brasileira, tão frágil e despreparada em certas searas. Para que se privilegie a autonomia privada, afastando-se a negociação da intervenção judicial, é imprescindível um comprometimento maior das entidades de representação para com os seus representados. O que se vê, atualmente, é um cenário em que os interesses políticos circundam os sindicatos, dirigentes sindicais que se perpetuam no cargo, além apenas da satisfação de vontades individuais.

Diante das divergências doutrinárias, que refletem diretamente na jurisprudência dos Tribunais, não pode o Supremo Tribunal Federal demorar a julgar as ações diretas de inconstitucionalidade referidas na exposição, sob pena de os julgadores continuarem violando diretamente o acesso à Justiça e o princípio da inafastabilidade do controle jurisdicional, previsto no artigo 5º, inciso XXXV, da Constituição Federal.

Além disso, embora não se possa desconsiderar que pode ter sido objetivo do legislador constituinte eliminar ou mesmo mitigar o poder normativo da Justiça do Trabalho, atribuindo maior espaço às negociações coletivas, ao alçar o Brasil em situação igualitária aos países avançados no que se refere ao Direito Coletivo, não se deve desconsiderar que a realidade brasileira é distinta, restando como maior prejudicado o próprio trabalhador.

É inegável que seria mais eficaz e desafogaria o Poder Judiciário a autocomposição entre as partes, por meio dos instrumentos de negociação coletiva, ou mesmo da arbitragem ou da mediação. Todavia, não são métodos considerados tradicionais. Aliás, verifica-se, com a Reforma, que o Poder Judiciário acaba atuando como mediador na tentativa de resolver o conflito entre as partes. O problema é que, se não foi verificado o mútuo consentimento, e, frente ao desinteresse em conciliar perante o Juízo, qual é a alternativa? Extinguir a ação por falta de condição processual talvez não seja a melhor saída – repita-se, não para o sistema sindical atual.

A retirada do Estado desse processo, que se configura como a possibilidade de integração do mundo político com o jurídico, significa deixar o Direito Coletivo do Trabalho submetido às leis que movimentam a Economia e o mercado, traduzindo uma relação do capital consigo mesmo.

O acesso ao Poder Judiciário é matéria de ordem pública, podendo o cidadão resguardar os seus direitos, ao buscar a tutela estatal. O poder normativo, embora configure função anômala do Poder Judiciário, é característica própria da jurisdição, tendo em vista que a Carta Política concedeu-lhe a premissa de resolver o conflito coletivo a partir da criação de normas gerais e abstratas. E restringir o poder normativo à simples interpretação de normas preexistente não parece ser um grande avanço.

Referências bibliográficas

ALLORIO, Enrico. *Problemas de derecho procesal*. Buenos Aires: Ediciones Jurídicas Europa-America, 1963. t.II

ALMEIDA, Renato Rua de. Das cláusulas normativas das convenções coletivas de trabalho: conceito, eficácia e incorporação nos contratos individuais de trabalho. *Revista LTr*, n. 60-12, p. 1604, dez. 1996.

ALVARO DE OLIVEIRA, Carlos Alberto. *Do formalismo no Processo Civil*. 2. ed. São Paulo: Saraiva, 2003.

ARAÚJO, Francisco Rossal (coord.). *Jurisdição e competência da Justiça do Trabalho*. São Paulo: LTr, 2006.

ARAÚJO CINTRA, Antônio Carlos de; GRINOVER, Ada Pellegrini; DINAMARCO, Cândido Rangel. *Teoria geral do Processo*. 19. ed. São Paulo: Malheiros, 2003.

ASSIS, Araken de. *Cumulação de Ações*. 4.ed. São Paulo: RT, 2002

——. Eficácia da coisa julgada inconstitucional. In: DIDIER JR., Fredie. (org.). *Relativização da coisa julgada*: enfoque crítico. v. 2. Salvador: Jus Podivm, 2004.

ÁVILA, Humberto. *Teoria dos princípios*. 6. ed. São Paulo: Malheiros, 2006.

AZEVEDO, Gélson. Contrato coletivo de trabalho. In: FRANCO FILHO, Georgenor Souza. (coord.). *Curso de Direito Coletivo do Trabalho* – estudos em homenagem ao Ministro Orlando Teixeira da Costa. São Paulo: LTr, 1998.

BAPTISTA DA SILVA, Ovídio A. *Curso de Direito Processual Civil*. v. 1. 3. ed. Porto Alegre: Sergio Antonio Fabris Editor, 1996.

——. *Sentença e coisa julgada*. 4. ed. Rio de Janeiro: Forense, 2003.

BARASSI, Lodovico. *Tratado de Derecho del Trabajo*. Buenos Aires: Alfa, 1953.

BARBI. Celso Agrícola. *Comentários ao CPC*. v. 1. t. 2. Rio de Janeiro: Forense, 1975.

BARBOSA GARCIA, Gustavo Filipe. Arbitragem no Direito Individual do Trabalho. *Revista Justiça do Trabalho*, Porto Alegre, n. 279, 2007.

BARBOSA MOREIRA, José Carlos. A função social do Processo Civil moderno e o papel do Juiz e das partes na direção e instrução do Processo – Comunicação ao Simpósio Internacional de Processo Civil e Organização Judiciária de Coimbra, em maio de 1984. In: ——. *Temas de Direito Processual* – terceira série. São Paulo: Saraiva, 1984.

——. A eficácia preclusiva da coisa julgada no sistema do Processo Civil brasileiro. In: ——. *Temas de Direito Processual Civil* – primeira série. São Paulo: Saraiva, 1977.

BARROS, Alice Monteiro de. *Curso de Direito do Trabalho*. 5. ed. São Paulo: LTr, 2009.

BARROSO, Luís Roberto. *Interpretação e aplicação da Constituição*: fundamentos de uma dogmática constitucional transformadora. São Paulo: Saraiva, 1999.

BARZOTTO, Luciane Cardoso. *Direitos Humanos e trabalhadores* – atividade normativa da Organização Internacional do Trabalho e os limites do Direito Internacional do Trabalho. Porto Alegre: Livraria do Advogado, 2007.

BASTOS, Celso Ribeiro. *Curso de Direito Constitucional*. 18. ed. São Paulo: Saraiva, 1997.

——. *Hermenêutica e interpretação constitucional*. São Paulo: Celso Bastos Editor, 1997.

BEBBER, Júlio César. *Mandado de Segurança. Habeas Corpus. Habeas Data na Justiça do Trabalho*. São Paulo: LTr, 2006.

BEZERRA LEITE, Carlos Henrique. *Curso de Direito Processual do Trabalho*. 6. ed. São Paulo: LTr, 2008.

BRITO FILHO, João Cláudio Monteiro de. *Direito Sindical*. 2. ed. São Paulo: LTr, 2007.

CALAMANDREI, Piero. Limites entre jurisdicción y administración en la sentencia civil. In: *Estudios de derecho procesal civil*. Buenos Aires: Editorial Bibiográfica Argentina, 1961.

CAMPOS BATALHA, Wilson de Souza; LABATE BATALHA, Sílvia Marina. *Sindicatos e sindicalismo*. 2. ed. São Paulo: LTr, 1994.

CAPPELLETTI, Mauro. *Juízes legisladores?* Porto Alegre: Sergio Antonio Fabris Editor, 1999.

CARMONA, Carlos Alberto. *Arbitragem e Processo* – um comentário à Lei n. 9.307/96. 2. ed. São Paulo: Atlas, 2004.

CARNEIRO, Athos Gusmão. *Jurisdição e competência*. 15. ed. São Paulo: Saraiva, 2007.

CARNELUTTI, Francesco. *Instituições do Processo Civil*. v. 1. Trad. de Adrián Sotero de Witt Batista. Campinas: Servanda, 1999.

——. *Sistema del Diritto Processuale Civile*. v. 1. Padova: Cedam, 1936.

CARPENA, Márcio Louzada. Da garantia da inafastabilidade do controle jurisdicional e o Processo contemporâneo. In: PORTO, Sérgio Gilberto (coord.). *As garantias do cidadão no Processo Civil*. Porto Alegre: Livraria do Advogado, 2003.

CARREIRA ALVIM, J. E. *Teoria geral do Processo*. 11. ed. Rio de Janeiro: Forense, 2007.

CARRION, Valentim. *Comentários à Consolidação das Leis do Trabalho*. 34. ed. São Paulo: Saraiva, 2009.

CASTILHO PEREIRA, José Luciano de. A Reforma do Poder Judiciário – o dissídio coletivo e o direito de greve. In: COUTINHO, Grijalbo Fernandes; FAVA, Marcos Neves (coords.). *Justiça do Trabalho*: competência ampliada. São Paulo: LTr, 2005.

CASTRO MENDES, Aluisio Gonçalves de. *Competência cível da Justiça Federal*. São Paulo: Saraiva, 1998.

CHIOVENDA, Giuseppe. *Instituições de Direito Processual Civil*. v. 2. Trad. de Paolo Capitano. Campinas: Bookseller, 1998.

COMOGLIO, Luigi; FERRI, Conrado; TARUFFO, Michelli. *Lezione sul processo civile*. Milano: Mulino, 1995

COUTURE, Eduardo Juan. *Fundamentos del Derecho Procesal Civil*. Buenos Aires: Aniceto Lopez Editor, 1958.

CRUZ E TUCCI, José Rogério; AZEVEDO, Luiz Carlos. *Lições de História do Processo Civil Romano*. São Paulo: Revista dos Tribunais, 2001.

DALAZEN, João Oreste. A Reforma do Judiciário e os novos marcos da competência material da Justiça do Trabalho no Brasil. *Revista Ltr*, n. 3, v. 69, mar. 2005a.

——. A Reforma do Judiciário nos novos marcos da competência material da Justiça do Trabalho no Brasil. *Revista do Tribunal Superior do Trabalho*, Porto Alegre, n. 71, 2005b.

DALLEGRAVE NETO, José Affonso. *Responsabilidade civil no Direito do Trabalho*. São Paulo: LTr, 2005.

DELGADO, Maurício Godinho. *Curso de Direito do Trabalho*. 7. ed. São Paulo: LTr, 2008a.

——. *Direito Coletivo do Trabalho*. 3. ed. São Paulo: LTr, 2008b.

DIDIER JR, Fredie. *Curso de Direito Processual Civil*. Teoria Geral do Processo e Processo de Conhecimento. 11. ed. Salvador: Editora Jus Podivm, 2009.

DINAMARCO, Cândido Rangel. *A instrumentalidade do Processo*. 7. ed. São Paulo: Malheiros, 1999.

——. *Fundamentos do Processo Civil moderno*. 3. ed. São Paulo: Malheiros, 2000.

——. *Instituições de Direito Processual Civil*. v. 1. São Paulo: Malheiros, 2001.

DORNELLES DE DORNELLES, Leandro do Amaral. A greve no Brasil e no Direito Internacional (OIT): uma abordagem comparativa. *Revista Justiça do Trabalho*, n. 296, 2008.

FACCHINI NETO, Eugênio. Reflexões histórico-evolutivas sobre a constitucionalização do Direito Privado. In: SARLET, Ingo (coord.). *Constituição, Direitos Fundamentais e Direito Privado*. Porto Alegre: Livraria do Advogado, 2003.

FAGUNDES, Miguel Seabra. *O controle dos atos administrativos pelo Poder Judiciário*. 3. ed. Rio de Janeiro: Forense, 1957.

FAVA, Marcos Neves. O esmorecimento do poder normativo – análise de um aspecto restritivo da ampliação da competência da Justiça do Trabalho. In: COUTINHO, Grijalbo Fernandes; FAVA, Marcos Neves (coords.). *Nova competência da Justiça do Trabalho*. São Paulo: LTr, 2005a.

——. As ações relativas às penalidades administrativas impostas aos empregadores pelos órgãos de fiscalização das relações de trabalho – primeira leitura do art. 114, VII, da Constituição da República. In: COUTINHO, Grijalbo Fernandes; FAVA, Marcos Neves (coords.). *Justiça do Trabalho*: competência ampliada. São Paulo: LTr, 2005b.

FINCATO, Denise Pires. *A pesquisa jurídica sem mistérios*: do projeto de pesquisa à banca. Porto Alegre: Notadez, 2008.
FREIRE PIMENTA, José Roberto. A nova competência da Justiça do Trabalho para lides não decorrentes da relação de emprego: aspectos processuais e procedimentais. In: COUTINHO, Grijalbo Fernandes; FAVA, Marcos Neves (coords.). *Justiça do Trabalho*: competência ampliada. São Paulo: LTr, 2005.
FREITAS, Juarez. *Discricionariedade administrativa e o Direito Fundamental à boa Administração Pública*. São Paulo: Malheiros, 2007.
GALATINO, Luisa. *Diritto Sindacale*. 6. ed. Torino: G. Giappechelli Editore, 1996.
GENRO, Tarso Fernando. *Contribuição à Crítica do Direito Coletivo do Trabalho*. Porto Alegre: Síntese, 1980.
GIGLIO, Wagner D.; VELTRI CORRÊA, Cláudia Giglio. *Direito Processual do Trabalho*. 16. ed. São Paulo: Saraiva, 2007.
GIUGNI, Gino. *Diritto Sindicale*. Bari: Caducci, 1997.
CANOTILHO, José Joaquim. *Direito Constitucional*. 5. ed. Coimbra: Livraria Almedina, 1992.
GOMES NETO, Indalécio. Dissídio coletivo. *Revista do Tribunal Superior do Trabalho*, São Paulo, 1999.
GRECO, Leonardo. *Jurisdição Voluntária Moderna*. São Paulo: Dialética, 2003.
HESSE, Konrad. *A força normativa da Constituição*. Trad. de Gilmar Ferreira Mendes. Porto Alegre: Sergio Antonio Fabris Editor, 1991.
IRIGOYEN PEDUZZI, Maria Cristina. A greve nos serviços essenciais e nos serviços inadiáveis. In: FRANCO FILHO, Georgenor de Souza (coord.). *Curso de Direito Coletivo do Trabalho*: estudos em homenagem ao Ministro Orlando Teixeira da Costa. São Paulo: LTr, 1998.
KELSEN, Hans. *Teoria Pura do Direito*. 6.ed. São Paulo: Martins Fontes, 1998.
KROTOSCHIN, Ernesto. *Tratado práctico de Derecho del Trabajo*. 2. ed. Buenos Aires: Depalma, 1981.
LACERDA, Galeno. *Comentários ao Código de Processo Civil*. v. 3. t. 1. 7. ed. Rio de Janeiro: Forense, 1998.
——. *Comentários ao Código de Processo Civil*. v. 8. t. 1. 2. ed. Rio de Janeiro: Forense, 1981.
LEDUR, José Felipe. *Direitos Fundamentais Sociais*: efetivação no âmbito na democracia participativa. Porto Alegre: Livraria do Advogado, 2009.
LIEBMAN, Enrico Tullio. *Manual de Direito Processual Civil I*. Trad. de Cândido Rangel Dinamarco. Rio de Janeiro: Forense, 1984a.
LIEBMAN, Enrico Tullio. *Eficácia e autoridade da sentença e outros escritos*. 3. ed. Rio de Janeiro: Forense, 1984b.
LOGUERCIO, José Eymard. Solução dos conflitos coletivos no Brasil. *São Paulo em Perspectiva*, n. 12, v. 1, 1998.
LOPES, Otavio Brito. A Emenda Constitucional n. 45 e o Ministério Público do Trabalho. In: COUTINHO, Grijalbo Fernandes; FAVA, Marcos Neves (coords.). *Justiça do Trabalho*: competência ampliada. São Paulo: Ltr, 2005.
LOPES DE ANDRADE, Everaldo Gaspar. *Dissídio coletivo*. São Paulo: LTr, 1993.
MACEDO, Elaine Harzheim. *Jurisdição e Processo*: crítica histórica e perspectivas para o terceiro milênio. Porto Alegre: Livraria do Advogado, 2005.
MAGANO, Octávio Bueno. *Manual de Direito Coletivo do Trabalho*: Direito Coletivo do Trabalho. v. 3. 3. ed. São Paulo: LTr, 1993.
MAGANO, Octávio Bueno; MALLET, Estêvão. *O Direito do Trabalho na Constituição*. Rio de Janeiro: Forense, 1993.
MALLET, Estêvão. Apontamentos sobre a competência da Justiça do Trabalho após a Emenda Constitucional n. 45. In: COUTINHO, Grijalbo Fernandes; FAVA, Marcos Neves (coords.). *Justiça do Trabalho*: competência ampliada. São Paulo: LTr, 2005.
——. O Processo do Trabalho e as Recentes Modificações do Código de Processo Civil. *Rev. TST*, Brasília, vol. 72, n° 2, maio/ago 2006
MANZINI, Vicenzo. *Instituizone di Diritto Processuale Penale*. Padova: Cedam, 1967.
MARINONI, Luiz Guilherme. *Efetividade do Processo e tutela de urgência*. Porto Alegre: Sérgio Antônio Fabris Editor, 1994.
——. *Novas linhas do Processo Civil*. 4. ed. São Paulo: Malheiros, 2000.
——. *Teoria Geral do Processo*. São Paulo: RT, 2006.

MARINONI, Luiz Guilherme; ARENHART, Sérgio Cruz. *Manual do Processo de Conhecimento*. 3. ed. São Paulo: Revista dos Tribunais, 2004.
MARQUES, José Frederico. *Ensaios sobre a jurisdição voluntária*. 2. ed. São Paulo: Saraiva, 1959.
MARQUES DE LIMA, Francisco Gérson. *Lineamentos de Direito Processual do Trabalho*. São Paulo: Malheiros, 2005.
MARTINS, Sérgio Pinto. *Contribuições sindicais*: Direito Comparado e Internacional; contribuições assistencial, confederativa e sindical. 3. ed. São Paulo: Atlas, 2001.
MARTINS FILHO, Ives Gandra da Silva. A Reforma do Poder Judiciário e seus desdobramentos na Justiça do Trabalho. *Revista LTr*, São Paulo, n. 1, v. 69, p. 34, 2005.
———. *Processo Coletivo do Trabalho*. 2. ed. São Paulo: LTr, 1996.
MEDAUAR, Odete. *A processualidade no Direito Administrativo*. 2. ed. São Paulo: Revista dos Tribunais, 2008.
MELO, Raimundo Simão de. Ajuizamento de dissídio coletivo de comum acordo. *Revista Justiça do Trabalho*, n. 270, 2006.
———. *A arbitragem como mais uma alternativa à solução dos conflitos trabalhistas*. Disponível em: <http://artemis.prt15.gov.br/publicacao/arbitragem.html>. Acesso em: 10 ago. 2009.
MENDES, Gilmar Ferreira; COELHO, Inocêncio Mártires; BRANCO, Paulo Gustavo Gonet. *Curso de Direito Constitucional*. 2. ed. São Paulo: Saraiva, 2008.
MICHELI, Gian Antonio. *Curso de Derecho Procesal Civil*. Traducción Santiago Sentis Melendo. Buenos Aires: Europa-America, 1970. v.1
MITIDIERO, Daniel Francisco. *Elementos para uma teoria contemporânea do Processo Civil brasileiro*. Porto Alegre: Livraria do Advogado, 2005.
MORAES, Alexandre de. *Direito Constitucional*. 12. ed. São Paulo: Atlas, 2002.
NASCIMENTO, Amauri Mascaro. *Compêndio de Direito Sindical*. 4. ed. São Paulo: LTr, 2005.
———. *Curso de Direito Processual do Trabalho*. 23. ed. São Paulo: Saraiva, 2008.
NAVARRO COÊLHO, Sacha Calmon. *Comentários à Constituição de 1988* – sistema tributário. 2. ed. Rio de Janeiro: Forense, 1990.
NERY JUNIOR, Nelson; ANDRADE NERY, Rosa Maria. *Código de Processo Civil comentado e legislação civil extravagante em vigor*. 5. ed. São Paulo: RT, 2001.
OLIVEIRA, Dalva Amélia de. Os dissídios coletivos e o poder normativo da Justiça do Trabalho (pesquisa histórica). *Revista Trabalhista Direito e Processo*, Rio de Janeiro, v. 2, 2003.
OLIVEIRA, Francisco Antônio. *O Processo na Justiça do Trabalho*. 5. ed. São Paulo: LTr, 2008.
OLIVEIRA, Sebastião Geraldo de. *Indenizações por acidente do trabalho ou doença ocupacional*. 4. ed. São Paulo: Ltr, 2008.
PENIDO, Laís de Oliveira. Arbitragem, instituto antigo com perspectivas revitalizadas. *Revista LTr*, n. 8, v. 62, ago. 1998.
———. *Prática trabalhista de conhecimento*. 6. ed. São Paulo: LTr, 2001.
PONTES DE MIRANDA, Francisco Cavalcante. *Comentários ao Código de Processo Civil*. t. 16. Rio de Janeiro: Forense, 1977.
PORTO, Sérgio Gilberto. *Coisa julgada civil*. 3. ed. São Paulo: RT, 2006.
RIBEIRO DA SILVA, Walküre Lopes. Arbitragem nos conflitos coletivos de trabalho. *Revista de Direito do Trabalho*, São Paulo, ano 27, n. 101, jan. /mar. 2001.
ROCHA, Andréa Presas. *Manual de competências da Justiça do Trabalho*. Rio de Janeiro: Elsevier, 2008.
RODRIGUES, Marcelo Abelha. *Elementos de Direito Processual Civil*. v. 1. São Paulo: RT, 2000.
RODRIGUES PINTO, José Augusto. *Processo Trabalhista de conhecimento*. 7. ed. São Paulo: LTr, 2005a.
———. A Emenda Constitucional n. 45/2004 e a Justiça do Trabalho: reflexos, inovações e impactos. In: COUTINHO, Grijalbo Fernandes; FAVA, Marcos Neves (coords.). *Justiça do Trabalho*: competência ampliada. São Paulo: Ltr, 2005b.
———. *Prática trabalhista de conhecimento*. 6. ed. São Paulo: Ltr, 2001.
RODRIGUEZ, Américo Plá. *Princípios de Direito do Trabalho*. Trad. de Wagner Giglio. 3. ed. São Paulo: LTr, 2000.
ROMITA, Arion Sayão. *A greve no setor público e nos serviços essenciais*. Curitiba: Genesis, 1997.
———. O poder normativo da Justiça do Trabalho: antinomias constitucionais. *Revista LTr.*, v. 65, n. 3, mar. 2001.
———. *Os Direitos Sociais na Constituição e outros estudos*. São Paulo: LTr, 1991.

ROSA TESHEINER, José Maria. *Eficácia da sentença e coisa julgada no Processo Civil*. São Paulo: RT, 2001.
RUPRECHT, Alfredo J. *Relações coletivas de Trabalho*. Trad. de Edilson Alkmin Cunha. São Paulo: LTr, 1995.
RUSSOMANO, Mozart Victor. *Princípios gerais de Direito Sindical*. 2. ed. Rio de Janeiro: Forense, 1998.
——; CABANELLAS, Guillermo. *Conflitos coletivos de trabalho*. Trad. de Carmen Dolores Russomano Galvão e Juraci Galvão Jr. São Paulo: RT, 1979.
SABBAG, Eduardo. *Manual de Direito Tributário*. São Paulo: Saraiva, 2009.
SAMPAIO GARCIA, Pedro Carlos. O fim do poder normativo. In: COUTINHO, Grijalbo Fernandes; FAVA, Marcos Neves (coords.). *Justiça do Trabalho*: competência ampliada. São Paulo: LTr, 2005.
SANTOS, Enoque Ribeiro dos. Dissídio coletivo e Emenda Constitucional n. 45/2004 – considerações sobre as teses jurídicas da exigência do "comum acordo". *Revista Justiça do Trabalho*, n. 264, 2005.
SANTOS, Moacyr Amaral. *Primeiras linhas de Direito Processual Civil*. v. 1. 18. ed. São Paulo: Saraiva, 1995.
SARLET, Ingo Wolfgang. *A eficácia dos Direitos Fundamentais*. 8. ed. Porto Alegre: Livraria do Advogado, 2007.
——. Valor de alçada e limitação do acesso ao duplo grau de jurisdição. *Revista da AJURIS*, Porto Alegre, n. 66, 1996.
SARLET, Ingo Wolfgang; TIMM, Luciano B. (orgs.). *Direitos Fundamentais, orçamento e reserva do possível*. Porto Alegre: Livraria do Advogado, 2008;
SCHIAVI, Mauro. *Competência material da Justiça do Trabalho brasileira*. São Paulo: LTr, 2007.
SILVA, Clóvis do Couto e. *A obrigação como Processo*. Rio de Janeiro: FGV, 2007.
SILVA, De Plácido e. *Vocabulário jurídico*. v. 3. 12. ed. Rio de Janeiro: Forense, 1993.
SILVA, Lilia Fernandes da. Arbitragem – a Lei n. 9.307/96. *Revista da Escola Paulista de Magistratura*, ano 2, n. 4, 1998.
SLAIBI FILHO, Nagib. *Sentença cível* (fundamentos e técnica). 3. ed. Rio de Janeiro: Forense, 1995.
STÜRMER, Gilberto. *A liberdade sindical na Constituição da República Federativa do Brasil de 1988 e sua relação com a Convenção 87 da Organização Internacional do Trabalho*. Porto Alegre: Livraria do Advogado, 2007a.
——. Negociação coletiva de trabalho como fundamento da liberdade sindical x poder normativo da Justiça do Trabalho. *Justiça do Trabalho*, Porto Alegre, n. 287, p. 22, 2007b.
SÜSSEKIND, Arnaldo. As relações individuais e coletivas de trabalho na Reforma do Poder Judiciário. In: COUTINHO, Grijalbo Fernandes; FAVA, Marcos Neves (coords.). *Justiça do Trabalho*: competência ampliada. São Paulo: LTr, 2005.
——. *Comentários à Constituição*. v. 1. Rio de Janeiro: Livraria Freitas Bastos, 1990.
TEIXEIRA FILHO, João de Lima. A arbitragem e a solução dos conflitos coletivos de trabalho. In: FRANCO FILHO, Georgenor de Souza (cood.). *Curso de Direito Coletivo do Trabalho* – estudos em homenagem ao Ministro Orlando Teixeira da Costa. São Paulo: LTr, 1998.
——. *Instituições de Direito do Trabalho*. v. 2. 22. ed. São Paulo: LTr, 2005.
TEIXEIRA FILHO, Manoel Antonio. *Breves comentários à Reforma do Poder Judiciário*. São Paulo: Ltr, 2005.
TEIXEIRA MANUS, Pedro Paulo. *Direito do Trabalho*. 3. ed. São Paulo: Atlas, 1993.
TOSTES MALTA, Christóvão Piragibe. *Prática do Processo Trabalhista*. 31. ed. São Paulo: LTr, 2002.
TOURINHO FILHO, Fernando da Costa. *Processo Penal*. v. 1. 23. ed. São Paulo: Saraiva, 2001.
VARGAS, Luiz Alberto; FRAGA, Ricardo Carvalho. Relações coletivas e sindicais – novas competências após a EC n. 45. In: ARAÚJO, Francisco Rossal (coord.). *Jurisdição e competência da Justiça do Trabalho*. São Paulo: LTr, 2006.
VIANNA, Márcio Túlio. Conflitos coletivos de trabalho. *Revista do Tribunal Superior do Trabalho*, Porto Alegre, v. 66, n. 1, jan. /mar. 2000.
WIEACKER, Franz. *História do Direito Privado moderno*. 2. ed. Trad. de A. M. Botelho Hespanha. Lisboa: Fundação Calouste Gulbenkian, 1967.
ZAVASCKI, Teori Albino. *Processo Coletivo*. 3. ed. São Paulo: RT, 2008.
ZIMMER JR., Aloísio. *Curso de Direito Administrativo*. 3. ed. São Paulo: Método, 2009.

Impressão:
Evangraf
Rua Waldomiro Schapke, 77 - POA/RS
Fone: (51) 3336.2466 - (51) 3336.0422
E-mail: evangraf.adm@terra.com.br